高等学校法律实务系列教材（第二辑）

Practical Legal Textbook Series in Institutions of Higher Education

总 主 编　孟庆瑜

副总主编　何秉群　朱良酷　时清霜

刑事诉讼法
案例教程

Casebook on Criminal Procedure Law

主　编　马丽丽　傅君佳

副主编　耿　平　任殿利　李鹏飞

中国出版集团 ｜ 全国百佳图书

中国民主法制出版社 ｜ 出版单位

图书在版编目（CIP）数据

刑事诉讼法案例教程/马丽丽,傅君佳主编.—北京：
中国民主法制出版社,2016.8
高等学校法律实务系列教材/孟庆瑜主编
ISBN 978-7-5162-1271-4

Ⅰ.①刑…　Ⅱ.①马…　②傅…　Ⅲ.①刑事诉讼法
—案例—中国—高等学校—教材　Ⅳ.①D925.205

中国版本图书馆 CIP 数据核字（2016）第 188598 号

图书出品人：刘海涛
出 版 统 筹：赵卜慧
策 划 编 辑：逯卫光
责 任 编 辑：张立明

书名/刑事诉讼法案例教程
　　 XINGSHISUSONGFAANLIJIAOCHENG
作者/马丽丽　傅君佳　主编

出版·发行/中国民主法制出版社
地址/北京市丰台区右安门外玉林里 7 号（100069）
电话/(010)63055259（总编室）　63057714（发行部）
传真/(010)63056975　63056983
http:/ www.npcpub.com
E-mail:mzfz@npcpub.com
经销/新华书店
开本/16 开　787 毫米×960 毫米
印张/17.75　字数/290 千字
版本/2016 年 9 月第 1 版　2016 年 9 月第 1 次印刷
印刷/三河市航远印刷有限公司

书号/ISBN 978-7-5162-1271-4
定价/38.00 元
出版声明/版权所有,侵权必究

总序

为了贯彻落实教育部、中央政法委《关于实施卓越法律人才教育培养计划的若干意见》的文件精神,全面推进法律硕士专业学位研究生教育综合试点改革工作,充分发挥国家大学生校外实践基地的育人功能,持续深化法学专业实践教学改革,不断提高法学专业学生的实践创新能力,我们组织法学专家与法律实务部门专家共同编写了高等学校法律实务系列教材。

该套教材共分两辑:第一辑 2015 年已出版,以《宪法案例教程》《行政法案例教程》《刑法案例教程》《民法案例教程》《经济法案例教程》《刑事诉讼实务教程》《民事诉讼实务教程》和《法律文书实务教程》等 8 部教材为主要内容;第二辑以《商法案例教程》《知识产权法案例教程》《刑事诉讼法案例教程》《环境保护法案例教程》《民事诉讼法案例教程》《刑法(总论)案例教程》《公证与律师制度实务教程》《行政诉讼实务教程》等 8 部教材为主要内容。

　　本套教材以案例研析和实务操作为主题,以高等学校和实务部门的共同开发为特点,以培养学生的法律实践应用能力为目标,以逐步形成适应应用型、复合型法律人才培养需要的法律实务教材体系。教材的编写力求遵循以下原则:一是理论与实践相结合,突出实践性。即教材内容要强化法学理论和原理的综合应用,强调实践和应用环节,侧重实践能力培养,为学生的知识、能力、素质协调发展创造条件。二是立足现实,追踪前沿。即教材内容要最大程度地反映本专业领域的最新学术思想和理论前沿,吸收本专业领域的最新实务经验和研究成果,具有前瞻性。三是全面覆盖,突出重点。即教材既要整体反映本专业知识点,又要彰显案例和实务操作领域的规律和重点,以避免与理论教材之间的内容重复。

　　本套教材的编写力求满足以下要求:一是立足基础,突出应用。即立足基本知识,不做系统讲解,着重法律应用,突出应用性和实务特色。二是表述准确,言简意明。即基本概念阐释清晰准确,知识要点讲解言简意赅。三是篇幅适中,便于使用。即控制每部教材的篇幅字数,均衡各章之间的权重,不宜畸轻畸重。四是知识案例,融会贯通。即将知识讲授与案例评析有机结合,真正做到以案说法,突出案例与知识的互动。

　　本套教材的编写是高等院校与法律实务部门之间深入合作和大胆尝试的结果,无论是教材内容,还是编写体例,肯定还存在诸多有待完善提高的地方,使用效果也有待教学实践的评估与检验。我们将及时总结经验,不断修订提高。同时,也期待着法学界和法律实务部门的各位同仁能够提出宝贵的意见和建议。

教材编委会

2016 年 3 月 26 日

目

录

第一章　刑事诉讼中的专门机关　　　　　　001

案例一　人民法院　　　　　　001

案例二　人民检察院　　　　　　004

案例三　公安机关及其他侦查机关和部门　　　　　　009

第二章　诉讼参与人　　　　　　013

案例一　犯罪嫌疑人、被告人　　　　　　013

案例二　被害人　　　　　　016

案例三　其他诉讼参与人　　　　　　020

第三章　管辖　　　　　　024

一、立案管辖　　　　　　024

二、审判管辖　　　　　　037

第四章　回避　　　　　　045

案例一　回避的人员范围　　　　　　045

案例二　回避的理由　　　　　　048

案例三　回避的种类　　　　　　054

案例四　回避的程序　　　　　　057

第五章　辩护与代理　　　　　　064

案例一　辩护人的权利　　　　　　064

案例二　辩护的范围　　067

案例二　代理　　070

第六章　刑事诉讼证据　　073

案例一　证据的种类、分类　　073

案例二　非法证据排除规则　　077

案例三　证明对象　　082

案例四　证明标准　　085

第七章　强制措施　　089

案例一　拘传　　089

案例二　取保候审　　090

案例三　监视居住　　093

案例四　拘留　　096

案例五　逮捕　　099

第八章　附带民事诉讼　　102

一、附带民事诉讼的成立条件　　102

二、附带民事诉讼的程序　　113

第九章　期间、送达　　121

案例一　期间　　121

案例二　送达　　122

第十章　立案　　127

案例一　立案的材料来源和条件　　127

案例二　立案的程序　　131

案例三　立案监督　　134

第十一章　侦查　　138

案例一　侦查行为　　138

案例二　侦查终结　　142

案例三　补充侦查　　145

案例四　侦查救济与侦查监督　　148

第十二章　审查起诉与提起公诉　　153

案例一　审查起诉与提起公诉　　153

案例二　不起诉　　156

案例三　提起自诉　159

第十三章　第一审程序　163
案例一　庭前准备　163
案例二　庭审阶段　167
案例三　简易审判程序　174

第十四章　第二审程序　179
案例一　第二审程序的审判　179
案例二　上诉不加刑及其限制　182
案例三　对扣押、冻结财物的处理　185

第十五章　死刑复核程序　190
案例一　死刑核准的权限　190
案例二　死刑案件的复核程序　194

第十六章　审判监督程序　197
案例一　提起审判监督程序的材料来源及其审查处理　197
案例二　提起审判监督程序的条件　200
案例三　再审抗诉　202
案例四　依照审判监督程序对案件的重新审判　205

第十七章　执行　209
案例一　执行的主体和执行的依据　209
案例二　各种判决、裁定的执行　211
案例三　执行的变更及其他处理　214
案例四　人民检察院对执行的监督　217

第十八章　未成年人刑事诉讼程序　220
一、办理未成年人刑事案件的原则　220
二、未成年人刑事案件诉讼程序　226

第十九章　当事人和解的公诉案件诉讼程序　238
案例一　公诉案件当事人和解的适用范围　238
案例二　公诉案件当事人和解的诉讼程序　240

第二十章　犯罪嫌疑人、被告人逃匿、死亡案件违法所得的没收程序　243
案例一　违法所得案件的没收程序适用条件　243
案例二　违法所得案件的审理　248

第二十一章　依法不负刑事责任的精神病人的强制医疗程序　　255
　　案例一　强制医疗的适用对象　　255
　　案例二　强制医疗程序　　259
　　案例三　强制医疗的复议与检察监督　　265
后　　记　　270

第一章

刑事诉讼中的专门机关

案例一 人民法院

▶【案情简介】>>>

　　2013 年 4 月 11 日，×县人民法院准备开庭审理王某等四人诉李某承包果园纠纷一案，诉讼参与人董某某和法院干警发生冲突，并带领七人冲击法庭，殴打审判人员，导致法庭一片混乱，无法开庭。×县人民法院依据《中华人民共和国民事诉讼法》第 110 条、《中华人民共和国刑法》第 309 条之规定，以董某某等四人犯扰乱法庭秩序罪作出（2013）×刑特初字第×号刑事判决。董某某等四人不服提出上诉，×市中级人民法院以（2013）×刑中字第×号刑事裁定书，驳回上诉，维持原判。董某某不服，向×市中级人民法院申请再审，×市中级人民法院以（2013）×刑监字第某号驳回申请再审通知书驳回其再审申请。董某某仍不服，向×省高级人民法院申诉，×省高级人民法院交×市中级人民法院复查，×市中级人民法院以（2013）某刑监字第×号驳回申请再审通知书驳回其再审申请。董某某仍不服，向×省高级人民法院申诉，×省高级人民法院以（2013）×刑申字第×号驳回申请再审通知书驳回其再审申请。董某某仍不服，以扰乱法庭秩序罪应由公安机关侦查，不应由法院直接判决为由，请求检察机关抗诉。

▶【基本问题】>>>

　　以上案例体现了刑事诉讼活动中审理扰乱法庭秩序罪的哪些问题？人民法院在办理刑事案件中的职责定位是什么？人民检察院是否应支持抗诉？

▶【讨论与分析】>>>

　　人民法院是国家的审判机关，代表国家行使审判权。我国刑事诉讼法第 3

条规定,审判由人民法院负责。该法第 12 条规定,未经人民法院依法判决,对任何人都不得确定有罪。从上述规定可以看出,人民法院是唯一有权审理刑事案件并对被告人进行定罪量刑的专门机关。为保证刑事审判活动顺利进行,刑事诉讼法和人民法院组织法赋予人民法院以下职权:(1)对犯罪嫌疑人、被告人决定逮捕、拘传、取保候审和监视居住;(2)在必要的时候,可以进行勘验、检查、查封、扣押、鉴定和查询、冻结,以调查核实证据,查明案件的事实真相,保证判决顺利执行;(3)收缴和处理赃款、赃物及其孳息;(4)行使部分判决和裁定的执行权;(5)向有关单位提出司法建议等。

我国人民法院组织法规定,人民法院上下级之间是监督关系。上级人民法院监督下级人民法院审判工作,最高人民法院监督地方各级法院和专门人民法院的审判工作。人民法院的监督不是通过对具体案件的指导实现的,各级人民法院依照职权独立进行审判,上级人民法院不对下级人民法院正在审理的案件作出指示处理意见。下级人民法院在判决前也不将案件报送上级人民法院,请求审查批示。上级人民法院通过二审程序、审判监督程序、死刑复核程序维持下级人民法院正确的判决和裁定,纠正错误的判决和裁定来实现监督。

近年来,我国提出了一系列推进司法诉讼改革举措,这些举措的亮点之一就是在刑事诉讼制度上的重点突破。当前,我国正积极推进以审判为中心的诉讼制度改革,完善认罪认罚从宽制度,推动案件繁简分流,不断提高司法公信力。刑事诉讼制度改革中,以审判为中心的诉讼制度改革处于关键地位,推进这项诉讼制度改革的权威性表述为:"推进以审判为中心的诉讼制度改革,确保侦查、审查起诉的案件事实证据经得起法律的检验。全面贯彻证据裁判规则,严格依法收集、固定、保存、审查、运用证据,完善证人、鉴定人出庭制度,保证庭审在查明事实、认定证据、保护诉权、公正裁判中发挥决定性作用。"以审判为中心,是指整个诉讼制度和诉讼活动围绕审判而建构和展开,审判对案件事实认定、证据采信、法律适用、作出裁决起决定性和最终性作用。以审判为中心的诉讼制度改革实质上是强调审判阶段尤其是第一审程序中的法庭审判在整个刑事诉讼程序中的中心地位,强调把事实认定和证据采信限定在审判阶段,并通过制度提升法院的权威,保证判决的终局性。这项司法制度改革可以说牵一发而动全身,"以审判为中心"要求侦查、公诉和辩护等各诉讼环节都须围绕审判展开,做到事实证据调查在法庭,定罪量刑辩论在法庭,判决结果形成在法庭。与其不相适应的制度设计和工作惯性,均需作出调整和改变。

本案的焦点是扰乱法庭秩序罪由公安机关侦查,还是由人民法院直接予以判决问题。有两种观点,一种观点认为,扰乱法庭秩序属刑事案件,应当由公安机关侦查,检察机关提起公诉后,再由法院判决。刑事案件应当适用刑事诉讼法的相关规定。法院不经侦查、起诉,直接予以判决,有悖不告不理原则。另一种观点认为,法院直接予以判决并无不妥,由现行法律及司法解释为依据。这样做既有利于保障法庭的严肃性,也体现了诉讼经济原则。

刑事诉讼法第 3 条规定,对刑事案件的侦查、拘留、执行逮捕、预审,由公安机关负责。检察、批准逮捕、检察机关直接受理的案件的侦查、提起公诉,由人民检察院负责。审判由人民法院负责。除法律特别规定以外,其他任何机关、团体和个人都无权行使这些权力。刑事诉讼法第 3 条规定,审判由人民法院负责。人民法院、人民检察院和公安机关进行刑事诉讼,必须严格遵守本法和其他法律的有关规定。刑事诉讼法第 12 规定,未经人民法院依法判决,对任何人都不得确定有罪。人民法院在办理刑事案件中的职责就是对刑事案件进行审理并定罪量刑的专门机关,审判是刑事诉讼的核心和最重要的阶段,只有经过人民法院的审判,才能确定被告人是否有罪,应否判处刑罚以及判处何种刑罚。

从司法实务角度出发,扰乱法庭秩序罪是由公安机关侦查还是由法院直接判决,应当依据现行法律规定。在 1997 年刑法出台前,根据最高人民法院对吉林省高级人民法院《关于严重扰乱法庭秩序案件具体适用法律问题的批复》:"人民法院对哄闹、冲击法庭,侮辱、诽谤、威胁、殴打审判人员,严重扰乱法庭秩序,构成犯罪的,应依照刑法第一百五十七条的规定,以妨害公务罪定罪量刑。"对于这种案件,可以由该法庭合议庭直接审理、判决。1997 年刑法实施以后,刑法第 309 条规定:"聚众哄闹、冲击法庭,或者殴打司法工作人员,严重扰乱法庭秩序的,处三年以下有期徒刑、拘役、管制或者罚金。"2015 年 11 月 1 日起实施的《中华人民共和国刑法修正案(九)》将刑法第 309 条修改为:"有下列扰乱法庭秩序情形之一的,处三年以下有期徒刑、拘役、管制或者罚金:(一)聚众哄闹、冲击法庭的;(二)殴打司法工作人员或者诉讼参与人的;(三)侮辱、诽谤、威胁司法工作人员或者诉讼参与人,不听法庭制止,严重扰乱法庭秩序的;(四)有毁坏法庭设施,抢夺、损毁诉讼文书、证据等扰乱法庭秩序行为,情节严重的。"而民事诉讼法第 110 规定:诉讼参与人和其他人应当遵守法庭规则。人民法院对违反法庭规则的人,可以予以训诫,责令退出法庭或者予以罚款、拘留。人民法院对哄闹、冲击法庭,侮辱、诽谤、威胁、殴打审判人员,严重扰乱法庭秩序的人,依法追究刑事责任;情节较轻的,予以罚款、拘留。因此,无论是《中华人民共和国刑法修正案(九)》中对刑法第309条修正的规定还是民事诉讼法第110条的规定都可以作为现行法律适用。

纵观本案,由于现行法律、司法解释及相关规定对扰乱法庭秩序罪管辖规定不够明确,既有公安机关侦查的相关规定,也有由法院直接予以判决的依据。根据最高人民检察院《关于刑事抗诉工作的若干意见》"三、不宜抗诉的情形:(二)原审刑事判决或裁定在适用法律方面有下列情形之一的,一般不宜提出抗诉:1. 法律规定不明确、存有争议,抗诉的法律依据不充分的"规定,本案不宜抗诉。

案例二　人民检察院

▶【案情简介】＞＞＞

2015年5月,某市检察院收到一封检举信,揭露该市某国有公司偷税200万元的事实。检察院经调查后,认为该公司确有偷税事实,此外,该国有公司经理王某还涉嫌贪污公款1万元,依法应追究刑事责任,遂经检察长批准对该公司立案侦查。2015年7月2日检察院决定逮捕该国有公司经理王某,并派检察院侦查人员将其逮捕。7月8日犯罪嫌疑人王某聘请的律师向检察院提出取保候审的申请,检察院提出需缴纳5万元保证金,并提供保证人,并且认为王某有海外关系,为防止其逃往海外,同时对其监视居住。7月9日王某向检察院缴纳了5万元的保证金,并且提供了保证人,王某被取保候审,同时被监视居住。后经侦查发现,该公司自2008年到2010年间,共偷税漏税50万元,检察院冻结该公司账户,并将50万元作为税款上缴国库。该案于2015年11月1日向区人民法院提起公诉。区人民法院依法受理后,认为对王某仍需采取取保候审,但鉴于王某在检察院已经被取保候审而且手续完善,所以就沿用检察院取保候审的手续,并且为了保证王某的人身自由,决定对取保候审期间连续计算。在审理过程中,基于被告人王某是被告单位某国有公司的法定代表人,于是由王某同时作为被告单位的诉讼代表人出庭。经法庭审理,认为该公司的行为已构成偷税罪,判处被告人王某有期徒刑3年,缓刑3年,对该公司判处200万元的罚金。

检察院认为一审法院对被告人王某量刑过轻,直接向二审法院提交抗诉状,提起抗诉。抗诉期满后,一审法院即把对该公司判处的罚金交付执行。二审法院经阅卷、讯问被告人,听取被告人委托的辩护人的意见后,认为一审法院认定事实正确,但量刑过轻,裁定撤销原判,发回原审法院重新审判。原审法院改判被告人王某有期徒刑7年。

▶【基本问题】> > >

人民检察院的性质、任务和职责是什么?该案中人民检察院和人民法院有哪些程序不合法?

▶【讨论与分析】> > >

我国宪法和人民检察院组织法规定,中华人民共和国人民检察院是国家的法律监督机关。它的任务是通过行使检察权,镇压一切叛国的、分裂国家的和其他危害国家安全的活动,打击犯罪分子,维护国家的统一,维护人民民主专政制度,维护社会主义法制,维护社会秩序、生产秩序、工作秩序、教学科研秩序和人民群众生活秩序,保护公民的合法财产,保护公民的人身权利、民主权利和其他权利,保障社会主义现代化建设的顺利进行。另外,人民检察院通过检察活动,教育公民忠于社会主义祖国,自觉遵守宪法和法律,积极同违法行为作斗争。我国宪法和人民检察院组织法赋予各级人民检察院下列职权:(1)对于叛国案、分裂国家案以及严重破坏国家的政策、法律、法令、政令统一实施的重大犯罪案件,行使检察权。(2)对于直接受理的刑事案件,进行侦查。(3)对于公安机关侦查的案件进行审查,决定是否逮捕、起诉或者不起诉;对于公安机关的侦查活动是否合法,实行监督。(4)对于刑事案件提起公诉,支持公诉;对于人民法院的审判活动是否合法,实行监督。(5)对于执行机关的执行刑罚活动是否合法,进行法律监督。

根据我国刑事诉讼法的有关规定,人民检察院在刑事诉讼中的法律地位有三个方面:一是国家重要的职务犯罪侦查机关。贪污贿赂犯罪,国家工作人员的渎职犯罪,国家机关工作人员利用职权实施的非法拘禁、刑讯逼供、报复陷害、非法搜查的侵犯公民人身权利的犯罪以及侵犯公民民主权利的犯罪,由人民检察院立案侦查。对于国家机关工作人员利用职权实施的其他重大犯罪案件,需要由人民检察院直接受理的时候,经省级以上人民检察院决定,可以由人民检察院立案侦查。二是国家的公诉机关。除自诉案件外,所有的刑事案件都要由人民检察院向人民法院提起公诉,派员出席法庭支持公诉。对公安机关侦查终结以及检察院直接受理的犯罪案件侦查终结之后移送起诉的案件进行审查,对不符合起诉条件的案件,作出补充侦查、不起诉或者移送有关主管机关处理的决定。三是专门的刑事诉讼监督机关。人民检察院对刑事案件的立案、侦查、审判和生效裁判的执行是否合法有效实行法律监督,根据公安机关的提请审查批准逮捕。

根据我国人民检察院组织法的规定,人民检察院上下级之间是领导关系。最高人民检察院领导地方各级人民检察院和专门人民检察院的工作,上级人民检察院领导下级人民检察院的工作。在人民检察院内部实行检察长负责制,各级人民检察院检察长领导本院工作、检察院内部设立若干检察业务部门,在检察长统一领导下,各个业务部门各自分工、互相配合,完成职务犯罪侦查、侦查监督、公诉、刑事执行检察、民事行政检察、控告申诉检察等检察业务工作。

当前,最高人民检察院发布了《关于深化检察改革的意见(2013—2017年工作规划)》(2015年修订版),目的在于扎实推进司法改革和检察改革,着力解决影响司法公正和制约司法能力的深层次问题。有关检察改革的重要内容包括:依法严格查办职务犯罪案,完善职务犯罪案件初查机制,建立职务犯罪案件跨行政区域管辖制度。加快推进反腐败国家立法,完善惩治贪污贿赂犯罪法律制度。推动完善国家保护、奖励职务犯罪举报人制度。健全冤假错案防范、纠正、责任追究机制,强化诉讼过程中当事人和其他诉讼参与人的知情权、陈述权、辩护辩论权、申请权、申诉权的制度保障。推动省以下地方检察院人员统一管理改革,推动省以下地方检察院财物统一管理改革。探索设立跨行政区划的人民检察院。完善主任检察官办案责任制,完善检察机关执法办案责任体系。改革和完善执法办案指导决策机制,规范案件请示汇报制度,明确各层级的办案责任。

刑事诉讼法第3条规定,对刑事案件的侦查、拘留、执行逮捕、预审,由公安机关负责。检察、批准逮捕、检察机关直接受理案件的侦查、提起公诉,由人民检察院负责。审判由人民法院负责。除法律特别规定以,其他任何机关、团体和个人都无权行使这些权力。人民法院、人民检察院和公安机关进行刑事诉讼,必须严格遵守本法和其他法律的有关规定。该法第78条规定,逮捕犯罪嫌疑人、被告人,必须经过人民检察院批准或者人民法院决定,由公安机关执行。

根据最高人民法院、最高人民检察院、公安部、国家安全部、司法部、全国人大常委会法制工作委员会《关于实施刑事诉讼法若干问题的规定》（以下简称《六机关规定》）中有关管辖的规定"公安机关侦查刑事案件涉及人民检察院管辖的贪污贿赂案件时，应当将贪污贿赂案件移送人民检察院；人民检察院侦查贪污贿赂案件涉及公安机关管辖的刑事案件，应当将属于公安机关管辖的刑事案件移送公安机关。在上述情况中，如果涉嫌主罪属于公安机关管辖，由公安机关为主侦查，人民检察院予以配合；如果涉嫌主罪属于人民检察院管辖，由人民检察院为主侦查，公安机关予以配合。"

　　根据刑事诉讼法规定及有关司法解释的规定可以看出，该案中人民检察院程序不合法之处如下：

　　第一，检察院对于国有公司涉税案件的立案侦查违反了《六机关规定》中关于案件管辖的要求，应由公安机关侦查该市某国有公司偷税一案。

　　第二，检察院派检察人员直接逮捕犯罪嫌疑人的行为是违法的。刑事诉讼法第 78 条规定，逮捕犯罪嫌疑人、被告人，必须经过人民检察院的批准或者人民法院的决定，由公安机关执行。因此，该案中检察院派检察人员直接逮捕犯罪嫌疑人的行为是违法的。此外，此案由人民检察院进行的立案侦查，需要逮捕犯罪嫌疑人时，应当是人民检察院决定逮捕而非批准逮捕。

　　第三，检察院要求同时提供 5 万元保证金和保证人的做法违反了刑事诉讼法和相关司法解释的规定。刑事诉讼法第 66 条规定，人民法院、人民检察院和公安机关决定对犯罪嫌疑人、被告人取保候审，应当责令犯罪嫌疑人、被告人提供保证人或者交纳保证金。《人民检察院刑事诉讼规则（试行）》第 87 条规定，对同一犯罪嫌疑人决定取保候审，不得同时使用保证人和保证金保证方式。

　　第四，检察院在对犯罪嫌疑人取保候审的同时对其监视居住是不合法的，我国刑事诉讼法规定的拘传、取保候审、监视居住、拘留、逮捕五种强制措施是一个由轻到重、层次分明、各自独立、相互衔接的体系，对同一犯罪嫌疑人只能在某一特定时间适用其中的一种，不能对同一犯罪嫌疑人同时适用两种强制措施。

　　第五，人民检察院在人民法院尚未作出生效的判决就将该冻结的存款上缴国库的做法违反了刑事诉讼法及其解释的有关规定。刑事诉讼法第 142 条第 1 款规定："人民检察院、公安机关根据侦查犯罪的需要，可以依照规定查询、冻结犯罪嫌疑人的存款、汇款、债券、股票、基金份额等财产。"《六机关规定》进一步明确,根据上述规定,人民检察院、公安机关不能扣划存款、汇款、债券、股票、基金份额等财产。

第六,检察院没有经过原审人民法院直接向上一级人民法院提出抗诉的做法违法。刑事诉讼法第221条规定,地方各级人民检察院对同级人民法院的第一审判决、裁定的抗诉,应当通过对原审人民法院提出抗诉书,并且将抗诉书抄送上一级人民检察院。原审人民法院应当将抗诉书连同案卷、证据移送上一级人民法院,并且将抗诉书副本送交当事人。案例中,检察院没有经过原审人民法院直接向上一级人民法院提出抗诉的做法违法。

第七,人民检察院收取保证金是错误的。刑事诉讼法第65条规定,取保候审由公安机关执行。刑事诉讼法第70条第2款规定,以保证金方式保证的,提供保证金的人应当将保证金存入执行机关指定银行的专门账户。最高人民法院、最高人民检察院、公安部、国家安全部《关于取保候审若干问题的规定》第6条规定,取保候审保证金由县级以上执行机关统一收取和管理。所以应当由执行机关即公安机关统一收取和管理。

该案中,人民法院程序不合法之处如下:

第一,法院不应该沿用检察院的取保候审手续,应当重新办理取保候审手续。法院不应连续计算取保候审期限,应该重新计算取保候审期限。最高人民法院关于适用《中华人民共和国刑事诉讼法》的解释第127条规定,人民检察院、公安机关已经对犯罪嫌疑人取保候审、监视居住,案件起诉至人民法院后,需要继续取保候审、监视居住或者变更强制措施的,人民法院应当在七日内作出决定,并通知人民检察院、公安机关。决定继续取保候审、监视居住的,应当重新办理手续,期限重新计算;继续使用保证金保证的,不再收取保证金。人民法院不得对被告人重复采取取保候审、监视居住措施。

第二,一审法院审理过程中,不应由被告人王某同时担任被告单位的诉讼代表人出庭。法院应当要求检察院另行确定被告单位的诉讼代表人出庭。最高人民法院关于适用《中华人民共和国刑事诉讼法》的解释第279条规定,被告单位的诉讼代表人,应当是法定代表人或者主要负责人;法定代表人或者主要负责人被指控为单位犯罪直接负责的主管人员或者因客观原因无法出庭的,应当由被告单位委托其他负责人或者职工作为诉讼代表人。但是,有关人员被指控为单位犯罪的其他直接责任人员或者知道案件情况、负有作证义务的除外。

第三,二审人民法院对于检察院抗诉的案件不开庭审理是违法的。刑事诉讼法第 223 条规定:对人民检察院抗诉的案件,第二审人民法院应当开庭审理。案例中,二审人民法院对于检察院抗诉的案件不开庭审理违反刑事诉讼法上述规定。

第四,抗诉期满后,一审人民法院将该公司的罚金交付执行是错误的。刑事诉讼法第 248 条规定:判决和裁定在发生法律效力后执行。下列判决和裁定是发生法律效力的判决和裁定:其一,已过法定期限没有上诉、抗诉的判决和裁定;其二,终审的判决和裁定;其三,最高人民法院核准的死刑的判决和高级人民法院核准的死刑缓期二年执行的判决。因为该案检察院已经提起抗诉,判决尚未生效,罚金尚不能交付执行。

第五,二审法院在认为原审法院认定事实正确,但量刑过轻时,不应裁定撤销原判,发回重审。二审法院对原判认定事实正确,但量刑不当时,应当改判。刑事诉讼法第 225 条规定,第二审人民法院对不服第一审判决的上诉、抗诉案件,经过审理后,应当按照下列情形分别处理:其一,原判决认定事实和适用法律正确、量刑适当的,应当裁定驳回上诉或者抗诉,维持原判;其二,原判决认定事实没有错误,但适用法律有错误,或者量刑不当的,应当改判;其三,原判决事实不清楚或者证据不足的,可以在查清事实后改判;也可以裁定撤销原判,发回原审人民法院重新审判。原审人民法院对于依照前款第三项规定发回重新审判的案件作出判决后,被告人提出上诉或者人民检察院提出抗诉的,第二审人民法院应当依法作出判决或者裁定,不得再发回原审人民法院重新审判。

案例三 公安机关及其他侦查机关和部门

▶【案情简介】 > > >

某市公安局于 2015 年 1 月 4 日对刘某(男,24 岁)、张某(男,21 岁)持刀抢劫致人重伤一案立案侦查。经侦查查明,刘某、张某实施抢劫犯罪事实清楚,依法应当追究刑事责任。决定立即逮捕了刘、张二人。刘某、张某抢劫案于 2015 年 3 月 30 日侦查终结,移送市人民检察院审查起诉。市人民检察院审查后,认为该案主要事实不清、证据尚需补充侦查,遂退回市公安局补充侦查。市公安局用时 2 个月补充侦查完毕,再次移送市人民检察院。市人民检察院认为次要事实不清、证据不足,还需要补充侦查,于是开始自行侦查,自行侦查后认为事实清楚、证据确实充分,对刘某、张某应当依法追究刑事责任,遂向市人民法院提起公诉。

▶【基本问题】＞＞＞

　　除人民检察院和公安机关外,其他侦查机关和部门有哪些?此案中,公安机关的哪些程序不合法?市人民检察院认为还需要补充侦查,自行侦查后认为事实清楚、证据充分,遂向市人民法院提起公诉是否符合刑事诉讼法律规定?

▶【讨论与分析】＞＞＞

　　公安机关是指国家依照法律设立的,代表国家行使公安职权和履行公安职责的,具有武装性质的国家机关。公安机关是人民政府的重要组成部分,是国家的行政机关,同时它又担负着刑事案件的侦查任务。公安机关是政府的一个职能部门,依法管理社会治安,行使国家的行政权;同时,公安机关又依法侦查刑事案件。其他的侦查机关和部门是指除享有刑事案件侦查权的人民检察院和公安机关以外,其他参与刑事诉讼活动,履行重要刑事诉讼职能的侦查机关和部门。

　　在刑事诉讼中,公安机关的地位主要体现在以下三个方面:第一,公安机关是主要的侦查机关。根据我国刑事诉讼法律有关规定:对刑事案件的侦查、拘留、执行逮捕、预审,由公安机关负责。刑事案件的侦查由公安机关进行,法律另有规定的除外。公安机关的侦查是检察机关提起公诉和人民法院进行审判的基础,是刑事诉讼的重要基础。第二,公安机关是强制措施的主要执行机关。我国刑事诉讼法律规定,对犯罪嫌疑人、被告人采取的取保候审、监视居住、拘留、逮捕等措施都由公安机关负责执行。第三,公安机关是刑罚的执行机关之一。我国刑罚执行中大致的说法是:“监狱两个半,法院两个半,其余归公安。”依据我国刑事诉讼法的规定,在罚执行的分工上是:(1)监狱,是刑罚执行的专门机关,负责有期徒刑、无期徒刑、死刑缓期二年执行刑罚的执行;(2)人民法院负责罚金、没收财产、死刑的执行;(3)公安机关,负责被判处管制、拘役、剥夺政治权利、缓刑、假释、监外执行等刑罚的执行。

　　公安机关上下级之间是领导关系,上级公安机关可以直接领导和指挥下级公安机关的侦查和其他业务活动,也可以调动下级侦查力量参与上级公安机关侦查的案件。不同地区、不同系统的公安机关互不隶属,在办案过程中是配合协作关系。公安机关在异地执行拘留、逮捕的时候，应当通知被拘留、逮捕人所在地的公安机关，被拘留、逮捕地的公安机关应当予以配合。公安机关在侦查案件的时候，应当向人民检察院提请审查批准逮捕和移送审查起诉，并接受人民检察院的制约和监督。

目前，全面深化公安改革已经完成了顶层设计。《关于全面深化公安改革若干重大问题的框架意见》及相关改革方案已经有关部门审议通过。在完善执法权力运行机制方面，这次改革从完善执法办案制度、执法司法衔接机制、执法责任制、人权保障制度等方面，提出了规范执法权力运行、促进社会公平正义的一系列改革举措。探索实行受案立案分离和立案归口管理制度。健全行政裁量基准制度，细化量化裁量标准。深化执法公开，落实执法告知制度。围绕推进以审判为中心的诉讼制度改革，完善适应证据裁判规则要求的证据收集工作机制，完善严格实行非法证据排除规则和严禁刑讯逼供、体罚虐待违法犯罪嫌疑人的工作机制，建立健全讯问犯罪嫌疑人录音录像制度和对违法犯罪嫌疑人辩解、申诉、控告认真审查、及时处理机制，完善侦查阶段听取辩护律师意见的工作制度。规范查封、扣押、冻结、处理涉案财物程序，实行涉案财物集中管理。完善执法责任制，健全执法过错纠正和责任追究制度，建立冤假错案责任终身追究制。探索建立主办侦查员制度，落实办案质量终身负责制，等等。

国家安全机关是我国国家安全工作的主管机关，依法担负着与危害国家安全违法犯罪行为作斗争、保卫国家安全、巩固人民民主政权、维护社会主义制度的职能。根据我国军事体制，中国人民解放军内部设立保卫部门，负责军队内部发生的刑事案件的侦查工作。根据刑事诉讼法和监狱法的规定，罪犯在监狱内犯罪的案件由监狱负责侦查。从1998年开始，国家在各级海关设立走私犯罪侦查部门，专门负责对走私案件的侦查工作。军队安全保卫部门、监狱和海关走私侦查部门办理刑事案件，适用刑事诉讼法的有关规定，行使与公安机关相同的职权，具有与公安机关相同的诉讼地位。

本案中，公安机关的程序不合法之处有：

第一，市公安局决定逮捕犯罪嫌疑人刘某、张某的行为是违法的。刑事诉讼法第78条规定，逮捕犯罪嫌疑人、被告人，必须经过人民检察院批准或者人民法院决定，由公安机关执行。市公安局逮捕犯罪嫌疑人刘某、张某必须经过人民检察院批准方可执行。

第二，市公安局用时2个月补充侦查不合法。补充侦查，是指公安机关或者人民检察院依法在原有侦查工作的基础上,作进一步调查、补充证据的一种诉讼活动。退回补充侦查,是指决定补充侦查的人民检察院将案件退回公安机关进行补充侦查。退回补充侦查的案件必须是公安机关立案侦查的案件,人民检察院不能将自己直接受理的案件退回公安机关补充侦查。人民检察院认为犯罪事实不清、证据不足或者遗漏罪行、遗漏同案犯罪嫌疑人等情形需要补充侦查的,应当提出具体的书面意见,连同案卷材料一并退回公安机关补充侦查。刑事诉讼法第 171 条第 3 款规定:对于补充侦查的案件,应当在一个月内补充侦查完毕。补充侦查以二次为限。补充侦查完毕移送人民检察院后,人民检察院重新计算审查起诉期限。本案中,检察院在审查起诉期间退回补充侦查的案件,公安机关应在 1 个月内补充侦查完毕。

市人民检察院认为次要事实不清、证据不足,还需要补充侦查,自行侦查后认为事实清楚、证据确实充分,对刘某、张某应当依法追究刑事责任,遂向市人民法院提起公诉符合刑事诉讼法律规定。

自行补充侦查,是指决定补充侦查的人民检察院自行对案件进行的补充侦查。自行补充侦查的案件,既可以是原来由公安机关立案侦查的案件,也可以是人民检察院直接受理侦查的案件。如果是审查起诉阶段需要补充侦查,人民检察院既可以退回公安机关补充侦查,也可以由检察院自行侦查;如果是审判阶段需要补充侦查,只能由检察院自行补充侦查,而不能再退回公安机关,但必要时可以要求公安机关提供协助。在审查起诉阶段,人民检察院是退回补充侦查还是自行侦查,一般取决于未查明案件事实的内容和性质。如果主要事实不清、证据不足,或者有遗漏罪行、遗漏同案犯罪嫌疑人等情形的,原则上退回公安机关补充侦查;如果只是次要事实不清、证据不足的,则尽可能自行补充侦查,以节省办案时间,提高诉讼效率。刑事诉讼法第 171 条第 2 款规定,人民检察院审查案件,对于需要补充侦查的,可以退回公安机关补充侦查,也可以自行侦查。根据我国刑事诉讼法律规定,人民检察院认为犯罪嫌疑人的犯罪事实已经查清,证据确实、充分,依法应当追究刑事责任的,应当作出起诉决定,按照审判管辖的规定,向人民法院提起公诉,并将案卷材料、证据移送人民法院。因此,市人民检察院认为次要事实不清、证据不足,还需要补充侦查,自行侦查后认为事实清楚、证据充分,对刘某、张某应当依法追究刑事责任,遂向市人民法院提起公诉符合刑事诉讼法律规定。

CHAPTER 2

第二章

诉讼参与人

案例一 犯罪嫌疑人、被告人

▶【案情简介】 > > >

仇某某,25岁,某市人。曾因吸食毒品,于2014年11月12日被某市公安局某分局行政拘留10日。2014年12月13日13时许,仇某某进入某市某镇某村李某甲家,趁李某甲熟睡之机盗得三星S4手机。经某市价格认证中心鉴定:被盗手机价值人民币800元。现因涉嫌犯盗窃罪,经某市公安局决定,于2015年2月26日被取保候审于居住地;经某市人民检察院决定,于2015年10月23日继续取保候审于居住地。经某省某市人民法院决定,于2015年11月9日对其执行逮捕。现羁押于某市看守所。在公安机关侦查案件过程当中,在侦查人员问到与案件没有关联的问题的时候,仇某某拒绝回答。2015年10月30日收到起诉书副本。

起诉书指控被告人仇某某犯盗窃罪,于2015年11月4日向河南省某市人民法院提起公诉。法院依法适用简易程序,实行独任审判,于2015年11月9日公开开庭审理了本案。某市人民检察院指派检察员王晓出庭支持公诉,被告人仇某某到庭参加诉讼。现已审理终结。在法庭审理过程中,被告人如实供述了案情,并请辩护人为其进行了辩护,在法庭辩论阶段还自行辩护。

河南省某市人民检察院指控,上述事实,有下列经当庭举证、质证的证据予以证实:

(1)被告人仇某某供述,证实2014年12月的一天,我出去溜达,看见李某甲的叔叔,问李某甲干啥呢,他叔说在家睡觉没醒,我进屋看见李某甲在床上睡觉,他床头旁边有个三星手机,我就把手机拿走了,自己使用了。年前我回到家,被警察抓到,把这部手机从我身上当场搜出扣押了。没有经过李某甲同意,就想弄一部手机使用,奔手机去的。

(2)被害人李某甲陈述,证实 2014 年 12 月 13 日 12 点多钟,我在家睡觉,手机放在床头充电,下午 1 点多钟我醒来发现手机没有了,我去我家前院王某某家问是否看到有人在这个时间段来我家,王某某说仇某某说上我家去,我叔叔李某乙看见我睡觉的时候仇某某来我家了。我丢的手机是三星 S4,深蓝色后盖,直板的,白边,我买的二手手机。我怀疑我同学仇某某,我叔叔李某乙看见仇某某来我家了。我不追究仇某某的法律责任,因为仇某某的家人已经赔偿给我 2000 元钱。

(3)证人李某乙证言,证实 2014 年 12 月 13 日 12 点多钟,我在我家房门口碰见李某甲的同学仇某某,他问我李某甲在没在家,我说在家,他就进屋了。下午 4 点多钟,我回来听李某甲说手机丢了。

(4)证人金某某证言,证实 2014 年 10 月,我卖给李某甲一部三星 S4I—9508 型手机,直板的,深蓝色后盖,壳是后配的,银色边让我用小刀刮掉变成了白色的塑料边,公安机关让我辨认的手机是我当时卖给李某甲的那部手机。

(5)证人乔某某证言,证实其儿子仇某某现在使用的手机是直板智能机,深蓝色的外壳,公安机关出示的手机是仇某某使用的,显示屏我熟悉,是仇某某设置的。

(6)扣押笔录、扣押清单、发还清单,证实 2015 年 2 月 25 日,某市公安局镇郊派出所工作人员将被告人仇某某随身携带的三星 S4 型手机扣押,返还被害人李某甲。

(7)价格鉴定结论书,证实被盗的三星手机的市场价格为人民币 800 元。

(8)行政处罚决定书、西北街派出所证明,证实被告人仇某某曾因吸食毒品,于 2014 年 11 月 12 日被松原市公安局宁江一分局行政拘留 10 日。

(9)某市公安局镇郊派出所证明,证实卷中李某某与李某甲属同一人。

(10)到案经过,证实 2015 年 2 月 25 日,某市公安局镇郊派出所工作人员在被告人仇某某家中将被告人仇某某抓获。

(11)户口信息证明,证实被告人仇某某出生于 1990 年 5 月 13 日。

综上事实与证据,被告人仇某某对盗窃被害人李某甲三星 S4 手机的事实供认不讳,并有被害人李某甲陈述、证人李某乙、金某某、乔某某证言、价格鉴定结论书、扣押笔录、扣押清单、发还清单等证据予以证实,且被告人供述与被害人陈述及证人证言证实的盗窃时间、地点及物品均相吻合,认定无异,予以确认。

法院的判决如下：

被告人仇某某犯盗窃罪，判处拘役四个月，并处罚金人民币 1600 元（刑期从判决执行之日起计算，判决执行以前先行羁押的，羁押一日折抵刑期一日。即自 2015 年 11 月 9 日起至 2016 年 3 月 8 日止，罚金于本判决发生法律效力后五日内缴纳）。

如不服本判决，可在接到判决书的第二日起十日内，通过本院或者直接向某市中级人民法院提出上诉。书面上诉的，应当提交上诉状正本一份，副本六份。

被告人不服判决，于收到判决书的第二天向上一级法院提起了上诉。

▶【基本问题】> > >

1. 犯罪嫌疑人和被告人，二者称谓上有什么样的区别，在本案中是如何体现的？

2. 犯罪嫌疑人和被告人有着什么样的诉讼地位，享有哪些诉讼权利？在本案中犯罪嫌疑人、被告人的诉讼权利和诉讼地位是如何体现的？

▶【讨论与分析】> > >

1. "犯罪嫌疑人"和"被告人"是对涉嫌犯罪而受到刑事追诉的人的两种称谓。公诉案件中，受刑事追诉的人在检察机关向人民法院提起公诉以前，称为"犯罪嫌疑人"；在检察机关正式向人民法院提起公诉以后，则称为"被告人"。本案中，从 2015 年 2 月 26 日，仇某某被采取强制措施之日起，他在刑事诉讼中的称谓为"犯罪嫌疑人"，一直到 2016 年 11 月 4 日，仇某某被提起公诉之日起，他在刑事诉讼中的称谓为"被告人"。

2. 根据刑事诉讼法的规定，犯罪嫌疑人和被告人的诉讼地位主要体现在以下几个方面：（1）犯罪嫌疑人、被告人是拥有一系列诉讼权利的诉讼主体，居于当事人的地位；（2）犯罪嫌疑人、被告人与案件结局有着直接利害关系，他们居于被追诉者的地位；（3）犯罪嫌疑人、被告人本身还可以成为重要的证据来源。

在本案中，仇某某的诉讼地位得到了体现：比如居于当事人的地位，享有当事人一系列的诉讼权利，且本人的供述也是比较重要的证据来源等。

依据我国刑事诉讼法的相关规定,犯罪嫌疑人和被告人可享有的权利如下:(1)有权用本民族的语言文字进行诉讼;(2)有权申请侦查人员、检察人员、审判人员、书记员、鉴定人和翻译人员回避;(3)有权自行辩护和委托辩护人进行辩护;(4)对于司法工作人员侵犯自己诉讼权利和人身侮辱的行为,有权提出控告;(5)有权拒绝回答与本案无关的讯问;(6)有权参加法庭审理,申请审判长对证人、鉴定人发问,或者经审判长许可直接发问;(7)有权辨认物证、书证;有权了解未到庭证人的证言、鉴定人的鉴定结论、勘验笔录和其他作为证据的文书的内容,并提出意见;(8)有权阅读法庭审判笔录并请求补充、改正;(9)有权申请通知新的证人到庭,调取新的物证,申请重新鉴定或勘验;(10)有权参加法庭辩论,并在辩论终结后作最后陈述;(11)有权对地方各级法院第一审的判决、裁定,提出上诉;对已经发生法律效力的判决、裁定,有权提出申诉;(12)自诉案件的被告人有权对自诉人提起反诉。

本案中,仇某某从一开始被采取强制措施开始,就一直用本民族的语言进行诉讼,在侦查阶段拒绝回答侦查人员提出的与本案无关的问题。在法庭上申请了回避,还委托辩护及自行辩护,参加了法庭审理、法庭辩论,作了最后陈述。最后对于判决结果不服,在判决作出的第二日又提起了上诉。这都是其诉讼权利的体现。

案例二 被害人

▶【案情简介】> > >

犯罪嫌疑人,秦某,男,197×年×月××日出生,居民身份证号码132826197××××5518,汉族,初中文化程度,农民,户籍所在地河北省永年县,住河北省永年县高乐山镇××路×号。

2014年5月16日15时许,秦某下班后,在回家的路上想给同村人吴某送点家乡拿来的特产,同乡人吴某在永年县××乡"与坝高速公路互通"工地打工,秦某刚到工地的时候,看到地上有个黑色的像钱包一样的东西,被报纸遮住了一半,秦某走到跟前拿开报纸发现是一个黑色钱包,秦某把钱包捡起来,发现里面有被害人一张身份证,身份证显示姓名为朱某,出生年月日为1977年3月

26日,身份证登记的地址为:邯郸市某县某镇人;一张建设银行的储蓄卡,卡号最后四位数位为4364;在钱包的小夹缝里还有一张纸条,上面有六位数字,是被害人身份证的最后六位,秦某猜想可能是银行卡的密码;钱包里还有一些打车发票,并有人民币合计635元。秦某看了钱包的东西后,心里不甚欢喜,于是把钱包偷偷藏到自己的公文包里,然后若无其事的接着往吴某的住处走。到了吴某处,两人寒暄几句后,秦某把家乡特产给了吴某,然后就离开了工地。当晚18时许,秦某驾驶冀Q××××号丰田牌越野车到邯郸市××区××路××号中国建设银行自动柜员机前,试着输入了被害人朱某身份证的最后六位,竟然密码对了。然后,秦某从被害人朱某建设银行卡内先后取钱四次,共取走人民币20000元。

被害人办理银行卡的时候,同时办理了银行卡的短信通知业务,在秦某取走被害人朱某的20000元的同时,朱某就收到了短信通知,被害人意识到自己的钱财被盗取,于是5月16日晚向公安机关报案。公安机关接到报案后立即展开了侦查,被害人朱某如实地向公安人员陈述了案情。5月17日公安机关通过调取银行的监控录像,查到了犯罪嫌疑人的模样,锁定了犯罪嫌疑人。当天开始寻找犯罪嫌疑人。

2014年6月2日,秦某在家中被永年公安机关抓获,侦查人员从秦某的家里搜出被害人朱某的老人头牌黑色钱包一个,被害人朱某的建设银行的储蓄卡一张,还有被害人朱某的身份证。归案后,侦查人员讯问犯罪嫌疑人秦某时,秦某如实回答了侦查人员的讯问,对涉嫌信用卡诈骗罪供认不讳。2014年6月4日,永年县检察院批准对秦某逮捕。并于2014年7月19日被永年县公安局取保候审。

7月20日,秦某在妻子路某的陪同下,找到了被害人朱某,并赔偿了其从银行卡取得款项20000元,自愿给朱某40000元作为补偿,并且获得了被害人朱某的谅解。

本案由永年县公安局侦查终结,以被犯罪嫌疑人秦某涉嫌信用卡诈骗罪,于2014年8月15日向永年县人民检察院审查起诉。2014年8月16日,检察院告知被害人有权利委托诉讼代理人。

检察院经过审查认为:2014年5月16日15时许,秦某在永年县"与坝高速公路互通"工地捡到一个黑色老人头钱包,内有被害人朱某中国建设银行卡及身份证等证件。当晚18时许,秦某驾驶冀Q××××号丰田牌越野车到邯郸某区××路××号中国建设银行自动柜员机前,从拾得的朱某的建设银行卡内先后四次共取走人民币 20000 元。案发后,秦某赔偿了朱某银行卡内被取走的 20000 元,自愿给朱某 40000 元作为补偿并且获得了被害人的谅解。

本院认为,秦某实施了《中华人民共和国刑法》第 196 条第一款第三项之规定的行为,但犯罪情节轻微,主观恶性不大且获得了被害人谅解,根据《中华人民共和国刑法》第 37 条、第 67 条第一款的规定,不需要判处刑罚。依据《中华人民共和国刑事诉讼法》第 173 条第二款的规定,决定对秦某不起诉。

► 【基本问题】 > > >

1. 被害人如果对检察机关作出的不起诉决定不服,应该怎么办?通过什么程序去实现自己的控告权?

2. 被害人享有的特有的诉讼权利有哪些?

► 【讨论与分析】 > > >

1. 不起诉决定书应当送达被害人或者其近亲属及其诉讼代理人、被不起诉人以及被不起诉人的所在单位。送达时,应当告知被害人或者其近亲属及其诉讼代理人,如果对不起诉决定不服,可以自收到不起诉决定书后七日以内向上一级人民检察院申诉,也可以不经申诉,直接向人民法院起诉;告知依照刑事诉讼法第 142 条第二款规定被不起诉的人,如果对不起诉决定不服,可以自收到不起诉决定书后七日以内向人民检察院申诉。

被害人对人民检察院作出的不起诉决定不服的,可以自收到决定书后七日以内向作出不起诉决定的人民检察院的上一级人民检察院申诉,上一级人民检察院控告申诉部门应当立案复查。被害人向作出不起诉决定的人民检察院提出申诉的,作出决定的人民检察院应当将申诉材料连同案卷一并报送上一级人民检察院受理。

上一级人民检察院对被害人不服不起诉决定的申诉进行复查后,应当在三个月内作出复查决定,案情复杂的,最长不得超过六个月。控告申诉部门应当提出复查意见,报请检察长作出复查决定。复查决定书应当送达被害人和作出不起诉决定的人民检察院。上级人民检察院经复查作出起诉决定的,应当撤销下级人民检察院的不起诉决定,交由下级人民检察院提起公诉,并将复查决定抄送移送审查起诉的公安机关。出庭支持公诉由审查起诉部门办理。

被害人有证据证明对被告人侵犯自己人身、财产权利的行为应当依法追究刑事责任，而公安机关或者人民检察院不予追究被告人刑事责任的案件可以依法直接向法院提起自诉。

本案中，因为犯罪情节轻微，主观恶性不大且获得了被害人谅解，根据《中华人民共和国刑法》第 37 条、第 67 第一款的规定，不需要判处刑罚。这确实也属于法定不起诉的种类。所以，被害人如果对不起诉不服，通过申诉而改为提起公诉的可能性不大。只能是当事人直接向法院提起自诉。

2. 被害人享有的特有的诉讼权利体现在以下几个方面：

（1）有权自案件移送审查起诉之日起，委托诉讼代理人。为此，人民检察院自收到移送审查起诉的案件材料之日起 3 日以内，应当告知被害人及其法定代理人、近亲属有权委托诉讼代理人；被害人在 2014 年 8 月 16 日被告知有权利委托诉讼代理人，这是符合法律规定的。

（2）对于侵犯其人身、财产权利的犯罪事实或者犯罪嫌疑人，有权向公安机关、人民法院或人民检察院报案或者控告，要求有关机关立案；对于人民法院、人民检察院、公安机关不立案的决定，有权获知原因，并可申请复议；对于公安机关应当立案侦查的案件而不立案侦查的，有权向人民检察院提出，由后者要求公安机关说明理由，并予以纠正；本案中，被害人朱某的钱包丢失后收到银行短信，得知自己的钱款被盗，于是立即向公安机关报案，这是其控告权利的体现。

（3）对于人民检察院所作的不起诉的决定，有权获得不起诉决定书，并向上一级人民检察院申诉，要求提起公诉；对于人民检察院维持不起诉决定的，有权向人民法院起诉；也可以不经申诉，直接向人民法院起诉；本案中，被害人有权获得不起诉决定书，并行使自己的申诉权利，这部分知识点在问题一中已经详细阐述。

（4）被害人有证据证明对被告人侵犯自己人身财产权利的行为应当依法追究刑事责任，而公安机关或者人民检察院不予追究被告人刑事责任的案件，被害人有权向人民法院提起自诉。

（5）对地方各级人民法院第一审的判决不服的，有权请求人民检察院抗诉；人民检察院在收到这一请求后 5 日内，应作出是否抗诉的决定并答复请求人。

案例三 其他诉讼参与人

▶【案情简介】＞＞＞

周某某系某国有铁道勘查设计院电化电讯处兼职财务会计。2012年7月，其因怀孕后妊娠反应强烈，经所在处室领导王某某批准，其可以临时不到单位签到，在自己家中休养，但需按时完成个人职责内的各项财务工作。为减少去单位做账次数，周某某私自将单位财务账目、法定代表人财务名章、支票及处室人员报销的财务凭证带回家中保管。2012年8月，周某某与其夫王某欲以按揭方式购买商品房一套，首付款为60万元，但仅靠其家庭存款尚不足以支付。情急之下，周某某意图贪污公款以解燃眉之急。她将自己保管的一张12000元的发票前增加数字"2"，在大写数字前增加"贰拾"，报销的票据金额便由实际的12000元变更为212000元。之后，其又利用保管的支票及法人名章开具一张200000元支票，将公款转入其个人开设的工商银行结算账户。同年12月，处室负责人王某某因职务提升接受例行的财务审计，导致周某某贪污公款的行为案发。经单位研究，决定由该院纪检部门将周某某职务犯罪线索移送所在辖区检察院。

2013年1月4日，该院以周某某涉嫌贪污罪立案侦查，并决定对其刑事拘留。2013年1月14日，经上一级人民检察院决定，周某某被依法逮捕。侦查期间，侦查人员依法对周某某进行了讯问，其对涉嫌的贪污行为供认不讳；对该处室负责财务审批的领导王某某和原财务票据报销人张某某进行了询问，二人证言证实张某某报销的票据金额应为12000元；同时，侦查人员委托某司法鉴定中心对调取的周某某涉嫌涂改过的票据和支票上的笔记进行了鉴定。鉴定意见为"委托送检笔迹与周某某笔迹相似率为99.99%"。2013年3月3日，该案侦查终结移送审查起诉。同年4月3日，该院依法向同级人民法院提起公诉。

法院第一次开庭审理期间，周某某当庭对公诉机关指控的犯罪事实及提交的证据均表示无异议。但其丈夫为其委托的辩护律师刘某提出：公诉机关提交的被告人周某某的笔迹鉴定相似率未达到100%，因此不能排除周某某以外的人涂改的可能，要求鉴定人到庭说明。同时，指出被告人周某某在侦查人员讯问过程中曾遭遇刑讯逼供,其部分有罪供述不能采纳。公诉人提请法庭通知该案侦查人员出庭予以说明。法庭遂宣布此案延期审理。

►【基本问题】> > >

1. 本案中涉及哪几种刑事诉讼法规定的"其他诉讼参与人"?

2. 若法院准许侦查人员到庭说明,其身份与周某某所在处室领导王某某是否相同?

3. 鉴定人到庭后,若相关诉讼主体无法质证应如何办理?

►【讨论与分析】> > >

1. 刑事诉讼中的"其他诉讼参与人"是相对于当事人而言的,主要包括:法定代理人、诉讼代理人、辩护人、证人、鉴定人和翻译人员。

本案中,分别涉及辩护人、证人和鉴定人员。

(1)辩护人是指在刑事诉讼中,接受犯罪嫌疑人、被告人或者其法定代理人的委托,或者接受法律援助机构委派,依法为犯罪嫌疑人、被告人辩护,维护其合法权益的人。

本案中,辩护律师刘某提出:公诉机关提交的被告人周某某的笔迹鉴定相似率未达到100%,因此不能排除周某某以外的人涂改的可能;被告人周某某在侦查人员讯问过程中曾遭遇刑讯逼供,其部分有罪供述不能采纳。上述行为均是出于维护被告人周某某的诉讼权利的目的。

(2)证人是指除了当事人以外的了解案件情况并向专门机关作出陈述的人。

本案中,周某某所在处室负责财务审批的领导王某某和原财务票据报销人证言证实周某某报销的票据金额应为12000元,为还原案件事实提供了直接证据。

(3)鉴定人是接受公安司法机关的指派或者聘请,利用自己的专门知识或者技能,对案件中的专门性问题进行鉴别和判断,并提出鉴定意见的人。本案中,鉴定人对调取的周某某涉嫌涂改过的票据和支票上的笔记进行了鉴定。

侦查机关指派或者聘请的鉴定人,必须与本案或本案当事人没有利害关系,能够保证客观、公正地进行鉴定。侦查机关应当为鉴定人提供必要的条件,及时向鉴定人送交有关检材和比对样本等原始材料,介绍与鉴定有关的情况,并且提出要求鉴定解决的问题,但是不得暗示或者强迫鉴定人作出某种鉴定结论。鉴定人应当按照鉴定规则进行鉴定。鉴定人故意作虚假鉴定的,应当承担法律责任。

2. 本案中,周某某所在处室领导王某某以及票据的原报销人刘某某无疑都属于本案证人,其二人提供的证人证言经查证属实可以作为案件证据使用。公诉人向法庭提请出庭的侦查人员基于身份上国家司法工作人员的特殊性,是出于职责所在,这并不能否认其证人身份的本质,因此按照法律规定,均应适用证人出庭作证的相关规则。

刑事诉讼法规定,在对证据收集的合法性进行法庭调查过程中,为证明证据收集的合法性,人民检察院可以提请法庭通知有关侦查人员出庭作证。本案中,辩护人提出被告人周某某在侦查人员讯问过程中曾遭遇刑讯逼供,其部分有罪供述不能采纳。此时侦查人员出庭是为了证明侦查行为合法性这一程序性事实。

同时,我国侦查人员出庭作证的程序也应当与普通证人出庭作证的程序有所区别,主要体现在:侦查人员出庭作证的,无需签署证人保证书;侦查人员出庭作证的,应当首先由该侦查人员直接就需要说明的情况进行陈述,再由控方和辩方分别进行询问,审判人员认为必要时,也可以进行询问,而不是由控辩双方直接进行交叉询问;侦查人员出庭作证的,无需对侦查人员进行经济补偿,对于拒绝出庭的侦查人员,也不能采取拘传及其他强制其出庭的措施,而应当通过其所在侦查机关的内部制度,对其进行相应的处分;对于侦查人员出庭作证,应当加大保护的力度。对于从事缉毒、反恐、打黑等特殊任务的侦查人员,在必要时可以视频屏蔽方式出庭作证。

3. 本案中,辩护人提出公诉机关提交的被告人周某的笔迹鉴定相似率未达到100%,因此不能排除周某某以外的人涂改的可能,要求鉴定人到庭说明。由于鉴定意见的专业性,普通的诉讼主体在庭审中难以有效质证。未解决该问题,修改后的刑事诉讼法规定,公诉人、当事人和辩护人、诉讼代理人可以申请法庭通知有专门知识的人出庭,就鉴定人作出的鉴定意见提出意见。

刑事诉讼法第192条第4款规定:"有专门知识的人出庭,适用鉴定人的有关规定。"从字面理解,"有专门知识的人"出庭应当与鉴定人一样,具有刑事诉讼参与人的资格。但"有专门知识的人"既没有法律的配套规定,也没有行业、专业领域的认证规范,更没有监督、监管、认证机关监督。因此,如何确定"有专门知识的人"是一个难题。实践中,各地对选任"有专门知识的人"标准不一、资质不一,缺乏规范的选任制度。为此,可以考虑从以下几个方面加以完善:

（1）应确定"有专门知识的人"的选任资格。由于"有专门知识的人"是对鉴定人的鉴定意见提供自己的专业意见,那么,其选任资格应该要比鉴定人的条件高,在选任的条件上应明确规定"有专门知识的人"需要硕士或者博士以上。

（2）应当成立一个"有专门知识的人"协会,建立"有专门知识的人"人才库,避免每次案件"有专门知识的人"为同一人。而协会需要对"有专门知识的人"进行监督和管理,对入会的资格条件、会员的权利义务、法律责任等要明确告知。入会时要对其学术地位、科研成果、公开发表论文等方面进行严格的审查。最重要的是要有相应的惩罚措施,如果其故意或重大过失提出错误或不合理的意见要承担不诚实、不公正提供意见的法律责任。法律责任承担方式包括被协会除名、登报批评、同行业通报、记入诚信档案等。

（3）由于控辩双方都能委托"有专门知识的人",因此,笔者认为,可以参照仲裁员的选任方式,由控辩双方共同确定人选。若法庭决定需要"有专门知识的人"出庭,则在"有专门知识的人"协会提供的名单中,控辩双方协商确定人员,如果无法达成一致意见,则随机抽取,这就能保证"有专门知识的人"出庭证言的中立性,避免偏颇以及另一方提出质疑。

CHAPTER 3

第三章

管　辖

一、立案管辖

案例一　立案管辖

▶【案情简介】＞＞＞

　　犯罪嫌疑人甲,男,45岁,某市税务局局长。被告人乙,男,38岁,某塑料厂厂长。该塑料厂营业业绩一直很好,是该市的纳税大户。在连续缴纳了几个年度巨额税款后,乙发现该市另一家同是生产塑料制品的单位收益也不错,却没有上缴多少税款。乙思前想后,认为那个厂家一定给了税务局局长甲好处。于是,乙找到甲要求其帮忙,甲开始没有表态,并在谈话中表示自己的女儿近日将要出国,正缺一笔资金,乙一听此,便从大衣口袋中将事先准备好的15万元送给了甲,并暗示甲在自己的企业收税时多多关照一下,甲未置可否。后在税务机关收取企业所得税时,该企业要缴的税并没有减少。为此乙非常生气,向公安局告发,公安局认为这事应由检察院受理,乙无奈,继而又向检察院告发了此案,而检察院的同志又说,这事应由公安机关管辖,自己无此权利,并通知了公安局立案侦查,但公安机关立案后又作了撤诉处理。

▶【基本问题】＞＞＞

　　在这种情况下,按照刑事诉讼法的规定,此案的立案管辖机关应如何确定?

▶【讨论与分析】＞＞＞

　　此案的立案管辖机关应为人民检察院。

　　人民检察院直接立案受理的案件范围有四类:(1)贪污、贿赂犯罪案件。

（2）国家工作人员的渎职犯罪案件。（3）国家机关工作人员利用职权实施的侵犯公民人身权利的犯罪以及侵犯公民民主权利的犯罪案件；具体包括：非法拘禁案、非法搜查案、刑讯逼供案、暴力取证案、体罚、虐待被监管人案、报复陷害案、破坏选举案。（4）国家机关工作人员利用职权实施的其他重大犯罪案件，需要由人民检察院直接受理的时候，经省级以上人民检察院决定，可以由人民检察院立案侦查。

本案中，犯罪嫌疑人甲身为国家工作人员，利用职务上的便利，在乙找到其帮忙时，虽没有表态，但在谈话中表示自己的女儿近日要出国，正缺一笔资金，从而收受乙准备的 15 万元现金。犯罪嫌疑人甲在主观方面表现为直接故意，即明知利用职务上的便利索取财物或者收受财物并为他人谋取利益的行为是一种侵害国家工作人员职务行为廉洁性的行为，仍然故意地实施这种行为。犯罪嫌疑人的目的是希望得到本不应当得到的金钱、财物等贿赂。一般受贿行为的客观方面表现为行为人利用职务上的便利，索取他人财物或者非法收受他人财物，为他人谋取利益的行为。本案中，犯罪嫌疑人属于索取他人财物的行为方式，在这种方式下，不论行为人是否为他人谋取利益均构成受贿罪。所以，虽然甲在收取 15 万元现金后，税务机关收取行贿人企业所得税时，该企业要缴的税款并没有减少，并没有为他人谋取利益，但同样成立受贿罪。而受贿罪是人民检察院的自侦案件。所以本案的立案管辖机关为人民检察院。

案例二 立案管辖 审判管辖

▶【案情简介】＞＞＞

被告人许某某平时好吃懒做，经常打骂父母，其母被打得不敢回家。2012年 5 月 28 日，许某某又因琐事在家中殴打因患脑血栓行动不便的父亲许二（被害人，殁年 63 岁）。同月 30 日中午，许某某再次拳打脚踢许二的头面部及胸部等处，造成许二双侧胸部皮下及肌间广泛出血，双侧肋骨多根多段骨折，左肺广泛挫伤，致创伤性、疼痛性休克并发呼吸困难死亡。案发后，许某某的近亲属及村民代表均要求严惩不务正业、打死生父、违背人伦道德的"逆子"。

▶【基本问题】＞＞＞

该案的立案管辖机关应如何确定？审判管辖时由哪个级别的法院管辖？

▶【讨论与分析】＞＞＞

本案中，许某某因琐事殴打患脑血栓行动不便的父亲许二致死，其行为已构成故意伤害罪，该案的立案管辖机关应为公安机关。审判管辖法院应为中级人民法院。

该案虽然发生在家庭成员之间，但很明显已经超过了虐待罪的范畴。是一起儿子殴打病重父亲致死的家庭暴力犯罪案件。从其殴打其父头面部及胸部等要害部位，从许二双侧肋骨多根多段骨折的情况看，暴力程度很强，说明许某某主观上具有伤害的故意。成立故意伤害罪。因此，应该由公安机关立案侦查。

尊老爱幼是中华民族的传统美德，许某某不但不孝敬老人，而且对老人的施暴程度极其严重，手段极其残忍。造成的后果极其严重，依据刑法的规定，可能要判处无期徒刑以上刑罚，所以审判管辖法院应该是中级人民法院。

案例三　立案管辖　审判管辖

▶【案情简介】＞＞＞

1998 年 9 月，被告人朱某某与被害人刘某（女，殁年 31 岁）结婚。2007 年 11 月，二人协议离婚，但仍以夫妻名义共同生活。2006 年至案发前，朱某某经常因感情问题及家庭琐事殴打刘某，致刘某多次受伤。2011 年 7 月 11 日，朱某某又因女儿的教育问题及怀疑女儿非自己亲生等与刘某发生争执。朱某某持皮带抽打刘某，致使刘某持刀自杀。朱某某随即将刘某送医院抢救。经鉴定，刘某体表多处挫伤，因被锐器刺中左胸部致心脏破裂大失血，经抢救无效死亡。当日，朱某某投案自首。

▶【基本问题】＞＞＞

该案的立案管辖机关应如何确定？审判管辖时由哪个级别的法院管辖？

本案的立案管辖机关应该是公安机关。审判管辖时的法院由基层人民法院管辖。

本案是一起虐待共同生活的前配偶致被害人自杀身亡的典型案例。司法实践中,家庭暴力犯罪不仅发生在家庭成员之间,在具有监护、扶养、寄养、同居等关系的人员之间也经常发生。为了更好地保护儿童、老人和妇女等弱势群体的权利,促进家庭和谐,维护社会稳定,《关于依法办理家庭暴力犯罪案件的意见》将具有监护、扶养、寄养、同居等关系的人员界定为家庭暴力犯罪的主体范围。本案被告人朱某某虽与被害人刘某离婚,二人仍以夫妻名义共同生活,朱某某经常性、持续性地采用殴打等手段损害家庭成员身心健康,致使被害人刘某不堪忍受身体上和精神上的摧残而自杀身亡,其行为已构成虐待罪。

根据刑法第 260 条之规定,虐待罪是指对共同生活的家庭成员经常以打骂、捆绑、冻饿、限制自由、凌辱人格、不给治病或者强迫做过度劳累的工作等方法,从肉体上和精神上进行摧残迫害,情节恶劣的行为。根据刑法第 260 条的规定,本罪属于告诉才处理的自诉案件,一般采取不告不理的原则。被虐待人可以直接向人民法院提起诉讼。但是,对于虐待家庭成员,致使被害人重伤、死亡的,则属于公诉案件,公安机关应当立案侦查。

本案中,被告人朱某某的施虐行为造成了被害人自杀的结果,属于虐待"致使被害人死亡"的加重处罚情节,因此是公诉案件,应该由公安机关进行立案侦查。

根据刑法规定,犯本罪,致使被害人重伤、死亡的,处二年以上七年以下有期徒刑,不适用告诉才处理的规定。所以本案的审判管辖法院应为基层人民法院。

案例四　立案管辖

2012 年 7—8 月间,犯罪嫌疑人邓某未婚先孕后,便离家到亲戚朋友处借住。同年 12 月下旬的一天上午,邓某在网吧上网时,突然感到腹痛,遂至网吧卫生间产下一名女婴。因担心被人发现,邓某将一团纸巾塞入女婴口中,将女婴弃于垃圾桶内,而后将垃圾桶移至难以被人发现的卫生间窗外的窗台上,致该女婴因机械性窒息死亡。

►【基本问题】 > > >

该案的立案管辖机关应如何确定?

►【讨论与分析】 > > >

本案的立案管辖机关应该是公安机关。

本案的焦点在于邓某的行为是构成遗弃罪还是故意杀人罪。如构成遗弃罪属于人民法院自诉案件的第二类,即被害人有证据证明的轻微刑事案件;如构成故意杀人罪则属于公诉案件,由公安机关立案管辖。本案中,邓某因未婚先孕,遗弃自己刚出生的婴儿并致婴儿死亡。犯罪嫌疑人邓某因不敢让家人知道未婚先孕的情况,在生下女婴后,为达到不履行扶养义务的目的,将一团纸巾塞进新生儿口中,并将新生儿置于户外难以被人发现之处。从其主观上看,并不希望婴儿被他人发现后捡走或得到救治,而是积极追求新生儿死亡,最终造成婴儿被遗弃后死亡多日才被发现的严重后果,故邓某的行为构成故意杀人罪。应该由公安机关进行立案侦查。鉴于邓某作案时未满十八周岁,系新生儿的亲生母亲,且是在无助并不敢让家人知道的情况下选择的错误之举,可以在量刑时作为从轻量刑情节予以考虑。

案例五　立案管辖

►【案情简介】 > > >

被告人王明,国有宏源股份有限公司经理。1998 年市检察院收到一封检举信,揭露该公司偷税 100 万元的事实。检察院经调查后,认为该公司确有偷税事实,依法应追究刑事责任,遂经检察长批准对该公司立案侦查。1998 年 7 月 2 日检察院批准逮捕王明,并派检察院侦查人员将其逮捕。7 月 8 日犯罪嫌疑人王明聘请的律师向检察院提出取保候审的申请,检察院提出需缴纳 5 万元保证金,并提供保证人。7月9日律师向检察院缴纳了5万元的保证金,并且提供了保证人,王明被取保候审。后经侦查发现,该公司自1996年到1998年间,共偷税漏税50万元,检察院冻结该公司账户,并将50万元作为税款上缴国库。该案于1999年8月1日向区人民法院提起公诉,经法庭审理,认为该公司的行为已构成偷税罪,判处被告人王明有期徒刑3年,缓刑3年,对该公司判处200万元的罚金。检察院认为一审法院对被告人王明量刑过轻,直接向二审法院提交抗诉状,提起抗诉。抗诉期满后,对该公司判处的罚金一审法院即交付执行。二审法院经开庭审理后,认为一审法院认定事实正确,但量刑过轻,裁定撤销原判,改处被告人王明有期徒刑7年。

▶【基本问题】＞ ＞ ＞

该案中人民检察院的做法有哪些不合法?

▶【讨论与分析】＞ ＞ ＞

1. 检察院对于国有宏源股份有限公司涉税案件的立案侦查违反了有关规定。《六机关规定》第1条规定:对于涉税案件由公安机关管辖,公安机关应当立案侦查,人民检察院不再受理。因此检察院做法是错误的。

2. 检察院派检察人员直接逮捕犯罪嫌疑人的行为是违法的。刑事诉讼法规定,逮捕犯罪嫌疑人、被告人,必须经过人民检察院的批准或者人民法院的决定,由公安机关执行。因此,本案中检察院派检察人员直接逮捕犯罪嫌疑人的行为是违法的。此外,如人民检察院进行的立案侦查,需要逮捕犯罪嫌疑人时,应当是人民检察院决定逮捕而非批准逮捕。公安机关进行立案侦查的案件,需要检察院批准逮捕。

3. 检察院要求同时提供5万元保证金和保证人的做法违反了刑事诉讼法的规定。刑事诉讼法规定:人民法院、人民检察院和公安机关决定对犯罪嫌疑人、被告人取保候审,应当责令犯罪嫌疑人、被告人提供保证人或者交纳保证金。明确了不能要求同时提供保证人和交纳保证金。本案中检察院要求同时提供5万元保证金和保证人的做法违反了上述规定。

4. 人民检察院在人民法院尚未作出生效的判决就将该冻结存款上缴国库的做法违反了刑事诉讼法及其解释。

5. 检察院没有经过原审人民法院直接向上一级人民法院提出抗诉的做法

违法。刑事诉讼法规定,地方各级人民检察院对同级人民法院的第一审判决、裁定的抗诉,应当通过原审人民法院提出抗诉,并且将抗诉书抄送上一级人民检察院。原审人民法院应当将抗诉书连同案卷、证据移送上一级人民法院,并且将抗诉书副本送交当事人。该案中,检察院没有经过原审人民法院直接向上一级人民法院提出抗诉的做法违法。

6. 刑事诉讼法规定:取保候审保证金由县级以上执行机关统一收取和管理,因此,人民检察院收取保证金是错误的,应当由执行机关即公安机关统一收取后管理。

案例六　立案管辖

▶【案情简介】 > > >

自然人乙(户籍所在地浙江省某县)欠甲公司(居所地河南省某县)款510000 元。2008 年 2 月 18 日,双方依据协议管辖由甲公司所在地法院调解达成协议:乙欠甲公司款 510000 元,当庭给付 50000 元,余款 460000 元,于 2008 年 3 月 18 日前付 150000 元,于 2008 年 5 月 30 日前付 310000 元。当天的调解笔录中显示,调解协议自双方签字之日起生效。调解书约定的期限到期后,乙未自觉履行法律义务。甲公司遂于 2008 年 3 月 24 日申请甲公司所在地法院执行,法院立案后,向被执行人发出了执行通知,但乙仍未履行,且躲避执行。执行中,查明乙于 2008 年 2 月 20 日其将自己拥有的某俱乐部的股份以 50 万元的价格转让给了刘某,2 月 25 日又将自己拥有的某家具制造有限公司的股份以 25 万元的价格转让给了莫某,同时还转移了一辆思域牌小型汽车。

▶【基本问题】 > > >

针对上述情形,该案的立案管辖机关应如何确定?

▶【讨论与分析】 > > >

本案的立案管辖机关应该是公安机关。

本案中,被执行人乙在法院的调解协议生效后的次日,开始转移财产,于

2008 年 2 月 20 日其将自己拥有的某俱乐部的股份以 50 万元的价格转让给了刘某,2 月 25 日又将自己拥有的某家具制造有限公司的股份以 25 万元的价格转让给了莫某,同时还转移了一辆思域牌小型汽车。转移财产的标的额远大于应履行的标的款,在将财产转移后,又躲避执行,拒不履行法律义务,其拒不履行的行为导致甲公司所在法院的法律文书不能履行的结果。被执行人的行为已涉嫌构成"拒不执行判决裁定罪",而拒不执行判决裁定罪属于公诉案件,因此,甲公司所在法院应将该案移送甲公司所在地公安部门立案管辖。另根据最高人民法院、最高人民检察院、公安部《关于依法严肃查处拒不执行判决、裁定和暴力抗拒法院执行犯罪行为有关问题的通知》(法发〔2007〕29 号文件)第五条规定:拒不执行判决、裁定案件由犯罪行为发生地的公安机关、人民检察院、人民法院管辖。如果由犯罪嫌疑人、被告人居住地的人民法院管辖更为适宜的,可以由犯罪嫌疑人、被告人居住地的公安机关、人民检察院、人民法院管辖。因此,该案中如果认为由所在地公安机关管辖更为适宜的话,也可以由乙所在地的公安机关立案管辖。

案例七 立案管辖

▶【案情简介】 > > >

2003 年 9 月,王鹏从江苏考入兰州大学中文系,与来自宁夏银川的马晶晶分到同一间宿舍。2007 年 7 月 10 日,宁夏回族自治区公务员考试正式开始报名,马晶晶报考了银川团市委学校部科员一职。2007 年毕业后,王鹏进入甘肃省图书馆工作,而马晶晶则在共青团银川市委学校部任职。王鹏认为马晶晶在公务员招考中存在"作弊"问题,其家庭背景是重要因素。自 2007 年以来,王鹏曾多次致信国家公务员局、国家监察部以及宁夏回族自治区银川市团市委,反映马晶晶的"作弊"问题。但并未得到回应,为此曾在网络上发帖。但其后有很长一段时间中断了举报。公开资料显示,马晶晶的父亲马某某曾任宁夏固原市泾源县委副书记、县长,现任宁夏回族自治区扶贫办副主任。其母丁某某曾任宁夏吴忠市委常委、总工会主席,分管妇联和团委,现任吴忠市委常委、市政协主席。

马晶晶表示,2007年9月至2010年,王鹏不断写匿名信,反复发网帖,对自己及父母进行"恶意诽谤诬陷",长达三年之久。2010年4—5月,王鹏再次上网发帖,污蔑其公务员考试作弊。马晶晶连续几年来到吴忠市公安局利通分局报案,控诉王鹏的匿名信给自己和家庭带来的伤害。2010年10月15日,马晶晶向警方再次举报王鹏的"违法行为"。

2010年11月23日,宁夏吴忠市公安局利通区分局民警远赴甘肃兰州,将在甘肃省图书馆工作的图书馆助理馆员王鹏刑拘,吴忠市公安局利通分局向王鹏父亲王志昌出示的《拘留通知书》显示,王鹏因涉嫌诽谤罪被刑事拘留,并被关押在吴忠市看守所。警方认为王鹏的举报严重危害国家利益和社会秩序,适用公诉程序。

► 【基本问题】>>>

针对上述情形,该案的立案管辖方面有什么问题?

► 【讨论与分析】>>>

本案的立案管辖机关不应该是公安机关,而应该是人民法院。

该案中,吴忠市利通区公安分局以涉嫌诽谤罪对犯罪嫌疑人王鹏实施刑事拘留,适用公诉程序,应该是适用法律错误。根据我国刑事诉讼法的规定,诽谤罪原则上属于告诉才处理的案件,是自诉案件,即使追究刑事责任也应该是由自诉人直接起诉到基层人民法院的。公安机关和人民检察院原则上是没有受理权限的。当然,公安机关立案的例外情形是:"严重危害社会秩序和国家利益的除外"。

根据2009年4月,公安部下发的《关于严格依法办理侮辱诽谤案件的通知》,明确只有三种情况应被认定为"严重危害社会秩序和国家利益",警方可按公诉程序立案侦查:(一)因侮辱、诽谤行为导致群体性事件,严重影响社会秩序的;(二)因侮辱、诽谤外交使节、来访的外国国家元首、政府首脑等人员,造成恶劣国际影响的;(三)因侮辱、诽谤行为给国家利益造成严重危害的其他情形。

该案中,王鹏的发帖举报行为应该还没有达到上述三种情况,所以公安机关将案件定性为公诉案件进行侦查,并进而进行刑事拘留应该是适用法律错误,办案程序违法。该案中,公安机关应当根据刑事诉讼法第15条的具体规定"有下列情形之一的,不追究刑事责任,已经追究的,应当撤销案件,或者不起诉,或者终止审理,或者宣告无罪:(一)情节显著轻微、危害不大,不认为是犯罪的;(二)犯罪已过追诉时效期限的;(三)经特赦令免除刑罚的;(四)依照刑法告诉才处理的犯罪,没有告诉或者撤回告诉的;(五)犯罪嫌疑人、被告人死亡的;(六)其他法律规定免予追究刑事责任的",作出撤销案件的处理,同时应当释放在押的王鹏。该案如马晶晶需要追究王鹏诽谤罪的刑事责任,依法应该向人民法院直接提起自诉。

案例八　立案管辖　审判管辖

▶【案情简介】＞ ＞ ＞

深圳机场女清洁工梁丽捡拾300万黄金案

梁丽,女,1969年出生,河南商丘人,2005年来深圳,是深圳市玉皇清洁公司员工,负责深圳机场候机楼B号出发大厅的清洁卫生。

2008年12月9日8时20分许,金龙公司员工王某来到深圳机场B号候机楼19号柜台前,办理行李托运手续。由于托运行李内装有黄金饰品,值机员徐某告知其需到10号柜台找值班主任才能办理,王某即前往距离19号柜台22米远的10号柜台。当王某离开时,一个装有14555.37克黄金首饰的小纸箱被放在行李手推车上方的篮子内,行李手推车单独停放在19号柜台前1米的黄线处。正巧,机场清洁工梁丽此时经过19号柜台,看见停放的行李手推车上有一小纸箱,遂将小纸箱搬到清洁手推车底层,之后将小纸箱存放大厅北侧16号男洗手间供体弱人士使用的厕所内。约4分钟后,王某返回19号柜台,发现行李手推车及车上的纸箱失踪,询问机场工作人员无果,即向公安机关报警。

当天9时40分许,梁丽告诉同事捡到一个比较重的纸箱,同事马某、曹某两人来到16号洗手间,将纸箱打开,见到是黄金首饰后,分两次从中取走两包。10时许,曹某告诉梁丽,纸箱内可能是黄金首饰,梁丽将纸箱放到自己的清洁手推车底层后离开,并从纸箱内取出一件首饰交由同事韩某到候机楼的黄金首饰店鉴别。后韩某告知梁丽是黄金首饰。

14 时许,梁丽下班,将纸箱带回住处放置床下,另取出一部分黄金首饰放入丈夫衣服口袋内。18 时许,民警来到梁丽家中,询问是否从机场带回物品,梁丽否认,民警遂进行劝说。

直到床下存放的纸箱被民警发现,梁丽才承认。接着,民警发现箱子已被打开,内装物品不完整,继续追问是否还有首饰未交出,梁丽仍予否认。民警随后从梁丽丈夫的衣服口袋内查获另一部分黄金首饰。从梁丽处查获的黄金首饰总重 13599.1 克,价值人民币 2893922 元。

同日,公安机关又先后从曹某、马某家中查获二人拿走的黄金首饰,共 819.78 克,价值人民币 172152 元。另外,尚有 136.49 克黄金首饰去向不明。

2009 年 3 月 12 日,公安机关以涉嫌盗窃罪对梁丽案出具起诉意见书。随后,检察机关以涉嫌盗窃罪正式批捕梁丽。

▶【基本问题】> > >

针对上述情形,分析一下该案的立案管辖和审判管辖问题?

▶【讨论与分析】> > >

根据刑法规定:以非法占有为目的,秘密窃取数额较大的公私财物或者多次盗窃公私财物的行为,叫做盗窃罪。侵占罪,是指以非法占有为目的,将他人的交给自己保管的财物、遗忘物或者埋藏物非法占为己有,数额较大,拒不交还的行为。

该案中,公安机关立案的案由是盗窃罪,当公安机关提请批准逮捕梁丽时,检察机关基于当时的证据状况和案件事实,认为有证据证明梁丽有犯罪事实,且犯罪数额巨大,可能判处有期徒刑以上刑罚,有逮捕必要,从而批准逮捕梁丽。关键的案件事实认定集中于几个方面:(1)涉案纸箱并非在垃圾桶边,而是在 19 号柜台前 1 米黄线处的行李手推车上被梁丽搬走,与最近的垃圾桶尚有约 11 米的距离。梁丽本人关于从垃圾桶旁边"捡"到涉案纸箱的辩解与事实不符。(2)从被害人离开到梁丽拿走涉案纸箱的时间约 1 分钟。(3)涉案赃物并非梁丽主动上交给警察,而是在警察发现后被迫承认并交出,有遮掩财物的行为。但梁丽是否符合秘密窃取,和拒不交还的行为,并不十分清楚。根据"刑疑惟轻"的原则,该案应该更符合侵占罪的犯罪构成要件。而侵占罪属于告诉才处理的案件,是法院直接受理的自诉案件。所以,2009

年 9 月 25 日,因证据不足,深圳市宝安区检察院向梁丽通报其不构成盗窃罪,撤销取保候审措施,不提起公诉。但检察院认为此案更符合侵占罪的构成特征,把案件发回公安机关;是否起诉梁丽,由东莞金龙珠宝首饰有限公司决定。

如果东莞金龙珠宝首饰有限公司要追究梁丽侵占罪的刑事责任,可以向犯罪地即深圳机场所在地的基层人民法院提起自诉。如其放弃起诉,梁丽将不再被追究刑事责任。

案例九 立案管辖 审判管辖

▶【案情简介】> > >

被告人张某,男,45 岁;吕某,男,42 岁。被告人张某得知该镇将补选镇长,便产生用贿赂人大代表的方法使自己当选该镇镇长的念头。张某勾结被告人吕某,先后多次密谋策划贿赂该镇人大代表,让人大代表选举张某当该镇镇长。镇人大会议召开前夕,张某将预先准备的各装有 1000 元人民币的 28 个信封,交给吕某 22 个,张某拿了 6 个,二人随后分头贿赂 28 名代表(其中两名代表拒收)。不久,该镇召开人大会议补选镇长,张某被"选举"为镇长。后经检举告发。

▶【基本问题】> > >

针对上述情形,分析一下该案的立案管辖机关和审判管辖法院?

▶【讨论与分析】> > >

根据刑法第 256 条的规定,破坏选举罪是指在选举各级人民代表大会代表和国家机关领导人员时,以暴力、威胁、欺骗、贿赂、伪造选举文件、虚报选举票数等手段破坏选举或者妨害选民和代表自由行使选举权和被选举权,情节严重的行为。

(1)本罪须发生在选举各级人民代表大会代表和国家机关领导人员这一特定的选举活动中。包括选民登记、提出候选人、投票选举、补选、罢免等整个选举活动。如果这些选举活动已经结束,行为人对选民或代表实施暴力、威胁或进行打击报复的,不构成本罪。各级人民代表大会代表既包括全国人大的代表,也包括地方各级人大的代表,国家机关领导人员既包括中央国家机关领导人员,也包括地方各级国家机关领导人员。破坏公司、企业、事业单位、人民团体中进行的选举活动或破坏选举国家机关非领导人员的选举活动的,不构成本罪。

(2)行为人须使用暴力、威胁、欺骗、贿赂、伪造选举文件、虚报选举票数等手段。暴力是指殴打、捆绑等对人身进行的打击或强制。威胁是指以杀害、伤害、破坏名誉等进行要挟。欺骗是采用捏造事实、颠倒是非、虚伪介绍候选人情况等手段,蒙蔽选民或代表,使其产生错误认识。贿赂是指用金钱或财物收买选民、代表或选举工作人员。伪造选举文件是指伪造选民证、选民名单、候选人名单、选票等文件。虚报选举票数是指选举工作人员对统计出来的选票数、赞成票数、反对票数进行虚报,包括多报或少报。

(3)行为人使用上述手段必须破坏选举或妨害选民和代表自由行使选举权和被选举权,并且情节严重。具体表现形式可能包括以暴力、威胁、欺骗、贿赂等手段,妨害选民、各级人民代表大会代表自由行使选举权和被选举权,致使选举无法正常进行或者选举结果不真实的;以暴力破坏选举场所或者选举设备,致使选举无法正常进行的;伪造选举文件,虚报选举票数,产生不真实的选举结果或者强行宣布合法选举无效、非法选举有效的;聚众冲击选举场所或者故意扰乱选举会场秩序,使选举工作无法进行的等情形。

(4)本罪的主观方面只能是故意。过失不构成本罪,如行为人因过失而误计选票,对候选人的介绍失实,将本无选举权的人列入选民名单等,都不构成本罪。

本案中张某为当镇长,伙同吕某,先后多次密谋策划,使用贿赂的手段破坏该镇人大选举活动,最终导致张某被"选举"为镇长,未能反映真实的选举结果,情节严重,应以破坏选举罪论处。

根据我国刑事诉讼法规定,国家机关工作人员侵犯公民人身权利和民主权利的犯罪,其中就有破坏选举案(刑法第256条),所以该案的立案管辖机关应该是该县的人民检察院。因该案不属于中级法院管辖的两类刑事案件,(危害国家安全、恐怖活动案件;可能判处无期徒刑、死刑的案件)所以应该由该县人民法院进行审判管辖。

二、审判管辖

案例一　级别管辖　地区管辖

▶【案情简介】＞＞＞

犯罪嫌疑人某甲,男,北京市人。2009 年前后流窜至河北、山东等省盗窃作案,盗窃财物数万元。2011 年 3 月 2 日,案犯流窜至江苏省徐州市,在夜间入户盗窃时被户主李某发觉,而后某甲即行抢劫,李某在阻挡时被其用菜刀杀死。后某甲被徐州市公安局逮捕。

▶【基本问题】＞＞＞

该案应由哪一级法院管辖? 由何地的法院管辖?

▶【讨论与分析】＞＞＞

该案中,犯罪嫌疑人某甲的行为涉嫌盗窃罪和抢劫罪。根据刑法第 264 条"盗窃公私财物,数额较大或者多次盗窃的,处三年以下有期徒刑、拘役或者管制,并处或者单处罚金;数额巨大或者有其他严重情节的,或者多次盗窃、入户盗窃、携带凶器盗窃、扒窃的,处三年以上十年以下有期徒刑,并处罚金;数额特别巨大或者有其他特别严重情节的,处十年以上有期徒刑或者无期徒刑,并处罚金或者没收财产"。犯罪嫌疑人某甲的行为属于多次盗窃,数额巨大,可能判处有期徒刑。

犯罪嫌疑人某甲流窜至江苏省徐州市,在夜间入户盗窃时被户主李某发觉,而后某甲即行抢劫,李某在阻挡时被其用菜刀杀死。其入室盗窃的性质转化为抢劫。根据刑法第 263 条"以暴力、胁迫或者其他方法抢劫公私财物的,处三年以上十年以下有期徒刑,并处罚金;有下列情形之一的,处十年以上有期徒刑、无期徒刑或者死刑,并处罚金或者没收财产:(一)入户抢劫的;(二)在公共交通工具上抢劫的;(三)抢劫银行或者其他金融机构的;(四)多次抢劫或者抢劫数额巨大的;(五)抢劫致人重伤、死亡的;(六)冒充军警人员抢劫的;(七)持枪抢劫的;(八)抢劫军用物资或者抢险、救灾、救济物资的"。本案中,犯罪嫌疑人某甲的抢劫行为属于入室抢劫,同时抢劫致人死亡。属于可能判处无期徒刑或者死刑的情况。

综上分析,犯罪嫌疑人某甲涉嫌的盗窃和抢劫罪,属于可能判处无期徒刑或者死刑的情况,该案应该由中级人民法院管辖。另根据地区管辖的确定原则"犯罪地法院管辖为主",该案的主要犯罪地在徐州市,该案应由江苏省徐州市中级人民法院管辖。

案例二　级别管辖　地区管辖

▶【案情简介】＞＞＞

被告人甲、乙、丙住军都市城北区。甲是盗窃惯犯。2012 年,甲组织乙、丙在军都市各区流窜作案。2013 年 4 月,甲得知城北区某商场夜间管理工作松散,便伺机作案。19 日晚,甲组织乙、丙潜入该商场,窃得财物价值共计 2.3 万元。

▶【基本问题】＞＞＞

1. 若甲、乙、丙三人当场被抓,并在审讯中供述在城西区行窃三次,窃得财物价值 3000 余元;在城南区行窃四次,窃得财物价值 6000 余元。问:在此种情况下,该如何确定法院的审判管辖?

2. 若三人行窃后,丙为毁灭证据,又自作主张将商场内的衣物点燃,引起大火,使商场损失近 20 余万元,并烧死一人。在此种情况下,该由哪个法院进行管辖?

3. 若三人被依法审判后,乙被判处有期徒刑 6 年,并押送到南口市某监狱服刑。在服刑期间,乙主动交代了 2010 年底伙同甲在军都市城东区实施的一起抢劫案。对该罪应由何地法院审判?

▶【讨论与分析】＞＞＞

1. 审判管辖包括级别管辖、地域管辖、专门管辖和指定管辖。本案与军队和铁路运输无关,也未发生管辖不明,需要指定管辖的情形,因而不存在专门管辖和指定管辖问题。

本案的级别管辖,根据刑法及相关司法解释的有关盗窃罪的相关规定:盗窃公私财物价值 1000 元至 3000 元以上、3 万元至 10 万元以上、30 万元至 50 万元以上的,应当分别认定为刑法第 264 条规定的"数额较大""数额巨大""数额特别巨大"。该案中,甲、乙、丙三人的盗窃行为窃得财物价值共计 2.3 万元,属于数额较大的情节。根据刑法第 264 条"盗窃公私财物,数额较大的,或者多次盗窃、入户盗窃、携带凶器盗窃、扒窃的,处三年以下有期徒刑、拘役或者管制,并处或者单处罚金;数额巨大或者有其他严重情节的,处三年以上十年以下有期徒刑,并处罚金;数额特别巨大或者有其他特别严重情节的,处十年以上有期徒刑或者无期徒刑,并处罚金或者没收财产"。本案中甲、乙、丙的盗窃行为不足以判处无期徒刑或死刑,因此,本案的级别管辖应为基层人民法院。

关于本案的地域管辖,我国刑事诉讼法规定的地域管辖的确定原则为以犯罪地法院为主,以被告人居住地法院管辖为辅。本案中,城西区、城南区、城北区均为犯罪地。三区的法院原则上都有管辖权。此时,几个法院同时有管辖权的前提下,管辖地的确定应采另一原则:以最初受理地法院为主,必要时移送主要犯罪地法院管辖为辅的原则。本案中,被告人在城北区被捕,城北区法院成为最初受理地法院,且被告人在城北区盗窃数额最大,该区又是本案的主要犯罪地。因而本案的审判管辖应该是军都市城北区人民法院。

2. 根据本题假设,三人行窃后,丙为毁灭证据,又自作主张将商场内的衣物点燃,引起大火,使商场损失近 20 余万元,并烧死一人,其犯罪性质严重、影响恶劣,造成的结果严重,是有可能被判处无期徒刑或者死刑的犯罪行为。根据刑事诉讼法的相关规定,可能判处无期徒刑、死刑的刑事案件的一审管辖法院应该是中级人民法院。本案的犯罪地属于军都市,所以要追究被告人丙的刑事责任,应由军都市中级人民法院管辖。因本案是共同犯罪的案件,如需要合并审理,应适用级别管辖上的"就高不就低"原则。全案都应该由军都市中级人民法院管辖,城北区人民法院应将案件移送军都市中级人民法院审理。

3. 对罪犯在服刑期间发现漏罪及又犯新罪的管辖原则:最高法关于刑事诉讼法的解释第 11 条规定:正在服刑的罪犯在判决宣告前还有其他罪没有判决的,由原审地人民法院管辖;由罪犯服刑地或者犯罪地的人民法院审判更为适宜的,可以由罪犯服刑地或者犯罪地的人民法院管辖。罪犯在服刑期间又犯罪的,由服刑地的人民法院管辖。罪犯在脱逃期间犯罪的,由服刑地的人民法院管辖。但是,在犯罪地抓获罪犯并发现其在脱逃期间的犯罪的,由犯罪地的人民法院管辖。

在服刑期间,乙主动交代了2010年底伙同甲实施的一起抢劫案,属于在判决宣告前的漏罪,原则上由原审地人民法院审判,即城北区人民法院审判。如果由服刑地即南口市人民法院或者犯罪地法院即城东区人民法院审判更为适宜的,也可以由其审判。

案例三　级别管辖　地区管辖

▶【案情简介】＞＞＞

被告人张某系河南人,因犯商业秘密罪被江西某法院判处有期徒刑一年二个月,并赔偿附带民事原告人某祛斑美容有限公司(其营业地在江西某市)经济损失66万余元。刑满释放后,被告人张某出资人民币12万余元以其女儿的名义向山东一销售公司购买一台塔吊;同时被告人张某出资人民币17万余元向该销售公司购买一台塔吊,两台塔吊均用于收取租金。在法院执行期间,被告人张某有上述可供执行的财产,但其一直拒不履行判决书所确定的义务。为此,公诉机关以被告人张某涉嫌拒不执行法院裁判罪向江西某法院提起公诉。

▶【基本问题】＞＞＞

该案的管辖法院应当如何确定?

▶【讨论与分析】＞＞＞

该案应由江西某法院行使案件的审判管辖权。

其理由是:首先,该案中被告人涉嫌拒不执行判决、裁定罪,从该案的犯罪性质、社会影响和可能量刑来讲应该由基层人民法院审理。其次,地区管辖的确定上,应适用《最高人民法院〈关于拒不执行判决、裁定案件具体应用法律〉若干问题的解释》(以下简称《解释》)第七条关于"拒不执行判决、裁定案件由犯罪行为发生地的人民法院管辖"的规定。

本案的关键是如何正确理解"犯罪行为地"。根据犯罪构成理论,犯罪行为属于犯罪客观要件中的一种,是指在人的意识支配下实施犯罪行为并危害社会的身体活动,它的表现形式可概括为作为与不作为。所谓作为,是指行为人以积极的身体活动实施刑法所禁止的危害行为,从表现形式上看,作为是积极的身体动作;从违反规范的性质上看,作为直接违反了禁止性的罪刑规范。所谓不作为,是指行为人在能够履行自己应尽义务的情况下不履行该义务,从表现形式上看,不作为是消极的身体动作,从违反法律的禁止性规范的性质上看,不作为不仅违反了刑法的禁止性规范,而且直接违反了某种命令性规范,成立不作为犯在客观上必须具备三个条件:(1)行为人负有实施特定积极行为的具有法律性质的义务,包括①法律、法规明文规定的义务;②职务或业务要求的义务;③法律行为引起的义务;④先前行为引起的义务。(2)行为人能够履行特定义务。(3)行为人不履行特定义务,造成或者可能造成危害结果,符合上述条件的,就具备了不作为犯罪的客观要件。

从拒不执行法院裁判罪的犯罪构成来分析,其客观要件完全符合上述三个条件:(1)被执行人负有自觉履行已生效的法院裁判文书确定的义务,该义务为法律行为引起的义务。(2)被执行人有履行能力。(3)被执行人有履行能力而拒不执行,并造成申请执行人的债权无法实现的后果。拒不执行裁判罪在客观方面属不作为犯,该不作为犯的犯罪行为地应为"义务履行地"。综观本案,被告人张某应向附带民事原告人履行法院判决书所确定的义务,而原告人的营业地在江西某市,其义务履行地在江西某市,被告人张某的犯罪行为地应认定在江西某市,故江西某市法院对本案有管辖权。

但从被告人张某在执行期间,不是积极履行判决书确定的义务,而是以其女儿的名义出资 12 万余元购买塔吊的事实来分析,被告人张某的行为符合《全国人民代表大会常务委员会关于〈中华人民共和国刑法〉第三百一十三条的解释》第二款关于"被执行人隐藏、转移、故意毁损财产或者无偿转让财产,以明显不合理的低价转让财产,致使判决、裁定无法执行的,属于有能力执行而拒不执行,情节严重的情形"的规定,构成拒不执行判决、裁定罪,而该犯罪在客观方面表现为转移财产,又属典型的作为犯,其犯罪行为地就是转移财产地即河南某市,依据《解释》第七条的规定,河南某市对本案也有管辖权。

在两个同级人民法院对同一案件都有管辖权的情况下,究竟应由那个法院处理?对此《中华人民共和国刑事诉讼法》明确规定:几个同级人民法院都有权管辖的案件,由最初受理的人民法院审判。本案最初是由江西某法院受理,故应由江西某法院对本案进行审判。

案例四　级别管辖　地区管辖

▶【案情简介】>>>

　　被告人侯某,男,24岁,工人。被告人王某,男,25岁,汽车司机。被告人刘某,男,27岁,汽车司机。某年的5月10日,家住甲市的被告人侯某、王某、刘某在一起喝酒,其间,侯某提出:"弄个小妞玩玩",王某、刘某表示同意。当晚10时许,被告人刘某将本单位一面包车开出,三人驾车在通往乙市的公路上,伺机作案。当女青年孙某骑车迎面而来时,被侯某、王某劫持上车,汽车朝乙市开去。途中三名被告人轮奸了该女青年,直到车开到乙市境内后,轮奸行为仍未实施终了。受害人被轮奸后又被抛出车外,恰遇乙市的治安联防队员及时报案,乙市公安机关当夜将窜至乙市的三名被告人抓获归案。甲、乙两市法院在管辖上存在争议。甲市法院认为此案应由乙市法院受理。理由是:第一,此案被告人的犯罪行为虽始于甲市,但犯罪行为的完成无疑是在乙市境内,乙市也是犯罪地的一部分;第二,此案是由乙市公安机关侦破,并由乙市检察机关审查起诉,乙市法院受理更为方便。而乙市法院则认为,此案应由甲市法院受理。理由是:被告人的重要犯罪法律行为是在甲市实施的,并居住在甲市,根据刑事诉讼法的规定,甲市法院应当受理此案。

▶【基本问题】>>>

　　该案应由何地的法院管辖?

▶【讨论与分析】>>>

　　刑事诉讼法第24条规定:"刑事案件由犯罪地的人民法院管辖。如果由被告人居住地的人民法院审判更为适宜的,可以由被告人居住地的人民法院管辖。"刑事诉讼法第25条规定:"几个同级人民法院都有权管辖的案件,由最初受理的人民法院审判。在必要的时候,可以移送主要犯罪地的人民法院审判。"

刑事诉讼法第 26 条规定:"上级人民法院可以指定下级人民法院审判管辖不明的案件,也可以指定下级人民法院将案件移送其他人民法院审判。"

根据刑事诉讼法刑事案件地区管辖原则的规定,刑事案件主要应由犯罪地的人民法院管辖。如果由被告人居住地法院审判更为适宜的,也可以由被告人居住地人民法院审判。所谓犯罪地,是指犯罪行为地和犯罪结果地。被告人居住地,一般指被告人户籍所在地,户籍地与经常居住地不一致的,是指经常居住地。被告人居住地管辖,主要是指被告人在居住地民愤极大,或者罪犯可能被判处管制或宣告缓刑,需要在当地执行等情况。由于犯罪地可能有多个,就可能出现几个人民法院都有管辖权的情况,在这种情况下,应由最初受理的人民法院管辖,如果有必要,可以移送主要犯罪地的人民法院审判。

本案中,劫持、强奸的犯罪行为开始于甲市,但轮奸行为分别实施于甲、乙两市,因此甲、乙两市都是犯罪地,两地法院都有管辖权。

甲市法院提出的应由乙市法院受理的依据主要是从效率和便利的角度出发作出的解释,有一定道理。

乙市法院提出的理由是被告人的重要犯罪行为是在甲市实施的。本案中何地为主要犯罪地,不好分清。虽然劫持和轮奸行为始发于甲市,但作为本案的一个重要情节,将被害女青年孙某轮奸并抛出车外,驾车逃跑,则发生在乙市。第二个理由是被告人居住在甲市,符合由居住地法院审判更为适宜的条件。也有一定道理。

至于最初受理的法院优先管辖的原则,本案在向乙市法院起诉时,该院即提出异议,尚未受理。因此,本案已不能单纯按照刑事诉讼法中此原则进行适用。

虽然本案发案在甲市,破案却在乙市,是由乙市公安机关侦破的,再将案件移送甲市法院审判诉讼效率会十分低下。从理论上来讲,由乙市法院受理更为合理。具体操作中,甲乙市法院可以进行协商,如协商无果,可以逐级报请共同的上级法院指定管辖。

案例五 级别管辖 地区管辖

▶【案情简介】＞ ＞ ＞

罪犯 A 因在 B 县犯抢劫罪,被判处 7 年有期徒刑,后在 B 县监狱服刑。监狱服刑期间,A打伤同监犯人C后越狱。3日后A逃至D县又犯抢劫罪,被D县公安机关抓获,并由D县人民法院受理此案。同时,B县人民法院在D县人民法院受理此案10日后,也受理此案。

▶【基本问题】>>>

1. B、D两县人民法院是否均具有管辖权? 为什么?

2. 本案中,应当由哪个法院进行审理? 为什么?

▶【讨论与分析】>>>

1. 最高人民法院关于刑事诉讼法的解释第11条:正在服刑的罪犯在判决宣告前还有其他罪没有判决的,由原审地人民法院管辖;由罪犯服刑地或者犯罪地的人民法院审判更为适宜的,可以由罪犯服刑地或者犯罪地的人民法院管辖。罪犯在服刑期间又犯罪的,由服刑地的人民法院管辖。罪犯在脱逃期间犯罪的,由服刑地的人民法院管辖。但是,在犯罪地抓获罪犯并发现其在脱逃期间的犯罪的,由犯罪地的人民法院管辖。

本案中,罪犯A在监狱服刑期间打伤同监犯人后越狱,属于在服刑期间又犯罪,服刑地法院即B县人民法院有管辖权。后又逃到D县实施抢劫罪,属于在脱逃期间犯罪并在犯罪地抓获犯罪并发现犯罪的情况,犯罪地法院即D县人民法院具有管辖权。

2. 本案中,两个同级法院都有管辖权的情况下,根据刑事诉讼法的相关规定,应该由最初受理地法院优先行使管辖权。因此应该由D县人民法院进行审理。

第四章

回　避

案例一　回避的人员范围

▶【案情简介】> > >

2006年下半年,青田人罗某拟在景宁县鹤××村投资办钼矿尾矿复选厂(以下简称选矿厂),考虑到办厂需要用到××村的土地。于是罗某找到时任××村村委会主任陈某某,陈某某向罗某提出20%股份给自己,由其帮罗某取得办厂所需用地,罗某表示同意。于是将选矿厂股份的20%(后增加到30%)给陈某某,双方签订合伙协议,陈某某因此获取财物共计人民币597417.51元。

2007年10月,在选矿厂生产经营期间,陈某某为了达到从罗某处拿钱的目的,与被告人胡某商量决定,编造选矿厂尾矿渣堆放的土地与××村溪口小组存在纠纷,并以让选矿厂停产相要挟,让罗某出钱解决纠纷。商量好后,陈某某联系了周某和马某,让两人带人去选矿厂将厂停掉。

罗某考虑到选矿厂停产将导致巨大经济损失,无奈之下同意拿出29万元用于处理纠纷。胡某拿到钱后与陈某某互相私分,胡某拿到2万元,陈某某拿到27万元,陈某某支付部分钱给闹事人员和××村溪口小组。2007年11月底左右,罗某将选矿厂承包给陈某某生产经营,承包款每月50万元,按比例每月应支付给罗某35万元,陈某某支付了第一个月承包款35万元后未再支付之后月份承包款。陈某某将以上所获款项用于偿还个人借款及日常生活。

之后,事情败露,陈某某因本案于2013年11月6日被刑事拘留,2013年12月4日被逮捕。现羁押于××县看守所。胡某某因本案于2013年11月8日被刑事拘留,2013年12月4日被逮捕,2014年1月26日被取保候审。

××县人民法院审理,××县人民检察院指控,原审被告人陈某某犯非国家工作人员受贿罪、敲诈勒索罪、挪用资金罪,胡某犯敲诈勒索罪一案,于2014

年 7 月 11 日作出刑事判决。

原公诉机关景宁畲族自治县人民检察院提出抗诉。

原审被告人陈某某不服,提出上诉,上诉理由之一认为公诉人参加本案侦查活动,违反回避制度,程序违法。

丽水市中级人民法院依法组成合议庭,公开开庭审理了本案。丽水市人民检察院指派检察员丁某出庭支持抗诉。

► 【基本问题】 > > >

1. 刑事诉讼回避制度的基本内容;

2. 本案原审被告人陈某某上诉,认为公诉人参加本案侦查活动,违反回避制度,是否合理? 回避的人员范围有哪些?

► 【讨论与分析】 > > >

刑事诉讼中的回避,是指与本案有某种利害关系或者其他特殊关系的审判人员、检察人员和侦查人员,包括书记员、翻译人员、鉴定人、司法警察、记录人,不得参与该案诉讼活动。为实现利益规避和防止预断而建立的与案件有某种利害关系或者其他特殊关系的特定人员不得参与该案诉讼活动的制度,称为"回避制度"。[①] 其中"不得参与该案诉讼活动",即不得参与该案件的立案、侦查、批捕、预审、审查起诉、提起公诉、出庭支持公诉、审判各个环节,也不得在上述诉讼中从事文字记录工作,不得以诉讼参与人的身份从事该案的翻译与鉴定工作。

刑事诉讼法第 28 条规定"审判人员、检察人员、侦查人员有下列情形之一的,应当自行回避,当事人及其法定代理人也有权要求他们回避:(一)是本案的当事人或者是当事人的近亲属的;(二)本人或者他的近亲属和本案有利害关系的;(三)担任过本案的证人、鉴定人、辩护人、诉讼代理人的;(四)与本案当事人有其他关系,可能影响公正处理案件的"。

刑事诉讼法第 31 条规定"本章关于回避的规定适用于书记员、翻译人员和鉴定人。辩护人、诉讼代理人可以依照本章的规定要求回避、申请复议。"

审判人员。这里的"审判人员"是指人民法院依法定程序对案件进行审理并作出判决的人员,俗称"法官"。审判人员包括院长、副院长、审判委员会委

---

① 陈光中主编:《刑事诉讼法》(第五版),北京大学出版社、高等教育出版社 2015 年版,第 127 页。

员、庭长、副庭长和审判员、助理审判员、人民陪审员。

检察人员。这里的"检察人员"是指依法行使国家检察权的检察人员。检察人员包括人民检察院检察长、副检察长、检察委员会委员、检察员和助理检察员。

侦查人员。这里的"侦查人员"指公安机关、人民检察院在办理案件过程中依据法律进行的专门调查工作和采取的有关强制措施,进行案件侦查的工作人员。侦查人员包括直接负责侦查本案的侦查人员、机关负责人和侦查部门负责侦查本案的检察人员以及参与本案讨论和作出处理决定的检察长、副检察长、监察委员会委员。

书记员。这里的"书记员"是人民法院和人民检察院司法工作人员之一,是人民法院和人民检察院内担任办理案件的记录工作和有关事项的人员,并协助办理一系列司法辅助工作。这里的书记员包括起诉阶段和审判阶段中担任记录工作的书记员。人民法院的书记员参与审判阶段的活动,有时也参与执行阶段的活动。检察机关的书记员参与起诉和审判两个阶段的活动,在审判阶段要随同公诉人出席法庭担任记录工作。无论在起诉还是审判阶段,书记员都属于应予回避人员范围内的人员。

翻译人员。这里的"翻译人员"是指在刑事诉讼过程中接受公安司法机关的指派或者聘请,为参与诉讼的外国人或无国籍人、少数民族人员、盲人、聋人、哑人等进行语言、文字或者手势翻译的人员。

鉴定人。这里的"鉴定人"是指在刑事诉讼过程中,接受公安司法机关的指派或者聘请,运用自己的专门知识或者技能对刑事案件中的专门性问题进行分析判断并提出书面鉴定意见的人。

司法警察。司法警察是中华人民共和国人民警察的警种之一。司法警察简称为"法警",根据人民法院组织法和人民检察院组织法分别配置在人民检察院和人民法院,执行押解、看管被告人或者罪犯,传带证人、鉴定人和传递证据;维护审判秩序等任务。

记录人。记录人在侦查过程中承担讯问笔录、询问记录等侦查活动笔录的记录工作的人员。公安部《公安机关办理刑事案件程序规定》第38条规定,记录人也适用有关回避的规定。

刑事诉讼法规定回避主体包括出庭人员和不出庭人员,也规定了鉴定人在回避人员范围内,而在司法实践中往往容易将不出庭人员遗漏,例如鉴定人员。

而鉴定结论作为证据对案件的处理起着至关重要的作用,审判人员对鉴定人的回避遗漏告知明显会对当事人产生不利影响。由此,关注对不出庭人员的回避范围监督非常必要。

刑事诉讼法、人民法院组织法、人民检察院组织法及其他有关法律对刑事诉讼中的回避人员范围作出了的规定,至于是否增设法院整体作为回避的范围,我国法律还没有作出明确规定。法院整体回避在许多国家的刑事诉讼法中都有规定。如《匈牙利民事诉讼法》第 14 条之规定,根据第 13 条一至三项乡法院或州法院的领导回避的情况下,该乡法院或州法院不能审理所提及的案件。第 18 条规定,如果回避原因涉及作为二审法院的州法院的话,回避问题由最高法院决定。《法国民事诉讼法典》第 34 条也规定了移审制度,作为诉讼回避的一种类型。在我国目前的情况下,法院的人力、物力、财力还受制于地方政府,法院还没有实质性的独立。因此,在涉及地方政府的许多案件中,来自地方政府及党委的压力,使得受案法院始终会受到一定的干预,不能保持客观中立。所以,增设法院整体作为回避的范围是有必要的。

本案中,原审被告人陈某某在提起上诉时,认为公诉人参加本案侦查活动,违反回避制度。根据刑事诉讼法第 28 条规定,回避人员的范围包括:审判人员、检察人员、侦查人员。公诉人属于回避人员的范围。但是从该条所列款项看,回避的事由包括:(一)是本案的当事人或者是当事人的近亲属的;(二)本人或者他的近亲属和本案有利害关系的;(三)担任过本案的证人、鉴定人、辩护人、诉讼代理人的 (四)与本案当事人有其他关系,可能影响公正处理案件的。本案中公诉人并不存在上述四情形之一,因此,原审被告陈某某的上诉主张不能成立。

另外,二审查明,公诉人均在审查起诉阶段核实证据,并未在侦查阶段参与侦查活动,不存在程序违法的问题,对原审被告陈某某提出的认为公诉人参加本案侦查活动,违反回避制度,不予以支持。

案例二　回避的理由

▶【案情简介】＞＞＞

余某某,女,1980 年 8 月 27 日出生于四川省宜宾县,汉族,高中文化,农民,户籍地四川省宜宾县,现住重庆市渝北区。2014年6月21日12时许,余某某在重庆市渝北区××路××号××超市购买冰箱,她在付款时发现商场标价和付款价格不符,要求超市赔偿商品的3倍价格并开具发票。超市一方说把差价退给余某某,以商场标价开具发票。余某某不同意,因冰箱的价格问题与超市员工发生纠纷。13时许,××超市员工向当地派出所报警称有人在该处闹事并将收银机弄坏。派出所接到报警后,民警张某某和杨某某前往现场出警。张某某和杨某某身着警服赶到现场,对余某某和超市员工进行了劝解,但双方未达成一致意见。张某某告知余某某如果协调不成,可向消协、工商等部门反映解决,不要采取过激行为。14时许,余某某又报了警,张某某和同事赶到现场对双方进行了劝解,再次告知余某某通过合法途径解决。17时许,余某某在与××超市未达成赔偿协议的情况下,将超市服务台上的打印机、显示器等物品推倒在地损坏,超市员工遂报警。张某某和杨某某身着警服赶到现场,看到超市服务台上一个收银机的显示器和两个打印机被损坏。超市员工说是余某某把这些设备推倒的。张某某发现余某某在不远处,就和杨某某走过去问余某某为什么损坏物品,余某某称超市不开具发票,她只有这么做。张某某和杨某某叫余某某到派出所解决问题,否则会强制传唤她。余某某突然情绪激动,极不配合。杨某某打算控制余某某,余某某咬了他左手一下,又抓他的手臂。张某某和杨某某共同将余某某控制住,把她带到派出所。经诊断,法医学临床检验鉴定意见书、门诊病历及伤情照片证实,杨某某双上肢前臂软组织伤,左手咬伤,经鉴定其损伤程度为轻微伤。

重庆市渝北区人民检察院以余某某犯妨害公务罪提起公诉,重庆市渝北区人民法院审理了本案。被告余某某辩护人提出,本案两名侦查人员系渝北区公安分局治安支队的民警,三名侦查人员系两路派出所民警,均应当依法回避。

▶ 【基本问题】 > > >

1. 刑事诉讼法关于回避理由是如何规定的?

2. 以上案例中,被告余某某辩护人提出的"本案两名侦查人员系渝北区公安分局治安支队的民警,三名侦查人员系当地派出所民警,均应当依法回避"是否合理?

▶ 【讨论与分析】 > > >

回避的理由,是指法律规定的有关人员应当回避的原因和条件。从理论上讲,可作为公安司法人员回避根据的情形主要是他们与案件或当事人有某种利害关系或其他关系,以至于难以使案件得到公正的处理。我国刑事诉讼法第28条、第29条规定,《最高人民法院关于适用〈中华人民共和国刑事诉讼法〉的解释》第23条,最高人民检察院《人民检察院刑事诉讼规则(试行)》第20条,公安部《刑事诉讼规则》第30条的规定,回避的理由具体包括以下几种情形。

一、是本案的当事人或者当事人的近亲属的

在我国的刑事诉讼中,本案的当事人是指在诉讼中处于追诉(原告)或被追诉(被告)的地位,执行控诉或辩护职能,并同案件事实和案件处理结果具有切身利害关系的参与人。本案的当事人包括被害人、自诉人、犯罪嫌疑人、被告人、附带民事诉讼的原告人、附带民事诉讼的被告人。当事人的近亲属是指夫、妻、父、母、子、女、同胞兄弟姊妹。

为了保证诉讼程序的公正,任何人都不得在自己的案件中充任法官。这是自然正义法则对审判者和执法者的基本要求。如果审判人员本人就是本案的当事人,那么他们的诉讼职能与他们自身所具有的实体利益和终极诉讼目标发生冲突,极有可能为了维护自身利益从事诉讼活动,以至于使得诉讼失去了起码的公正。同样,检察人员、侦查人员、鉴定人员等本身就是本案的当事人,也会失去客观立场,容易使案件的处理因为发生偏差或者妨碍诉讼公正结果的达成。如果这些人员是一方当事人的近亲属,当事人和近亲属存在情感和利益的交集,按照人之常情,这些人员极有可能会出于亲情而偏袒该当事人,这样自然有损害诉讼公正的可能。即使这些人员中有道德高尚、刚直不阿的人,能在公正和亲情两端作出正确的取舍,从而能够公正无私地处理案件,但是普通民众对案件处理还是会存在怀疑的,所以,以上这些人员回避案件是必要的。

二、本人或者其他的近亲属和本案有利害关系的

"利害关系"主要是从经济关系、业务关系、身份关系方面界定的。和本案有利害关系是指本案侦查人员、检查人员、审判人员或者其他的近亲属因为经济关系、身份关系、业务关系等而涉及本案。如果本人与本案有利害关系,从人的利己性来说,人们都愿意将自己的利益最大化,如果在案件诉讼活动中,侦查人员、检查人员、审判人员等案件参与人与本案件存在利益上纠缠,从利己排他性来说,以上人员很有可能为了自己利益的最大化,而作出违反公平、公正的诉讼活动。出于我国注重人情文化的传统,宗法观念、家族观念、各种亲属关系和人际关系的交错重合,徇私枉法的产生有着很深的社会土壤,如果侦查人员、检

查人员、审判人员等人员的近亲属与本案有着某种利害关系,那么案件的处理结果会直接影响他们及其近亲属的利益,考虑到亲情和人情,出于这种牵连关系,那么再由他们参加诉讼活动,就可能使案件得不到公正客观的处理或者发生妨碍的可能。为了保证法官秉公办案、清正廉洁,确保案件的公正、公平,我们应该排除和本案有利害关系的人员,因此,具备这一情形的办案人员或其他诉讼参与人应当回避。

三、担任过本案的证人、鉴定人、勘验人、辩护人、诉讼代理人的

如果侦查人员、检察人员、审判人员等办案人员事先了解案情,参与了案件的诉讼活动,他们就有义务向公安司法机关作证,诉讼中的证人具有不可替代性,如果担任过本案的证人,那么他们就不得同时作为本案件的侦查人员、检察人员、审判人员。担任过鉴定人、勘验人、辩护人、诉讼代理人的人员参与过案件的某个环节或者某些环节,以上人员在参与案件鉴定、勘验、辩护等过程中,对案件事实有所了解,以及他们结合自己的专业背景,可能对案件就会有预断,如果再参与本案的诉讼活动,就很难公正地对待案件,就会掺杂之前对案件的判断,影响案件的诉讼活动的公正性。所以,遇到这样的情形,上述人员自应回避。

四、与本案的辩护人、诉讼代理人有近亲属关系的

根据《最高人民法院关于适用〈中华人民共和国刑事诉讼法〉的解释》第23条第4款的规定,审判人员与本案的诉讼代理人、辩护人有夫妻、父母、子女或者同胞兄弟姐妹关系的,也应当回避。本规定所称近亲属,包括与审判人员有夫妻、直系血亲、三代以内旁系血亲及近姻亲关系的亲属。

在司法实践中,审判人员可能与案件的辩护人、诉讼代理人存在近亲属关系,有些案件正是由于存在这样的关系,辩护人、诉讼代理人才得以委托,参与到案件诉讼活动中来。为了避免这样的现象发生,从而影响案件的公正处理,我国法律对审判人员可能与案件的辩护人、诉讼代理人存在近亲属关系作出了相应规定。2011年2月,最高人民法院发布《关于对配偶子女从事律师职业的法院领导干部和审判执行岗位法官实行任职回避的规定(试行)》,要求人民法院领导干部和审判、执行岗位法官,其配偶、子女在其任职法院辖区内从事律师职业的,应当实行任职回避。人民法院在选拔任用干部时,不得将具备任职回避条件的人员作为法院领导干部和审判、执行岗位法官的拟任人选。人民法院在补充审判、执行岗位的办案人员时,不得补充具备任职回避条件的人员。

2011 年 5 月，最高人民法院印发了《关于落实任职回避制度的实施方案》，以落实配偶子女从事律师职业的法院领导干部和审判执行岗位法官实行任职回避的规定。自 2011 年 6 月 13 日起施行的《最高人民法院关于审判人员在诉讼活动中执行回避制度若干问题的规定》，将法律规定的理由进一步细化。

五、与本案当事人有其他关系，可能影响公正处理案件的

在现实生活中，可能影响案件公正处理的因素很多，法律无法具体列举详尽，所以本项采取原则性的规定。"其他关系"的范畴比较广泛，例如邻居关系、同事关系、同居关系等关系都属于这里的其他关系。现代社会，人与人的社会关系呈现出越来越复杂的现象，司法实践中，如果侦查人员、检察人员、审判人员等办案人员与本案当事人存在上述四种情形以外的其他关系，并且这种关系达到了可能影响案件的公正处理，当有权提出回避的人员认为案件中出现了符合本项规定的情形时，可以依法提请相关人员回避，相应的公安司法机关应该按照规定作出是否让相关人员回避的决定。这里的"可能影响公正处理案件的"并不是指已经既成事实对案件处理的影响，只要对案件公正处理存在影响即可，这也是出于对案件公正性的维护考虑，只要有可能性，就应消除这种可能，从而排除对案件处理有任何不公正影响的因素，法律追求的是维护社会的公平、公正。

六、审判人员、检察人员、侦查人员等接受当事人及其委托的人的请客送礼，违反规定会见当事人及其委托人的

刑事诉讼法第 29 条规定：审判人员、检察人员、侦查人员不得接受当事人及其委托的人的请客送礼，不得违反规定会见当事人及其委托的人。审判人员、检察人员、侦查人员违反前款规定的，应当依法追究法律责任。当事人及其法定代理人有权要求他们回避。

一方面，审判人员、检察人员、侦查人员等办案人员的工作性质决定着案件能否得到公正的处理。另一方面，审判人员、检察人员、侦查人员等办案人员的特殊身份又赋予了他们相应的权力。如果审判人员、检察人员、侦查人员等办案人员存在权力寻租现象，为了满足自己物质要求、私欲，或者经不住一些当事人及其委托人，包括法定代理人、诉讼代理人、辩护人及其亲朋好友的说情、劝说、诱惑等，而接受请客送礼，那么必然会影响办案人员对案件的处理，从而使得法律失去公平和公正。这些社会不正之风严重影响公安司法队伍的纪律，给社会带来了极大的不良影响，严重妨害了司法公正的实现。

《最高人民法院关于适用〈中华人民共和国刑事诉讼法〉的解释》第24条还规定,审判人员违反规定,具有下列情形之一的,当事人及其法定代理人有权申请其回避:(一)违反规定会见本案当事人、辩护人、诉讼代理人的;(二)为本案当事人推荐、介绍辩护人、诉讼代理人,或者为律师、其他人员介绍办理本案的;(三)索取、接受本案当事人及其委托人的财物或者其他利益的;(四)接受本案当事人及其委托人的宴请,或者参加由其支付费用的活动的;(五)向本案当事人及其委托人借用款物的;(六)有其他不正当行为,可能影响公正审判的。公安部《公安机关办理刑事案件程序规定》第31条规定:公安机关负责人、侦查人员不得有下列行为:(一)违反规定会见本案当事人及其委托人;(二)索取、接受本案当事人及其委托人的财物或者其他利益;(三)接受本案当事人及其委托人的宴请,或者参加由其支付费用的活动;(四)有其他不正当行为,可能影响案件公正办理。违反前款规定的,应当责令其回避并依法追究法律责任。当事人及其法定代理人有权要求其回避。

七、其他构成审判人员回避理由的情况

除以上回避理由外,还有其他构成审判人员回避理由的情况。

(一)重新审判案件的回避。在一个审判程序中,参与过本案审判工作的审判人员,不得再参与该案件其他程序的审判。刑事诉讼法第228条规定:原审人民法院对于发回重新审判的案件,应当另行组成合议庭依照第一审程序进行审判。第245条规定:人民法院按照审判监督程序重新审判的案件,由原审人民法院审理的,应当另行组成合议庭进行。即审判人员曾经作为案件的裁判者参加过对该案件的审判活动,后同一案件又被同一人民法院重新审理,为了防止重新审理案件的法官有对案件做出预断的可能,难以保证案件的审判公正性,该审判人员应当回避。基于以上规定和缘由,对于二审法院发回重新审判的案件,原审人民法院负责审理的原合议庭组成人员不得再参与对其的审理;对于人民法院按照审判监督程序重新审判的案件,原负责审判此案的合议庭组成人员,亦不得参与对该案件的审理。

(二)在案件本诉讼阶段之前,曾参与过办理本案的人员的回避。案件的侦查人员、检察人员、审判人员等在本案件诉讼活动之前,参与过办理本案,可能影响案件的公正处理,应当回避。最高人民检察院《人民检察院刑事诉讼规则(试行)》第30条规定:"参加过本案侦查的侦查人员,不得承办本案的审查逮捕、起诉和诉讼监督工作。《最高人民法院关于适用〈中华人民共和国刑事诉讼法〉的解释》第 25 条规定:"参与过本案侦查、审查起诉工作的侦查、检察人员,调至人民法院工作的,不得担任本案的审判人员。在一个审判程序中参与过本案审判工作的合议庭组成人员或者独任审判员,不得再参与本案其他程序的审判。但是,发回重新审判的案件,在第一审人民法院作出裁判后又进入第二审程序或者死刑复核程序的,原第二审程序或者死刑复核程序中的合议庭组成人员不受本款规定的限制。"

总的来说,参加过本案侦查的侦查人员,如果调至人民检察院工作,不得担任本案的检察人员;参加过本案的侦查人员、检察人员,如果调至人民法院工作,不得担任本案的审判人员。在本案之前的一个审判阶段担任过审判人员的,不得再参与该案件本阶段程序的审判活动。

结合本案例来说,渝北区人民法院在审理该案件时,认为超市工作人员与余某某发生纠纷,其部分证言的真实性存疑。本案的案发地点在渝北区,渝北区公安分局对本案享有管辖权,参与侦查本案的民警虽与杨某某均系渝北区公安分局的民警,但不属于以上的讨论和分析中依法应当回避的事由。渝北区法院认为辩护人提出侦查人员应当回避的意见不能成立。

案例三　回避的种类

▶【案情简介】＞＞＞

于某某,男,汉族,系××区××中学学生;2013 年 6 月 15 日,××区××中学学生在跳操时,于某某与其同学孙某(案发时不满十六周岁)因开玩笑发生矛盾。当日 22 时许,于某某与同寝室的闫某和张某某去孙某居住的 617 寝室找孙某,孙某寝室的唐某将闫某和张某某推出了 617 寝室并将门反锁。室内于某某与孙某发生争吵,闫某和张某某在外敲门,孙某寝室的刘某把门打开后,于某某和孙某走到走廊内继续争吵并厮打在一起,唐某上前推了于某某一下,于某某将唐某的眼镜打掉,唐某和孙某一起用拳头打于某某,致于某某右眼受伤。受伤后于某某先后到××地区人民医院、哈尔滨医科大学附属第二医院、北京同仁眼科医院、哈尔滨医科大学附属第一医院、武警北京总队医院、北京市眼科会诊中心门诊进行治疗,分别诊断为右眼黄斑区裂孔、右眼视网膜浅层脱落、右眼钝挫伤等。于某某治疗费、交通费、住宿费、鉴定费、复印费、护理费等共计105902.41元。

随后,唐某于2013年11月10日因涉嫌故意伤害被××区公安局决定取保候审,2014年2月14日被××区人民法院决定逮捕。××区人民检察院提起公诉,指控被告人唐某犯故意伤害罪,附带民事诉讼原告人于某某对唐某、唐某某、王某某、孙某、孙某某、冯某某提起刑事附带民事诉讼。××地区行署公安局刑事技术支队对被害人于某某的伤情进行了鉴定,鉴定人为宋某某,宋某某原系某公证处公证员,于2010年6月调入××地区行署公安局刑事技术支队工作,宋某某出具了鉴定意见书,证实被害人于某某的伤情已经构成轻伤。黑龙江省医院司法鉴定中心出具了鉴定意见书。2014年8月8日,××区人民法院作出刑事附带民事判决。

原审法院在审判中,认为关于黑龙江省医院司法鉴定中心鉴定意见,因检察机关不能够提供出此伤情与被告人的行为具有直接因果关系的证据,对该鉴定意见不予采纳。采纳地区行署公安局刑事技术支队鉴定意见。一审判决后,被告人唐某、刑事附带民事诉讼原告人于某某不服提起上诉,上诉人唐某上诉理由之一称:原审部分证据取得不合法,××地区行署公安局刑事技术支队的鉴定人宋某某与被害人父母曾经是某公证处的同事,应当自行回避。××地区中级人民法院审理了本案。

► 【基本问题】 > > >

1. 刑事诉讼法规定的回避有哪些?

2. 本案中的上诉人唐某上诉理由是否成立?本案涉及何种回避?

► 【讨论与分析】 > > >

在刑事诉讼法学理论上,"回避"根据不同的标准可以进行多种划分。通常情况下,我们根据提出回避的主体的不同,对回避的种类进行分类。回避的种类可以分为三种,有自行回避、申请回避和指令回避。

自行回避,是指审判人员、检察人员、侦查人员等在办理案件的诉讼过程中遇有法定回避情形时,主动要求回避,退出刑事诉讼活动的诉讼行为。在刑事诉讼活动中,为了消除可能导致案件不公正、不公平处理的因素,要求符合法律规定回避情形的审判人员、检察人员、侦查人员等办案人员主动提出回避的申请。审判人员、检察人员、侦查人员具备一定的专业素养,他们对于刑事案件中的回避事由有很清楚的了解,在这种情况下,以上人员应主动放弃参与该案件的诉讼活动,避免使得诉讼活动因为回避理由成立,由当事人申请回避事由,既浪费诉讼时间,又使得诉讼徒增诉累,从而使得诉讼活动失去效力和意义。刑事诉讼法第 28 条确立了自行回避制度。

申请回避,是指案件当事人及其法定代理人认为审判人员、检察人员、侦查人员等具有法定回避情形,如果以上人员继续参与案件办理,可能发生影响案件公正审判的情形,向被申请人所在的机关提出申请,要求被申请人回避,退出诉讼活动的诉讼行为。根据刑事诉讼法的规定,申请审判人员、检察人员、侦查人员等回避,是当事人及其法定代理人的一项重要的诉讼权利,该权利的行使使得刑事诉讼活动在程序上更加公平,保障了当事人的权利面对相对强大的公权力、特定组织等之间的力量悬殊时,能够更加公平公正地行使诉讼权利。为了保证诉讼活动公平、公正,公安司法机关有义务保证当事人及其法定代理人充分有效地行使申请回避这一重要的诉讼权利。

指令回避,又称"职权回避"或者"决定回避",是指审判人员、检察人员、侦查人员等有法定的回避情形而没有自行回避,当事人及其法定代理人也没有申请其回避,法院、检察机关、公安机关等有关组织或行政负责人有权作出决定,责令其退出诉讼活动。指令回避是回避制度的重要组成部分,是对自行回避和申请回避的重要补充。《最高人民法院关于适用〈中华人民共和国刑事诉讼法〉的解释》第 29 条中规定:应当回避的审判人员没有自行回避,当事人及其法定代理人也没有申请其回避的,院长或者审判委员会应当决定其回避。最高人民检察院《人民检察院刑事诉讼规则(试行)》第 20 条规定:检察人员在受理举报和办理案件过程中,发现有刑事诉讼法第 28 条或者第 29 条规定的情形之一的,应当自行提出回避;没有自行提出回避的,人民检察院应当按照本规则第 24 条的规定决定其回避,当事人及其法定代理人有权要求其回避。该规则第 26 条规定:应当回避的人员,本人没有自行回避,当事人及其法定代理人也没有申请其回避的,检察长或者检察委员会应当决定其回避。公安机关办理刑事案件程序规定第 30 条规定:公安机关负责人、侦查人员有下列情形之一的,应当自行提出回避申请,没有自行提出回避申请的,应当责令其回避,当事人及其法定代理人也有权要求他们回避。(一)是本案的当事人或者是当事人的近亲属的;(二)本人或者他的近亲属和本案有利害关系的;(三)担任过本案的证人、鉴定人、辩护人、诉讼代理人的;(四)与本案当事人有其他关系,可能影响公正处理案件的。同时,该规定第 31 条规定,违反公安机关负责人、侦查人员明令禁止的行为规定的,应当责令其回避并依法追究法律责任。

本案例中,上诉人唐某上诉理由之一称:原审部分证据取得不合法,××地区行署公安局刑事技术支队的鉴定人宋某某与被害人父母曾经是某公证处的同事,申请宋某某自行回避。经过调查,××地区行署公安局刑事技术支队的鉴定人宋某某原系某公证处公证员,被害人于某某的父母也是该公证处的工作人员,而且在宋某某调入××地区行署公安局刑事技术支队之前,曾经同事六年。按照刑事诉讼法规定的回避人员范围及理由,宋某某属于回避的人员。但是否属于应当自行回避或申请回避的情形呢?从本案来看,被告人唐某上诉时,认为××地区行署公安局刑事技术支队鉴定人宋某某与原告父母曾经是同事,同事关系属于刑事诉讼法第 28 条第 4 项所规定的"其他关系",但是需要注意,这种关系是否应当回避还需要同时具备"可能影响公正处理案件"的条件。同事关系是否"可能影响公正处理案件"只有当事人自己清楚,因此,本案中鉴定人宋某某如果自认为其与被害人曾经的同事关系足以影响到其职业行为的公正性,自行回避,是可以的。从本案的情况看,鉴定人宋某某没有自行回避。在上诉中上诉人唐某认为,鉴定人宋某某与被害人父母曾经是某公证处的同事,应当回避的申请是合理的,至于是否决定回避,由人民法院根据具体客观事实判定。

案例四　回避的程序

▶【案情简介】＞＞＞

刘某,男,1982 年 8 月 10 日出生,刘某与王某某系黑龙江省××县××村人,两家素有宿怨。2013 年 3 月 8 日上午,刘某的母亲与王某某的儿子发生争执,在拉扯中,刘某的母亲摔在地上,刘某要求王某某的儿子出来道歉,王某某的儿子拒绝道歉,并辱骂刘某某。随后,刘某叫了四个人将王某某一顿暴打。当天晚上 7 时许,刘某的父亲刘某某在回家途中被不明身份的人打伤,刘某认为打伤自己父亲这件事是王某某所为,怀恨在心,欲伺机报复,于是刘某从网上买来一把砍刀,一直藏在奔驰小车上,又从××县××超市买了一把军绿色折叠水果刀，并一直随身携带。2013 年 6 月 14 日下午 4 时许，王某某与其女儿王某在本县城关镇隆兴大街街边聊天，待王某离开后，刘某从小车左后座脚垫下拿出砍刀，用右手握住砍刀，朝王某某砍去，王某某反应过来并迅速跑开，刘某朝王某某背部砍了一刀，王某某被砍后返身欲抢下刘某手中的砍刀，刘某又朝王某某一顿乱砍，造成被害人右肩部、左颊部、左耳下颌部、右侧颈部、右大拇指、左手背部等多处刀伤；之后，刘某所持砍刀掉落在地上，王某某连忙用脚将砍刀踢开，造成王某某右侧足跟裂伤、左大脚趾皮肤破损，王某某同时用手掐住刘某的脖子。刘某所站位置的围墙边有一级水泥阶基，刘某在往后退的过程中，因站立不稳，被王某某推倒在地，王某某压在了刘某身上。刘某用右手从右裤袋里掏出随身携带的折叠水果刀，向王某某的左腰部连捅三刀，后闻讯赶来的协警夺下了刘某手中的折叠水果刀，并将刘某抓获归案。

王某某颜面部、颈部、腹部、背部及双上肢等全身多处裂创，其左侧胸背部刀刺伤刺穿脾脏上部，无法修补，导致脾脏切除，王某某的脾脏切除伤情程度已构成重伤，须手术治疗。经法医学鉴定，湖南省××县公安局物证鉴定室鉴定人某某出具法医学人体损伤程度鉴定意见书，鉴定被害人王某某法医学损伤程度鉴定为重伤，其伤残程度评定为一个九级伤残、一个七级伤残。2013 年 6 月1日，刘某被××县公安局刑事拘留，同年 6 月 27 日××县人民检察院批准逮捕，同年 6 月 28 日由××县公安局执行逮捕。

黑龙江省××县人民检察院提起公诉，黑龙江省××县人民法院审理了该

案件审理中，被告人刘某的诉讼代理人认为本案的被害人王某某在某花园有住房一套，并将房子出租，且该房子的承租人为该案的公安局物证鉴定的鉴定人范某，在该案件的法庭审理过程中，××县人民法院聘请范某案件的鉴定人，因鉴定人范某与本案有利害关系，申请范某回避，退出该

【问题】＞＞＞

被告人刘某的诉讼代理人在辩护中提出，本案的被害人王某某在有住房一套，并将房子出租，且该房子的承租人为该案的公安局的鉴定人范某，在该案件的法庭审理过程中，××县人民法院聘请案件的鉴定人，因鉴定人范某与本案有利害关系，申请范某回避，

退出该诉讼活动。试问依照刑事诉讼法的有关规定,谁有权对鉴定人范某是否回避作出决定?刑事诉讼中回避的程序有哪些?

▶【讨论与分析】> > >

一、回避权的告知

回避权的告知是指刑事诉讼中,办理刑事案件的公安司法机关及其工作人员,把刑事诉讼中有关的回避范围、回避事由等回避诉讼权利通告给当事人及其他诉讼参与人的一项制度。回避告知制度可以加强人权保护,求得诉讼结构的平衡,避免了在当事人不知情的情况下,对案件作出貌似公正、实际是以侵犯当事人合法权利为代价的一些处理决定;并且可以有效地减少对当事人的合法诉讼权利的侵犯,防止以破坏程序的公正为代价达到所谓的对事实真相的追求,从而对实现司法公正具有重要的作用。

从案件当事人角度看,只有知晓了自己在诉讼阶段的相关权利,才能更好地行使该权利。权利具有为享有者所知晓时才能得到行使。

刑事诉讼法第 185 条规定:开庭的时候,告知当事人有权对合议庭组成人员、书记员、公诉人、鉴定人和翻译人员申请回避。最高人民法院关于适用《中华人民共和国刑事诉讼法》的解释第 26 条规定:"人民法院应当依法告知当事人及其法定代理人有权申请回避,并告知其合议庭组成人员、独任审判员、书记员等人员的名单。"最高人民检察院《人民检察院刑事诉讼规则(试行)》第 22 条规定:人民检察院应当告知当事人及其法定代理人有依法申请回避的权利,并告知办理相关案件检察人员、书记员等人的姓名、职务等有关情况。

二、回避的期间

回避的期间是指审判人员、检察人员和侦查人员等办案人员及其适用回避的人员自行回避、申请回避、指令回避的时间期限,即回避适用的诉讼阶段范围。根据刑事诉讼法的规定,回避适用于审判人员、检察人员和侦查人员等,因而适用于侦查、起诉和审判等各个诉讼阶段。

刑事诉讼法第 185 条规定:开庭的时候,审判长告知当事人有权对合议庭组成人员、书记员、公诉人、鉴定人和翻译人员申请回避。根据这一规定,审判长在告知当事人所享有的申请回避权后,当事人即可以申请有关人员回避。换言之,在法庭审判开始以后,审判长应首先向当事人告知申请回避权,然后由当事人及其法定代理人行使这一权利。只有这样,符合法定回避情形的审判人员、公诉人等才能被排除出法庭审判过程。刑事诉讼法有关审判阶段适用回避的规定，既适用于第一审程序，也适用于第二审程序和再审程序。另外，回避的告知期限对回避程序价值目标的实现具有特别重要的意义。在刑事诉讼的不同阶段，应根据各阶段不同的特点，对回避告知期限进行明确。

刑事诉讼法对申请回避提出的时间作出限定，因此，在刑事诉讼的各个阶段，当事人及其法定代理人都可以提出回避申请。根据刑事诉讼法第 185 条规定，最高人民法院关于适用《中华人民共和国刑事诉讼法》的解释第 26 条规定，人民法院在开庭前和庭审时，审判长均应告知当事人有权对合议庭的组成人员、书记员、公诉人、鉴定人和翻译人员申请回避。相应地，侦查人员和检察人员在侦查、审查起诉活动开始后，即应分别向犯罪嫌疑人、被害人等当事人告知回避申请权。由于侦查与审判不同，诉讼各方在侦查阶段难以集中在同一场所进行诉讼活动，因此一般认为侦查阶段的回避应以自行回避和指令回避为主，同时兼采申请回避。在审判阶段、死刑复核程序中，公安、司法机关也应当告知当事人及其法定代理人有依法申请回避的权利。

三、回避的申请、审查、决定、

（一）回避申请

按照刑事诉讼法的规定，属于回避人员范围的人员自行回避的，可以口头或者书面提出回避申请，并说明回避理由。公安司法人员在接受报案、控告、举报或办理案件过程中，发现有依法应予回避的情形的，应当自行提出回避。没有自行提出回避的，当事人和他们的法定代理人有权申请他们回避。当事人和他们的法定代理人申请审判人员回避的，可以口头或者书面提出，并说明理由。不论是属于回避人员范围的人员口头提出自行回避，还是当事人及其法定代理人以口头形式提出对相关人员申请回避，这种口头提出申请的均应当记录在案。

最高人民检察院《人民检察院刑事诉讼规则（试行）》第 21 条规定：检察人员自行回避的，可以口头或者书面提出，并说明理由。口头提出申请的，应当记录在案。最高人民法院关于适用《中华人民共和国刑事诉讼法》的解释第 27 条也作出了相应规定。公安部《公安机关办理刑事案件程序规定》第 32 条规定：公安机关负责人、侦查人员自行提出回避申请的，应当说明回避的理由；口头提出申请的，公安机关应当记录在案。根据刑事诉讼法第 29 条规定，提出回避申请的，当事人及其法定代理人、诉讼代理人、辩护人应当以书面或者口头提出，应当说明回避是理由,口头提出的应当提供有关证明材料。

（二）回避审查

对于回避人员范围内的人员自行提出的回避,或者当事人及其诉讼代理人、辩护人对符合回避范围人员的申请回避,这两种情形均应由法定的组织和人员根据刑事诉讼法及相关法律规定的回避理由进行审查,并作出是否准许该范围内人员回避的决定。根据刑事诉讼法第 30 条的规定,有回避决定权的组织或个人经过对当事人等的回避申请或有关公安司法人员自行回避的请求进行全面审查后,如果发现公安司法人员确有刑事诉讼法规定的回避情形的,应当依法作出决定,令其回避。

（三）回避的决定

根据刑事诉讼法关于回避的相关规定,回避的决定主体因适用回避的人员不同而不同,分别由不同的机关负责人或者组织作出回避决定。

审判人员、检察人员、侦查人员的回避。审判人员、检察人员、侦查人员(包括书记员、翻译人员和鉴定人)的回避,应当分别由院长、检察长、公安机关负责人决定。审判人员的范围包括各级人民法院副院长、审判委员会委员、庭长、副庭长、审判员、助理审判员。至于人民陪审员的回避问题,参照审判人员回避的有关内容执行。检察人员的范围包括各级人民检察院副检察长、检察员、助理检察员。侦查人员的范围比较容易界定。考虑到刑事侦查工作的紧迫性和特殊性,也为了防止审查回避影响侦查活动的及时进行,刑事诉讼法第 30 条第 2 款规定:对侦查人员的回避作出决定前,侦查人员不能停止对案件的侦查。根据这一规定,侦查人员在提出自行回避或当事人提出要求其回避的申请以后,可以照常进行刑事侦查活动,直到有关组织或个人依法对这一回避进行审查并作出正式的准许回避决定之后,该侦查人员才能停止对案件的侦查工作,但其他侦查人员应立即接替其继续或重新开始侦查工作。

人民法院院长的回避,由本院审判委员会讨论决定。当出现院长回避事由时,无论是院长自行回避还是由案件当事人及其法定代理人提出申请回避,涉及的问题较多,影响也较大,故均应由审判委员会讨论决定,此时,审判委员会由副院长主持,院长不得参加讨论。最高人民法院关于适用《中华人民共和国刑事诉讼法》的解释第 27 条第 2 款规定:院长自行申请回避,或者当事人及其法定代理人申请院长回避的,由审判委员会讨论决定。审判委员会讨论时,由副院长主持,院长不得参加。公安机关负责人的回避,由同级人民检察院检察委员会决定。审判委员会讨论院长回避问题时,由副院长主持,院长不得参加。检察长的回避也应由本院检察委员会讨论决定。检察委员会讨论检察长回避问题时,由副检察长主持,检察长不得参加。公安机关内部没有类似于审判委员会或检察委员会这样的组织,为确保检察机关对侦查工作的有效法律监督,对公安机关负责人的回避,要由同级检察机关的检察委员会讨论决定。最高人民检察院关于《人民检察院刑事诉讼规则(试行)》第 25 条规定:当事人及其法定代理人要求公安机关负责人回避,应当向公安机关同级的人民检察院提出,由检察长提交检察委员会讨论决定。

书记员、鉴定人、翻译人员的回避。书记员的回避,因为在法院和检察院都有书记员,根据书记员所属的机关不同,由书记员所属的机关负责人决定。法院的书记员的回避由其法院院长决定;检察院的书记员的回避由该院的检察长决定。鉴定人和翻译人员的回避,因其所处的各个诉讼阶段的不同而决定主体不同,分别由相应的诉讼阶段的负责人决定。例如,审查起诉阶段中的鉴定人和翻译人员的回避,应由检察院的检察长决定;审判阶段的鉴定人和翻译人员的回避,由法院院长决定。

按照刑事诉讼法规定,司法警察的回避由检察长决定,记录人的回避由县级以上公安负责人决定。

四、对驳回回避申请的复议

回避的决定一经作出,一般即发生法律效力。当事人及其法定代理人、辩护人或者诉讼代理人对驳回申请的决定不服的,可以申请复议一次。最高人民法院关于适用《中华人民共和国刑事诉讼法》的解释第 30 条第 3 款规定:对驳回申请回避的决定,当事人及其法定代理人可以申请复议一次。而对于不属于刑事诉讼法第 28 条、第 29 条所列情形的回避申请,由法庭当庭驳回,并不得申请复议。

根据最高人民检察院《人民检察院刑事诉讼规则》第 27 条、第 28 条的规定:人民检察院作出驳回申请回避的决定后,应当告知当事人及其法定代理人如不服本决定,有权在收到驳回申请回避的决定书 5 日内向原决定机关申请复议一次。当事人及其法定代理人对驳回申请回避的决定不服申请复议的,决定机关应当在 3 日内作出复议决定并书面通知申请人。公安部《公安机关办理刑事案件程序规定》第 35 条规定:公安机关作出驳回申请回避的决定后,当事人及其法定代理人对驳回申请回避的决定不服的,可以在收到驳回申请回避的决定书后 5 日内向作出决定的公安机关申请复议;公安机关应当在收到复议申请后 5 日以内作出复议决定并书面通知申请人。

结合本案,被告人刘某的诉讼代理人在辩护中提出,本案的被害人王某某在某花园小区拥有住房一套,并将房子出租,且该房子的承租人为该案的公安局物证鉴定部门的鉴定人范某,在该案件的法庭审理过程中,××县人民法院聘请范某担任该案件的鉴定人,因鉴定人范某与本案有利害关系,申请范某回避,退出该诉讼活动。依照刑事诉讼法及其相关法律规定,在本案的审判阶段,黑龙江省××县人民法院的院长有权对鉴定人范某是否回避作出决定。刑事诉讼中回避的程序主要包括回避权的告知,回避的期间,回避的申请、审查、决定,以及对驳回回避申请的复议等内容。

CHAPTER 5

第五章

辩护与代理

案例一 辩护人的权利

▶【案情简介】 > > >

2015 年 3 月 15 日 23 时 15 分,某区公安局 110 指挥中心接到张某报案,张某称其在下夜班回家途中,骑摩托车行至新华路与北大街交口附近时逆行闯入非机动车道与一行人发生碰撞,碰撞造成行人受伤且伤势较重。执勤交通警察15 分钟后赶到事发现场,同时救护车也赶到现场将行人送至医院进行救护。行人经过医院抢救,脱离生命危险,但最后被鉴定为重伤。

行人妻子经交警通知,也赶到医院,经向交警了解,得知肇事驾驶员系张某。张某系行人刘某的邻居,素与刘某及其妻子不睦。2015 年 3 月 14 日早晨,张某因为倾倒垃圾问题与刘某发生激烈争执。交警得知这一情况结合现场勘验,认为张某的行为可能是驾驶摩托车故意伤害刘某,遂将案件转移至刑警队,刑警队接收案件后,立即对张某以故意伤害罪刑事拘留。张某的母亲得知这一消息后第一时间聘请了律师何某作为张某的辩护人,何某经过对案件研究,认为本案张某的行为涉嫌的是交通肇事罪而非故意伤害罪,何某同时认为,张某的同事王某下班与其同路,王某目睹了事发经过,虽然王某事发后因怕连累自己离开了现场,但其能够证明张某非故意伤害刘某,而只是不小心撞到,王某的证言是证实张某不存在伤害刘某故意的有利证据,所以何某立即到王某处劝说王某为张某出具证词,经过多次劝说王某,最终王某同意作证并做了笔录,后何某将王某的证词提交至刑警队,最终经过刑警队调查及检察院审查起诉,认为张某只是涉嫌交通肇事罪,认定其故意伤害的证据不足,所以最终以交通肇事罪向法院提起了公诉。

► **【基本问题】** > > >

辩护律师在侦查阶段的调查取证权。

► **【讨论与分析】** > > >

我国律师法第 35 条第 2 款规定:"律师自行调查取证的,凭律师执业证书和律师事务所证明,可以向有关单位或者个人调查与承办法律事务有关的情况。"而我国新修正的刑事诉讼法第 36 条规定:"辩护律师在侦查期间可以为犯罪嫌疑人提供法律帮助;代理申诉、控告;申请变更强制措施;向侦查机关了解犯罪嫌疑人涉嫌的罪名和案件有关情况,提出意见。"从上述两个条文本身来看,律师法第 35 条对律师调查取证权的对象范围及时间范围并未限定,是开放的,也就是单纯从我国律师法的角度来看,律师享有接受委托期间调查取证权,侦查阶段作为律师接受委托期间的一个阶段,只要取得了嫌疑人家属或者嫌疑人本人的委托授权,当然的可以行使调查取证权。但我国新修正的刑事诉讼法第 36 条规定,对律师在侦查阶段的调查取证权却并未明确予以规定,同时新修正的刑事诉讼法第 41 条还对律师在审查起诉阶段和审判阶段收集证人证言和到有关单位调查取证,作出了条件限制,对于向被害人及其近亲属调取证据,条件限制更为严格,可以说律师的调查取证权往往要通过借助公权力机关的公权力来实现,这样一来,从我国刑事诉讼法体系及条文关系不难得出,即便是在审查起诉和审判阶段,对于某些特殊群体的调查取证,也存在某种条件限制,所以律师在侦查阶段尚未取得调查取证权。

调查取证权是律师接受委托办理法律事务过程中享有的一项重要权利。在刑事诉讼中,律师的调查取证权对于辩护权的行使有着重要的影响。在现代各国的刑事诉讼体制中,律师调查取证权的深入程度,在一定程度上反映着该国刑事诉讼的现代化水平。从我国刑事诉讼中律师调查取证权的发展来看,也呈现从严格限制到逐步放开的规律,但是不能否认,一方面,当前我国律师的调查取证权存在限制,还不能真正发挥律师在刑事诉讼中的作用。从上述我国律师法第 35 条及刑事诉讼法第 36 条、第 41 条规定得出律师调查取证权程序性限制存在于审查起诉及审判阶段,在侦查阶段刑事诉讼法基本可以认为排除了律师的调查取证权,如此说来,律师在侦查阶段只能从事一些对案件的了解、咨询工作,无法在犯罪证据掌握的最佳阶段帮助犯罪嫌疑人提出有利意见,导致侦查基本按照公权力机关的规则运行,甚至导致各种侵害和变相侵害犯罪嫌疑人人身权利的情形出现。另一方面,律师的调查取证权受到了社会经济发展水平、法治化程度以及侦查技术发展等方面的制约。社会经济发展水平是作为上层建筑的法律制度的基础,法律制度不可能超越社会经济发展程度,律师调查取证权作为法律制度的组成部分同样不能超越我国当前经济发展水平仍然处于发展中国家这一现状;当然,法治化程度也具备一定的独立性,某些法律制度可能会超越同期经济发展水平,从而反作用于经济发展,但我国律师调查取证权尚未超出当前经济社会发展程度;最后,侦查技术手段是影响律师调查取证权的最直接原因,一个国家刑事侦查技术能否适应该国刑法任务和目的,直接决定着律师调查取证权的行使程度,落后的刑事侦查手段必然会降低律师的调查取证权广度和深度,可以设想,在公权力和私权利对垒之中,私权利行使程度超过了公权力本身,公权力得以保护的法益也将无法保护,相反亦然,在先进的刑事侦查手段之下,赋予律师充分广度、深度的调查取证权,不仅不会影响刑法打击犯罪的目的,也充分保护了嫌疑人的人权。我国的刑事侦查手段近些年呈现着不断提高的趋势,越来越多的科技成果植入了刑事侦查之中,互联网技术、通信技术等最先进的成果直接被刑事侦查机关所使用,律师调查取证权也不断地在刑事诉讼中渗透到侦查的角落,但在看到侦查技术手段进步的同时,也不能忽视存在的问题,由于传统侦查观念的阻碍以及我国尚不能在财力、物力上为侦查机关装备先进技术手段,导致律师在侦查阶段的调查取证权形式上虽未被完全否定,但实质上却并未真正建立。

从本案来看,张某的行为定性不同,可能承担的刑事责任完全不同,重伤结果在交通肇事罪和故意伤害罪中差异巨大,律师何某从为委托人张某母亲负责的角度,说服证人王某出具证明,从委托契约关系的角度,做到了对当事人负责。但由于我国刑事诉讼法中列举了律师在侦查阶段可以行使的权利,调查取证权并不在侦查阶段律师可行使权利之中,在这种法律有意的列举之下,结合刑事诉讼法关于律师调查取证权利在不同诉讼阶段的规定,应当认为律师何某不能直接行使调查取证的权利,直接向证人王某调取证言,其可以通过向办案机关反映、提出意见等方式,引导或者建议侦查机关去发现有利于嫌疑人证据这种方式去履行自己的职责。

案例二　辩护的范围

▶【案情简介】 > > >

　　2014年11月9日晚上11点，张某驾驶自己所有的小轿车在市区某大饭店参加同学聚会，聚会过程中张某大量饮酒，酒后大家各自散去，尽管张某同学极力劝诫张某不要开车回家，但张某坚持自行驾车回家，在张某行驶到一夜市时，其已丧失控制车辆能力，连撞两个行人，导致行人受轻伤。撞人后，张某继续驾车行驶，在行驶途中又撞到两辆停在路边车辆。此时张某稍许清醒，回想到刚才那一幕，十分害怕，但在酒精和恐惧作用下，张某索性继续冲撞，逃出市区，在出逃途中又撞伤三人，导致轻微伤。"110"指挥中心接到市民报警后，迅速派警力抓捕张某，张某此时已开车逃窜至城外山区，由于张某不熟悉山区道路，撞到一棵大树，导致张某车辆严重受损，张某头颅受到撞击，颅脑损伤严重。10日凌晨5点，抓捕民警在山区发现张某，立即将其送至医院，经过抢救张某脱离生命危险，但是意识已经不完全清楚。

　　在张某基本康复后，公安民警对张某以涉嫌以危险方法危害公共安全为由采取了强制措施，因在讯问过程中，民警感觉张某意识混乱、答非所问，举止异常，公安机关对张某的精神状态做了司法鉴定。经司法鉴定，认为张某当前的状况属于间歇性精神病人，未完全丧失辨认能力和控制能力，民警认为张某的精神病是由于犯罪行为造成，在犯罪时不存在精神疾病，不符合指定辩护情形，后民警将案件侦查完毕，移送至检察机关。检察机关审核移送材料后，认为张某属于间歇性精神病人，应当通知法律援助机构指派辩护律师为其辩护，遂将材料移送至法律援助机构。法律援助机构收到检察机关的材料后，认为张某犯罪时不属于精神病人，因其犯罪行为造成精神病，不符合援助条件，所以以需向上级请示为由，一直未指派。检察院审查起诉期满后，将案件起诉至法院。法院阅卷后，也认为应当为张某指派援助律师，所以法院也通知了法律援助机构，法律援助机构迫于无奈，为张某指派了李某为其辩护人。开庭时，张某认为李某法律水平较低，发言时吞吞吐吐，说不到点上，拒绝李某为其辩护，要求自行辩护。法院考虑张某当前意识清楚，立即准许了这一要求，案件继续审理，案件审理完毕后，法院认定张某罪名成立，张某被判处无期徒刑。

▶【基本问题】＞＞＞

辩护的种类和指定辩护的范围。

▶【讨论与分析】＞＞＞

辩护制度是刑事法律制度的重要组成部分,刑事辩护制度的发展是人权保护观念进步的重要体现,我国刑事诉讼法律十分重视辩护制度,随着我国经济社会的不断发展、法制观念的提升,刑事辩护制度在我国刑事诉讼过程中发挥着越来越重要的作用。当前我国刑事诉讼法中规定的辩护主要分为:自行辩护、委托辩护和指定辩护。自行辩护是指刑事案件中的犯罪嫌疑人、被告人利用自己的知识和能力对自己所涉嫌罪行提出反驳、申辩和辩解的行为;委托辩护则是指由犯罪嫌疑人、被告人或者犯罪嫌疑人、被告人的近亲属委托符合刑事诉讼法规定的辩护资格的人为犯罪嫌疑人、被告人被指控的行为进行辩解的行为;指定辩护则与委托辩护不同,办案机关(包括侦查机关、检察机关、审判机关)针对符合条件的犯罪嫌疑人、被告人无辩护人的情形下,为其指定专门人员进行辩护的行为。自行辩护是犯罪嫌疑人、被告人享有的基本诉讼权利,是委托辩护和指定辩护的基础,自行辩护贯穿于整个刑事诉讼的全过程,委托辩护和指定辩护均属于借助他人之力而为自己辩护的制度,二者相同之处在于可以接受委托的对象基本一致,主要是专业从事辩护的律师。二者的区别在于,委托辩护是犯罪嫌疑人、被告人的自主行为,犯罪嫌疑人、被告人可以根据自己意志选定辩护人及更换辩护人;而指定辩护必须是符合刑事诉讼法及其他相关刑事法律、司法解释规定情形时,由公安机关、检察机关或者审判机关对于某些特殊犯罪嫌疑人、被告人指定承担法律援助的律师为其提供辩护,对于辩护人的选择及更换,犯罪嫌疑人、被告人不享有完全的自主权,而是由办案机关及法律援助机构根据情况结合犯罪嫌疑人、被告人的意愿来决定的。

我国刑事诉讼法第 34 条对指定辩护的适用范围作了规定,该条主要规定了两种指定辩护情形,第一种是犯罪嫌疑人、被告人是盲、聋、哑人或者是尚未完全丧失辨认或者控制自己行为能力的精神病人,第二种是犯罪嫌疑人、被告人可能被判处无期徒刑、死刑。当然,适用上述指定辩护的前提是犯罪嫌疑人、被告人未委托辩护人,高级人民法院和最高人民法院在复核死刑缓期两年执行和立即执行时,同样要对被告人指定辩护。同时最高人民法院和最高人民检察院还在各自权限范围内制定的司法解释中,对于一些特殊情形下的指定辩护作了规定,这些情形主要是:(一)共同犯罪案件中,其他被告人已经委托辩护人的;(二)有重大社会影响的案件;(三)人民检察院抗诉的案件;(四)被告人的行为可能不构成犯罪的;(五)有必要指派律师提供辩护的其他情形。2013年2月4日,最高人民法院、最高人民检察院、公安部、司法部联合发布的《关于刑事诉讼法律援助工作的规定》中还增加了对于未成年人应当指定辩护人。对于指定辩护,刑事诉讼法第34条还规定,公安机关、检察机关和审判机关在发现上述符合指定辩护情形时,应当通知法律援助机构指派律师为犯罪嫌疑人、被告人提供辩护。根据《关于刑事诉讼法律援助工作的规定》,法律援助机构接到通知辩护的公函后3日内确定承办律师并函告公安机关、检察机关或者审判机关。

本案中,张某在犯罪时,具有完全刑事责任能力,其对犯罪结果的发生存在主观故意,张某应当承担相应的刑事责任。但是张某在犯罪过程中致使自身受伤,导致产生精神疾病,公安机关对张某进行了精神疾病鉴定,鉴定机构认定了张某当前为间歇性精神病人,张某的间歇性精神病是否属于我国刑事诉讼法第34条应当指定辩护人的情形的理解,是判断公安机关、检察机关和审判机关做法是否正确标准。我国刑事诉讼法第34条对于必须指定辩护的情形划分为两类,如上所述,一类可以归结为盲聋哑人或者尚未完全丧失辨认、控制能力的精神病人,另一类则是可能判处无期徒刑、死刑的人。张某在犯罪时不存在精神疾病,具有完全刑事责任能力,但到案后因犯罪致使自身产生间歇性精神疾病,这种间歇性精神疾病和尚未完全丧失辨认、控制能力的精神病人存在差别,最终张某被判处无期徒刑,张某在审判前属于可能被判处无期徒刑的犯罪嫌疑人、被告人,所以张某符合了第二类。本案公安机关未对张某安排指定辩护人不当,检察机关和审判机关虽然为张某指定了辩护人,但依据不恰当。同时在审判过程中,根据刑事诉讼法的规定,审判机关在被告人拒绝指定辩护时,应当审核被告人拒绝的理由,对于理由合理的,可以准许,本案人民法院并未审核张某理由是否合理,径行准许,不符合法律规定;同时由于张某是必须指定辩护的被告人,人民法院在准许其拒绝指定辩护后,应当另行指定辩护人,而不能完全由其自行辩护。

案例三　代　　理

▶【案情简介】＞ ＞ ＞

　　王某与李某曾经是热恋中的情侣,但因王某不务正业,且双方父母不同意二人交往,后二人分手。2015年8月7日,王某从外地打工回到老家,李某此时正在一家酒吧从事收银工作,王某欲挽回感情,相约李某至酒吧附近的一家旅馆。二人激烈争吵了两个小时,但最终李某仍然不同意与王某复合,王某恼羞成怒将李某拘禁在宾馆房间内,到凌晨3点15分,李某口渴难耐,要求王某去买矿泉水饮用,王某回复李某称:“今天就是要让你渴死,除非你有本事先把我弄死。”后王某便倒头而睡,李某见王某已经睡熟,想起在与王某恋爱期间,王某多次对其进行殴打,二人分手后王某仍然经常纠缠自己,而且还不知道如何才能在旅馆脱身,李某遂掏出自己身上平时携带的水果刀,朝王某腹部连刺十余刀,后李某看到王某痛苦地捂着肚子,鲜血直流,顿时害怕,立即拨打了“110”和“120”,经过“120”急救,王某最终因失血过多死亡。

　　李某被公安机关以故意杀人罪刑事拘留,3天后检察院作出了批准逮捕决定书,一个月后李某被移至检察院审查起诉,王某的家属在接到检察院的通知后,准备向李某提出附带民事赔偿,又过了一个月检察院将案件移送到了法院,法院准备开庭审理此案。王某家属因贫困无力聘请律师,且家属对相关法律规定一无所知,王某舅舅提出可以向法律援助机构申请法律援助律师帮助处理此案,王某叔叔提出可以让正在读法律本科的王某弟弟担任诉讼代理人,王某姑姑提出可以由王某姑姑在政府法制办工作的朋友为王某担任诉讼代理人,三方对委托何人出庭代理王某亲属的刑事诉讼和附带民事诉讼案件产生了争执。

▶【基本问题】＞ ＞ ＞

　　哪些人可以作为刑事诉讼中的诉讼代理人?

▶【讨论与分析】＞ ＞ ＞

　　关于哪些人可以作为刑事诉讼中被害人及其近亲属和附带民事诉讼原告

人的诉讼代理人,我国刑事诉讼法第 45 条作了明确规定,即委托诉讼代理人,参照本法第 32 条的规定执行。刑事诉讼法第 32 条规定,犯罪嫌疑人、被告人除自己行使辩护权以外,还可以委托一至二人作为辩护人。下列的人可以被委托为辩护人:(一)律师;(二)人民团体或者犯罪嫌疑人、被告人所在单位推荐的人;(三)犯罪嫌疑人、被告人的监护人、亲友。正在被执行刑罚或者依法被剥夺、限制人身自由的人,不得担任辩护人。第一类,律师可以作为诉讼代理人不必多言,这是我国律师法及律师制度设立的应有之义,当然由于当前我国律师执业还根据不同情况存在区域执业限制,但一般意义上律师可以担任任何刑事案件的诉讼代理人。第二类,人民团体或者被害人或被害人近亲属所在单位推荐的人作为当前我国团体家长主义情结仍然比较浓重的当前,被害人或被害人近亲属的团体家长为"子女"推荐委托代理人也是对现状的一种回应,但是不可否认这种推荐诉讼代理人的委托方式必然会随着社会发展,团体家长主义的变迁而逐步消失。第三类,则是考虑到作为被害人或被害人近亲属的亲属和朋友更加了解案件情况,比较能够负责任地维护被害人或被害人近亲属的利益,关于亲友的概念,我国刑事诉讼法及立法机关、司法机关的相应解释均未予以明确规定,这样造成几乎所有的人只要被害人或被害人近亲属同意委托,均可以以诉讼代理人的身份参加诉讼,这样一来虽然方便了当事人的诉讼,但同时也会降低我国诉讼代理制度的专业化水平,也不可避免地出现一些依靠该种方式牟利的"诉讼黄牛",大大削减司法的公信力。最后,对于正在执行刑罚或者依法剥夺、限制人身自由的人,刑事诉讼法将其排除在可担任诉讼代理人的行列,这种排除基于诉讼代理是一种需要付出时间、精力去完成委托事项的工作,同时本身正在执行刑罚或者被剥夺、限制人身自由的人就触犯了刑法或其他法律、法规,对法律、法规就存在认识偏差或者故意不遵守法律、法规,这些人必然不能有效地完成诉讼代理任务,不能维护被害人或被害人近亲属的利益。

本案例中,对于王某近亲属代理人的选定,存在四种选项,第一项是律师,由于王某近亲属家庭贫困,无力聘请律师,所以不予以考虑。第二项是法律援助律师,根据我国法律援助条例及刑事诉讼法等规定,在符合法律援助的条件下,当事人可以申请法律援助机关委派律师为当事人提供免费法律服务,这也是王某近亲属可以选择的委托代理人之一。第三项是王某的弟弟,王某的弟弟作为王某的近亲属本身属于刑事诉讼中被害人或被害人近亲属范围,属于当事人范围,其本身直接可以参加诉讼,如其他近亲属均委托其担任诉讼代理人,也可以作为其他近亲属的诉讼代理人。第四项是王某姑姑在政府法制办工作的朋友。王某姑姑从刑事诉讼法上近亲属含义来看,不属于王某的近亲属,但其是王某父母的近亲属范围,也就是说王某姑姑属于被害人王某近亲属的亲友范围之内,但王某姑姑的朋友与作为权利主体的王某的近亲属无任何亲友关系,也非其他可作为诉讼代理人范围之列,所以一般意义王某姑姑的朋友不能作为诉讼代理人参加本次刑事诉讼,但我们也分析过,由于刑事诉讼法第 32 条第三项中对于亲友的规定是不明确的,如果王某的近亲属同意委托王某姑姑的朋友,在法律上也很难判断其是否是被害人近亲属的亲友。综合上述分析,本案中王某近亲属可以委托律师或法律援助律师参加诉讼,同时王某的弟弟可以作为其他近亲属的诉讼代理人参加诉讼。

CHAPTER 6

第六章

刑事诉讼证据

案例一　证据的种类、分类[①]

▶【案情简介】 > > >

　　李某某的丈夫王某乙长期在外打工,李某某因家庭琐事与王某乙之父王某某时有矛盾。2013 年春节前,李某某欲带孩子回娘家过年,但王某某不同意。2013 年 2 月 5 日下午,李某某收拾年货,准备提前送到往返于本村和其娘家村所在地蛇窝泊镇的客车上。傍晚 19 时许,李某某要外出时,发现自己家外面的铁栅栏门被人用锁锁上,李某某断定系王某某所为,遂打电话给王某某,但王某某始终不接电话;李某某又打电话给王某某的外甥王某丙诉说此事,并于无奈之下将门锁砸开。当晚 20 时许,王某某到李某某家中质问此事,二人发生争吵并厮打。厮打中,李某某持砸煤用的铁锤击打王某某头部数下,并持西瓜刀朝王某某右腋下、左侧背部各捅刺一下,致王某某双侧肺脏破裂急性休克死亡。李某某作案后服用老鼠药自杀未遂,随后拨打电话报警,并在村头等候公安民警到达现场。

　　上述事实,有下列证据予以证实。

　　1. 经现场勘验,侦查人员所作记录:现场位于凤山村李某某住宅和王某某住宅。李某某住宅街门南有一小院,院东有一对开栅栏门。小院内地面上有一单刃匕首,长 27cm,其上有 "stainless steel" 字样。栅栏门北扇内侧有两处流注状血迹。李某某住宅东数第三间屋内门口处地面上见有滴落血迹。东数第二间屋门口地面上见有一眼镜片。东数第二间南有一火炕,炕上有两个白色塑料袋,上见有触摸血迹,两个"闻到死"黄色塑料包,两个小玻璃瓶,一个见有"王中

_____

　　① 案例来源:中国裁判文书网。

王"字样,一个见有"超级灭鼠大王"字样,地面上有一木柄铁锤,长 26cm。王某某住宅西间为炕间,东炕头被子上有一眼镜,左镜片缺失。该间东北角有一衣柜,衣柜南地面上有一男性尸体(王某某),呈倚坐状态,尸体身下地面上见有血泊。

2. 侦查人员在案发现场提取尖刀一把、铁锤一把、老鼠药外包装等。

3. 侦查人员在王某某住宅发现两张纸片,呈折叠状,展开其中一张后可见:"我的死跟我家人无关!我太累了!儿子我带走了。妈妈对不起,女儿不能孝!李某某"字样。第二张纸片内容与案件无关,但根据笔迹鉴定,证明纸片上的字确系李某某所写。

4. 市公安局出具的法医学尸体检验鉴定书及尸体照片,证实王某某系双侧肺脏破裂急性失血死亡。市公安局刑事科学技术研究所出具的法医物证检验鉴定书,证实在送检单刃尖刀刀刃上擦拭的棉签上的可疑斑迹中检出人血,是王某某所留的似然比率为 4.6076230×1018。

5. 侦查人员走访了李某某的前后邻居王某庚,王某庚说,李某某丈夫王某乙常年在外打工,王某某年轻时妻子去世,王某某一直自己生活。王某乙结婚后,王某某与李某某关系不好,李某某经常讲王某某什么事都管她。2013 年 2 月 5 日下午,王某某听李某某讲要回娘家过年,邻居都认为她回家过年好,否则守着光棍公公过年不好看。因为此事,王某某不让李某某回娘家过年,双方产生矛盾,晚上就打架了。还证实被告人李某某为人不错,王某某为人不好,出事后村里人均同情李某某,要联名去保李某某。

6. 该村支部书记证实 2013 年 2 月 5 日 21 时 30 分许,亭口派出所民警到其家中打听王某乙家住什么地方,其带领民警走到本村桥头时,看到王某乙的老婆领着孩子站在桥头,称将她自己的公公捅死了,还说她公公经常上她家欺负她,她在枕头下藏了把刀,今天晚上她公公上她家欺负她时,她要拿刀捅他,被他夺过去。她就拿锤朝他头砸二下,她夺刀时将自己的手割破了,夺下刀后又朝他后背捅了二刀,她公公走了以后,她打了"110"。还证实王某某经常与儿媳打架,村里传言王某某欺负儿媳。

7. 李某某归案后,对其与王某某之间因回娘家过年一事产生矛盾,王某某将其锁在家中,其将锁砸开后,当晚王某某前来质问,二人发生争执并厮打,其先后持铁锤击打王某某头部、持刀捅刺王某某身体,致王某某死亡的犯罪事实供认不讳。

8. 经李某某对提取的单刀刀及铁锤进行了辨认,确认系其作案时所使用的刀子和铁锤。

9. 2013 年 2 月 5 日 21 时许,李某某报警"110"录音:"我把俺公公弄死了,你赶快把我(注:以下说话内容不清楚),可以吧?"

▶【基本问题】> > >

根据刑事诉讼法及法学理论的相关规定,指出本案 9 种证据在证据种类和证据分类上分别属于何种证据?

▶【讨论与分析】> > >

证据的种类,也称证据的法定形式,是指根据证据的表现形式,在法律上对证据所进行的分类。我国的证据种类是由诉讼法明确规定的,刑事诉讼法第 48 条规定证据包括八种:物证;书证;证人证言;被害人陈述;犯罪嫌疑人、被告人供述和辩解;鉴定意见;勘验、检查、辨认、侦查实验等笔录;视听资料、电子数据。诉讼中作为定案根据的证据,应当符合以上八种证据种类形式。证据的分类,是在理论研究上,按照不同的标准从不同的角度对刑事证据所作的划分。分类的目的是可以使人们深入认识和分析各类证据的特点和运用规律,从而在实际办案中便于公安司法人员客观、全面地收集和审查判断证据,提高办案质量。我国多数学者主张在理论上将刑事证据划分为原始证据与传来证据、有罪证据与无罪证据、言词证据与实物证据、直接证据与间接证据。

证据 1:勘验笔录,属于原始证据、有罪证据、实物证据、间接证据。需要说明的是,之所以将勘验、检查笔录列为实物证据,是因为它是办案人员在勘验、检查过程中对所见情况的客观记载。而区分直接证据和间接证据的标准是,根据证据与案件主要事实的证明关系。凡是能够单独、直接证明案件主要事实,而不需要与其他证据结合才能证明的证据,即为直接证据,反之则为间接证据。刑事案件的主要事实是指犯罪事实是否存在,以及该行为是否系犯罪嫌疑人、被告人所实施。勘验笔录是对勘验过程中犯罪现场情况的记录,其不可能单独对案件的主要事实直接作出说明,因此属于间接证据。

证据 2:物证,属于原始证据、有罪证据、实物证据、间接证据。

证据 3:第一张纸片是书证,第二张纸片是物证,属于原始证据、有罪证据、实物证据、间接证据。刑事诉讼中,物证,是指以其物质属性、存在状况、外部特征等证明案件真实情况的一切物品或痕迹。书证,是指以文字、符号、图画等记载的内容和表达的思想来证明案件真实情况的书面文件或其他物品。由于书证的外形是一种客观物质材料,其存在形式既可以是书面文件,也可以是其他物品,这就给区分书证和物证造成了一定困难。二者的重要区别在于,物证是以其物质属性、存在状况和外部特征来证明案件真实情况的,而书证则是以其记载的内容和表达的思想起证明作用的。一个物品即使是记载有文字、符号、图画等,如果不是以其记载的内容或表达的思想来证明案件事实,它也不是书证而是物证。本案中,第一张纸片是书证而不是物证,因为它是以其记载的文字内容即遗书内容来发挥证明作用的。第二张纸片内容与案件无关,其是通过笔迹鉴定证明纸片上的字确系李某某所写,而笔迹鉴定主要依靠对笔迹特征的判断,发挥证明作用的是纸片所记载文字的外形特征,笔迹属于痕迹,因此,第二张纸片是物证。

证据4:鉴定意见,属于原始证据、有罪证据、言词证据、间接证据。鉴定意见虽然具有书面形式,但因其实质是鉴定人就鉴定的专门问题所表达的个人意见,而且在法庭审理时要求鉴定人以言词形式对于鉴定意见接受控辩双方的质证,所以属于言词证据。①

证据5:证人证言,属于原始证据、言词证据、间接证据。该证人证言属于有罪证据还是无罪证据,以其内容来看尚不能确定,因为只有与其他证据相结合,才能确定其证明作用。

证据6:证人证言,属于传来证据、有罪证据、言词证据、直接证据。按照证据来源的不同,可将证据划分为原始证据和传来证据。凡不是直接来源于案件事实,而是间接来源于案件事实,经过复制、转述的证据,即是传来证据。该案中,村支部书记提供的证言非亲自感受案件事实,而是转述李某某的话,所以应属传来证据。

证据7:犯罪嫌疑人、被告人供述和辩解,属于原始证据、有罪证据、言词证据、直接证据。

证据8:辨认笔录,属于原始证据、有罪证据、言词证据、直接证据。辨认笔录是侦查人员让被害人、犯罪嫌疑人或者证人对与犯罪有关的物品、文件、尸体、场所或者犯罪嫌疑人进行辨认所作的记录。辨认笔录虽然表现为书面形

---

① 陈光中主编:《刑事诉讼法》(第五版),北京大学出版社、高等教育出版社2013年版,第217页。

式,但其实质是辨认主体对涉案物品、人员、场所进行的判断,表达的个人意见,是"办案人员以外的人对案件事实的反映,它已不再完全是客观的'事实',而是经过提供证据的人的头脑'加工'过的事实"①。因此,辨认笔录应划归言词证据。

证据9:视听资料,属于原始证据、有罪证据、实物证据、直接证据。视听资料属于实物证据还是言词证据,实践中应具体分析。一般认为,以其所载的音响、活动影像和图形等来证明案件事实的视听资料属于实物证据,因为其表现形式多为录音带、录像带、电影胶片、电子计算机的磁盘等具有一定科技成分的物品。但是,在讯问犯罪嫌疑人、被告人以及询问证人、被害人时的录音资料近似于笔录,固定证据的方法,并没有形成新的证据,不属于刑事诉讼法规定的证据种类意义上的视听资料,按其陈述主体不同,仍属于犯罪嫌疑人、被告人供述和辩解,证人证言或被害人陈述,因此,从这个意义上来讲,应将其列为言词证据。

案例二 非法证据排除规则②

▶【案情简介】> > >

张某、张某某系叔侄关系。2003年5月18日晚9时许,两人驾驶解放牌货车送货去上海,途中经过安徽省歙县竹铺镇非典检查站时,遇要求搭车的同县女青年王某,张某某同意将其捎带至杭州市。当晚12时左右,该车到达浙江省临安市昌化镇停车休息片刻,于次日凌晨1时30分到杭州市天目山路汽车西站附近。王某借用张某某的手机打电话给朋友周某某要求其前来接人,周某某让王某自己打的到钱江三桥后再与其联系。之后王某离开西站,并于2003年5月19日早晨被人杀害,尸体被抛至杭州市西湖区留下镇留泗路东穆坞村路段路边的溪沟。

经公安机关侦查,认定系张某、张某某所为。张某、张某某于2003年5月23日被刑事拘留,同年6月28日被逮捕。2004年2月,杭州市人民检察院以张

---

① 陈光中主编:《刑事诉讼法学》(新编),中国政法大学出版社1996年版,第186页。
② 案例来源:中国裁判文书网。

某、张某某犯强奸罪向杭州市中级人民法院提起公诉。2004年4月21日,杭州市中级人民法院作为一审法院认定:被告人张某知晓王某要求周某某前来接人,遂起奸淫王某的邪念,并将意图告诉张某某后,驾车调头驶至杭州市西湖区留下镇留泗路东穆坞村路段僻静处停下,在驾驶室内对王某实施强奸。王某挣扎,张某某即应张某要求按住王某的腿,尔后张某采用掐颈等暴力手段对王某实施奸淫,并致王某因机械性窒息死亡。随后,张某、张某某将被害人尸体抛于路边溪沟,并在开车逃离途中将被害人所携带的背包等物丢弃。据此,一审法院判决被告人张某犯强奸罪,判处死刑,剥夺政治权利终身,被告人张某某犯强奸罪,判处无期徒刑,剥夺政治权利终身。

被告人张某、张某某及其辩护人上诉提出,原判认定事实不清,证据不足,原有罪供述系在侦查人员刑讯逼供下取得,且两被告人供述的作案细节不一,本案DNA鉴定不能排除他人作案的可能等,要求撤销原判,宣告两被告人无罪。张某某的辩护人还提出原判既然作有罪判决,又未认定张某某系从犯不当。2004年10月19日,浙江省高级人民法院二审判决认定的事实与一审判决一致,分别改判被告人张某犯强奸罪,判处死刑,缓期二年执行,剥夺政治权利终身,被告人张某某犯强奸罪,判处有期徒刑十五年,剥夺政治权利五年。

案件进入再审程序后,原审被告人张某、张某某及其辩护人均提出,再审阶段的新证据相关DNA鉴定反映,排除张某和张某某作案,不能排除有其他人致死王某。两原审被告人在被刑事拘留后长时间被非法关押。一、二审法院认定张某、张某某犯罪的事实,主要证据是两人的有罪供述,但两人的供述包括指认现场的笔录系侦查机关采用刑讯逼供等非法方法收集,公安机关对其收集证据的合法性至今未提供充分的证据予以证明,应依法予以排除。侦查机关还违法指使同监犯袁某某采用暴力、威胁等方法参与案件侦查,协助公安机关获取张某有罪供述,同时又以该同监犯的证言作为证据,直接炮制了本起冤案。退一步讲,两人的供述即使不能以非法证据予以排除,其供述相互间也存在矛盾,且与尸体检验报告等证据反映的情况不符;原判认定张某、张某某犯罪,没有证据能够证实。要求依法改判张某、张某某无罪。

浙江省高级人民法院查明,有新的证据证明不能排除他人作案的可能。杭州市公安局于2003年6月23日作出的DNA检验报告显示,王某指甲末端检出的DNA谱带由王某和一名男性的DNA谱带混合形成,但可排除该男性为张某、张某某的可能。另外，原审认定张某、张某某强奸事实的主要依据为二人的有罪供述与现场勘查笔录、尸体检验报告反映的情况基本吻合。但张某、张某某及其辩护人在再审庭审中，提出有罪供述和指认犯罪现场笔录均系被刑讯逼供而作出，故应予以排除。再审还查明，侦查人员对张某、张某某存在不在规定的羁押场所关押、审讯的情形；公安机关提供的审讯录像并不完整；张某、张某某指认现场的录像镜头频繁切换，见证人未起到见证作用；张某、张某某的有罪供述不规范、不合法。综上，浙江省高级人民法院认为不能排除公安机关存在以非法方法收集证据的情形，应依法排除张某、张某某的有罪供述、指认现场笔录等证据。

2013 年 3 月 26 日，浙江省高级人民法院依法对张某、张某某强奸案再审公开宣判，认定原判定罪、适用法律错误，宣告张某、张某某无罪。

▶【基本问题】＞＞＞

1. 张某、张某某的有罪供述、指认犯罪现场笔录可否作为定案的依据？为什么？

2. 结合本案，谈谈审判阶段非法证据排除规则的具体适用程序。

▶【讨论与分析】＞＞＞

1. 张某、张某某的有罪供述、指认犯罪现场笔录不可以作为定案的依据

刑事诉讼法第 50 条规定："审判人员、检察人员、侦查人员必须依照法定程序，收集能够证实犯罪嫌疑人、被告人有罪或者无罪、犯罪情节轻重的各种证据。严禁刑讯逼供和以威胁、引诱、欺骗以及其他非法方法收集证据，不得强迫任何人证实自己有罪。"第 54 条规定："采用刑讯逼供等非法方法收集的犯罪嫌疑人、被告人供述和采用暴力、威胁等非法方法收集的证人证言、被害人陈述，应当予以排除。收集物证、书证不符合法定程序，可能严重影响司法公正的，应当予以补正或者作出合理解释；不能补正或者作出合理解释的，对该证据应当予以排除。"

根据上述法律规定，非法证据排除规则的适用范围包括：采用刑讯逼供等非法方法收集的犯罪嫌疑人、被告人供述和采用暴力、威胁等非法方法收集的证人证言、被害人陈述，即采用非法方法收集的言词证据。根据最高法《解释》第 95 条规定，使用肉刑或者变相肉刑，或者采用其他使被告人在肉体上或者精

神上遭受剧烈疼痛或者痛苦的方法,迫使被告人违背意愿供述的,应当认定为"刑讯逼供等非法方法"。以非法方法收集言词证据,严重侵犯当事人的人身权利,给其身心造成巨大伤害,极易造成冤假错案,使得实体公正与程序公正同向受损,影响司法公正。最高检《规则》第 65 条第 3 款规定:"其他非法方法是指违法程度和对犯罪嫌疑人的强迫程度与刑讯逼供或者暴力、威胁相当而迫使其违背意愿供述的方法。"

收集程序不符合法定程序的物证、书证。我国非法证据排除规则中的实物证据仅指物证、书证;非法物证、书证的排除必须满足三个条件:第一,该物证、书证的取得违反法定程序的。第二,可能严重影响司法公正。第三,不能作出补正或者合理解释的。①

本案中,张某、张某某及其辩护人在再审庭审中,提出有罪供述和指认犯罪现场笔录均系被刑讯逼供而作出,而浙江省高级人民法院经审理认为不能排除公安机关存在以非法方法收集证据的情形,刑事诉讼法第 58 条明确规定,对于经过法庭审理,确认或者不能排除存在本法第 54 条规定的以非法方法收集证据情形的,对有关证据应当予以排除。因此,对于张某、张某某的有罪供述和指认犯罪现场笔录应认定为非法言词证据予以排除,不能作为定案的依据。

2.(1)对证据收集的合法性进行法庭调查的启动程序。刑事诉讼法第 56 条规定:"法庭审理过程中,审判人员认为可能存在本法第 54 条规定的以非法方法收集证据情形的,应当对证据收集的合法性进行法庭调查。当事人及其辩护人、诉讼代理人有权申请人民法院对以非法方法收集的证据依法予以排除。申请排除以非法方法收集的证据的,应当提供相关线索或者材料。"对证据收集的合法性进行调查的启动程序包括两种模式:第一,审判人员可以根据审判过程中发现的情况依职权启动调查,即启动调查的权力属于人民法院的审判人员,启动调查的条件是审判人员"认为可能存在本法第 54 条规定的以非法方法收集证据情形";第二,当事人及其辩护人、诉讼代理人有权申请人民法院对以非法方法收集的证据启动调查程序,但应当提供相关线索或者材料。非法取证行为首先侵犯了当事人的合法权利。赋予当事人及其辩护人、诉讼代理人申请启动证据收集的合法性调查程序的权利,有利于及时发现并排除非法证据,维护司法公正,符合保障人权的要求。②最高法《解释》第 96 条进一步明确了当事

---

① 陈光中主编:《刑事诉讼法》(第五版),北京大学出版社、高等教育出版社 2013 年版,第 190 页。
② 郎胜主编:《中华人民共和国刑事诉讼法修改与适用》,新华出版社 2012 年版,第 128 页。

人申请所需提供的线索、材料包括：涉嫌非法取证的人员、时间、地点、方式、内容等。其中所谓"材料"是指被告人出示的血衣、伤痕、伤痕照片、医疗证明、伤残证明、同监人证言等能够证明存在刑讯逼供等非法取证事实的证据材料；所谓"线索"是指可以显示刑讯逼供等非法取证事实确实存在的比较具体的事实，如关于刑讯逼供的时间、地点、方式、人员等信息。本案辩方即提供了相关线索材料，用以证明被告人的供述包括指认现场的笔录系侦查机关采用刑讯逼供等非法方法收集，侦查机关还违法使用同监犯袁某某采用暴力、威胁等方法参与案件侦查，协助公安机关获取张某有罪供述，同时又以该同监犯的证言作为证据，直接炮制了本起冤案。法庭经对当事人及其辩护人、诉讼代理人提供的相关线索或材料进行审查后，认为可能存在以非法方法收集证据情形的，应当对证据收集的合法性进行法庭调查。

（2）法院合法性调查。刑事诉讼法第 57 条规定："在对证据收集的合法性进行法庭调查的过程中，人民检察院应当对证据收集的合法性加以证明。现有证据材料不能证明证据收集的合法性的，人民检察院可以提请人民法院通知有关侦查人员或者其他人员出庭说明情况；人民法院可以通知有关侦查人员或者其他人员出庭说明情况。有关侦查人员或者其他人员也可以要求出庭说明情况。经人民法院通知，有关人员应当出庭。"法院经审查对证据收集合法性有疑问的，应当进行调查，在对证据收集的合法性进行法庭调查的过程中，由人民检察院承担证据收集的合法性的举证责任。证明被告人有罪的证据大多是由追诉机关收集，并经过人民检察院依法审查的，人民检察院有能力证明证据收集的合法性。人民检察院证明证据收集的合法性的方法，可以是向法庭提供讯问笔录、讯问过程的录音录像、羁押记录、体检记录，提请法庭通知有关侦查人员或者其他人员出庭说明情况等。[①] 2010 年，最高人民法院、最高人民检察院、公安部、国家安全部、司法部《关于办理刑事案件排除非法证据若干问题的规定》第 11 条规定："对被告人审判前供述的合法性，公诉人不提供证据加以证明，或者已提供的证据不够确实、充分的，该供述不能作为定案的根据。"据此规定，人民检察院证明取证合法性的证明标准，必须达到"确实、充分"，无法达到此标准，不能排除存在以刑讯逼供等非法方法收集证据情形的，应当将该证据依法予以排除。

---

① 《中华人民共和国刑事诉讼法配套解读与案例注释》，中国法制出版社 2013 年版，第 98 页。

本案中,张某、张某某及其辩护人在再审庭审中,提出有罪供述和指认犯罪现场笔录均系被刑讯逼供而作出,人民检察院未能提供确实、充分的证据证明侦查机关取证的合法性,不能排除侦查机关系以刑讯逼供的方法获取被告人有罪供述的合理怀疑。浙江省高级人民法院再审还查明,侦查人员对张某、张某某存在不在规定的羁押场所关押、审讯的情形;公安机关提供的审讯录像并不完整;张某、张某某指认现场的录像镜头频繁切换,见证人未起到见证作用;从同监犯获取及印证原审被告人有罪供述等侦查程序和行为不规范、不合法。综上分析,不能排除公安机关存在以非法方法收集证据的情形,应依法排除张某、张某某的有罪供述、指认现场笔录等证据。

案例三　证明对象①

▶【案情简介】＞＞＞

被告人赵某某,女,1965 年出生于重庆市巴南区,汉族,文盲,农民,住重庆市巴南区某镇。

被告人赵某某自幼因病致肢体活动受限,日常生活中有一定的自理能力,长大后嫁到重庆市巴南区某镇,与丈夫刘某某生育一女名刘某。2014 年 3 月,刘某某因病瘫痪,刘某放弃工作回家护理。同年 4 月 2 日,赵某某、刘某母女间因琐事发生争执,刘某动手打了赵某某,赵某某遂迁怒于刘某某。4 月 3 日 16 时许,赵某某趁刘某外出之机,持塑料尿壶殴打瘫痪在床的刘某某面部,邻居姚某某听见刘某某的呻吟声便进屋查看,见赵某某用尿壶殴打刘某某,遂出手阻止。因姚某某劝阻未果,便出门寻求赵某某的亲友帮助制止赵某某。姚某某离开后,被告人赵某某相继持木凳、铁錾子猛击刘某某头、面部。赵某某妹妹赵某及村民张某甲等人闻讯赶到刘某某家中,获悉刘某某伤势严重,便拨打了"120"急救电话,医务人员到现场后确诊刘某某已死亡,随即报警,民警赴现场将赵某某抓获。经法医学尸体检验鉴定,刘某某系他人用钝器击打造成头面部多处创口致失血性休克合并颅脑损伤死亡。归案后,被告人赵某某如实供述了本案犯

---

① 案例来源:中国裁判文书网。

罪事实。

重庆市人民检察院第五分院以被告人赵某某故意非法剥夺配偶的生命并致其死亡,构成故意杀人罪,向重庆市第五中级人民法院提起公诉,指出赵某某犯罪时尚未完全丧失辨认及控制能力,提请法院依法判处。为证实指控,公诉机关当庭举示了木凳、铁錾子、塑料尿壶等物证;医院出诊登记本等书证;被告人赵某某的供述;姚某某、赵某、刘某等证人证言;尸体检验报告、DNA 鉴定、司法精神病学鉴定等鉴定意见;检查、提取、辨认笔录等证据。

被告人赵某某对指控的事实和罪名均无异议。其辩护人提出赵某某系限制刑事责任能力人,建议对赵某某从轻或减轻处罚。

诉讼中,重庆医科大学附属第一医院对被告人赵某某进行了司法精神病鉴定。经鉴定,赵某某自幼患有神经系统疾病,肢体活动受限,做事冲动,不计后果。检查得出赵某的记忆、计算、理解、常识、判断等能力全面削弱,属于轻一中度精神发育迟滞,本次案发与其智力水平、精神因素有一定关系。鉴定意见为赵某某系轻一中度精神发育迟滞,属于限制性刑事责任能力。

重庆市第五中级人民法院审理认为,被告人赵某某未能正确处理家庭矛盾和排解不良情绪,故意非法剥夺其配偶的生命,致其配偶死亡,其行为构成故意杀人罪。控方指控事实和罪名成立,依法应当追究赵某某的刑事责任。被告人赵某某犯罪时尚未完全丧失辨认或者控制自己行为的能力,系限制刑事责任能力人,依法可从轻处罚。被告人赵某某归案后,能如实供述本案犯罪事实,具有坦白情节,依法可从轻处罚。辩护人提出的相关意见,本院予以采纳。根据《中华人民共和国刑法》和《中华人民共和国刑事诉讼法》相关规定,判决被告人赵某某犯故意杀人罪,判处有期徒刑十四年,剥夺政治权利一年。

▶【基本问题】> > >

什么是证明对象?证明对象的范围包括哪些?本案中,被告人赵某某的精神状况是否属于证明对象?

▶【讨论与分析】> > >

1. 证明对象,又称为待证事实或要证事实,是指公安司法机关及其办案人员在刑事诉讼活动中需要运用证据予以证明的事实。诉讼中,明确证明对象,才能确定举证责任承担的范围,才能在诉讼证明中明确方向,准确、及时地查明案件事实。

刑事诉讼中的证明对象有两个特点:(1)证明对象必须是需要查清的事实。诉讼中涉及的事实很多,不可能也没有必要把所有的事实都查清楚。那些对于处理案件来说确有必要,必须查清楚的事实才是证明对象。(2)必须是需要运用证据查清的事实,具有证明的必要性。诉讼中查清案件事实的方法有四种:证据证明、司法认知、自认和推定。在刑事诉讼中,虽然运用证据证明是一种最主要的查明事实的方法,但并不是说所有事实都必须用证据证明。有些事实,我们如果通过司法认知、自认和推定的方式就可以查清,为保证诉讼的效率,那就不需要运用证据进行证明了。因此实践中,证明对象的范围不可界定得太窄,界定得太窄,遗漏了应该证明的事实,会影响案件事实的发现,可能导致错误裁判;证明对象的范围也不可界定得太宽,否则会造成诉讼资源的浪费,影响办案效率。

2. 根据公安部《公安机关办理刑事案件程序规定》第 65 条以及最高法解释第 64 条的相关规定,刑事诉讼证明对象的范围应当包括两个方面。

(1)实体法事实,也就是与案件定罪量刑有关的事实。这是刑事诉讼中基本的、主要的证明对象。具体内容包括:①有关犯罪构成要件的事实,包括犯罪客体、犯罪主体、犯罪的客观要件、犯罪的主观要件。具体是指:犯罪事实是否存在;犯罪嫌疑人、被告人是否实施了犯罪行为;犯罪行为的实施过程,包括犯罪的时间、地点、手段、方法等;犯罪造成的危害后果,犯罪后果与犯罪行为之间有无因果关系;犯罪嫌疑人、被告人是否达到刑事责任年龄、有无刑事责任能力;犯罪嫌疑人、被告人有无罪过,行为的动机、目的;是否应当追究刑事责任。②影响量刑轻重的事实,即作为从重、从轻、减轻及免除刑事处罚理由的事实,包括法定情节和酌定情节的事实。法定情节包括:主从关系、未遂既遂、自首立功以及是否累犯等。酌定情节主要有:犯罪动机、犯罪手段、犯罪时的环境和条件、犯罪造成的后果、犯罪后的表现等。③排除行为违法性、可罚性的事实。排除行为违法性的事实,如正当防卫、紧急避险以及行使职权等。排除行为可罚性的事实,指法律规定的犯罪已过追诉时效期限的,经特赦令免刑罚的,依照刑法告诉才处理的犯罪没有告诉或者撤回告诉的,被告人死亡的等。④被告人个人情况,包括姓名、性别、年龄、籍贯、民族、文化程度、职业、住址以及有无前科等。确定被告人身份,对于案件处理具有一定意义。

(2)程序法事实,即对于解决案件的诉讼程序问题具有法律意义的事实。

它包括诉讼行为和诉讼事件两类,诉讼行为是指公安司法机关和诉讼参与人实施的具有相应诉讼法律后果的行为,如法官的裁判行为,当事人提出上诉的行为,等等。诉讼事件是指不以人的意志为转移的,能够发生一定诉讼法律后果的客观情况,如不可抗力、当事人死亡或者丧失行为能力,等等。在诉讼过程中,不仅实体法事实有可能发生争议,程序法事实也有可能发生争议,而且程序法上的事实可能会对案件的实体处理结果产生重大影响,其决定着能否对被告人准确的定罪量刑,因此,关系到程序法适用的事实也是证明对象。需要运用证据证明的程序事实主要有:①关于管辖的事实;②关于回避的事实;③关于对嫌疑人和被告人采取人身强制措施是否符合法定条件的事实;④关于对案件采取搜查、扣押等强制性侦查措施是否合法的事实;⑤关于其他取证程序合法性的事实;⑥关于诉讼期间延长或被延误的事实;⑦其他需要证明的程序事实。

3. 本案中,被告人赵某某的精神状况属于证明对象。我国刑法第 18 条第 3 款规定:"尚未完全丧失辨认或者控制自己行为能力的精神病人犯罪的,应当负刑事责任,但是可以从轻或者减轻处罚。"对于赵某某的精神状况的司法鉴定,直接决定着对其有无刑事责任能力的判断,决定着其刑事责任的承担问题,所以,被告人赵某某的精神状况属于证明对象范畴中的需要证明的实体法事实。

经过重庆医科大学附属第一医院司法精神病鉴定,可证明赵某某系轻—中度精神发育迟滞,属于限制性刑事责任能力。其认识能力和控制能力较常人有所削弱,但并不等于完全不能辨认和控制自己的行为,其所实施的危害社会行为,既有犯罪成分,也有病理性精神障碍因素,因此,法院最终认定被告人赵某某的行为构成故意杀人罪,但由于其系限制刑事责任能力人,依法可从轻处罚。

案例四　证明标准

▶【案情简介】> > >

2013 年 4 月 8 日凌晨,朝阳市新合区公安人员在辖区内巡逻时,发现机械厂路边停靠的一辆轿车形迹可疑,随即对其进行检查。经查,在该车后备箱中发现撬棍等工具,遂将车内二人赵某、刘某带回区公安分局进一步审查。案件侦查终结后,新合区检察院指控赵某、刘某犯盗窃罪向新合区法院提起公诉。

公诉机关提供的证据主要有如下几点。

1. 机械厂保安陈某的证言:2013 年 4 月 8 日凌晨 1 时许,我们几个保安因天气寒冷,在厂大门门口一边值班一边喝酒抗寒,突然看见门口有两个人影,听到有人喊了声"小偷",我们便追了出去。但由于光线比较暗,我们也没敢追多远,没追上。

2. 赵某的供述,称其和刘某驾车前往机械厂盗窃,但在该厂门口被保安发现,于是逃跑,作案过程由刘某策划、指挥。此外,其还供述了一个月前伙同刘某在某小区入室盗窃的情节。

3. 刘某的辩解,其始终否认参与犯罪,声称被抓获当天从老家丰宁市来朝阳玩,与赵某一起吃完晚饭后坐在车里闲聊时,被公安机关抓获。并称以前从没有与赵某共同盗窃。

4. 公安机关在赵某、刘某汽车上搜查到的撬棍等工具。

5. 公安机关根据赵某的供述核实认定了朝阳市某小区发生的入室盗窃案件,并依循线索找到被害人,取得当初报案材料和被害人陈述。根据赵某的供述,认定刘某在 2013 年 3 月 9 日参与一起入室盗窃案件。

新合区法院依法公开对本案进行了审理。在法庭调查中赵某翻供,不承认参与机械厂盗窃的犯罪,并声称在侦查中被刑讯受伤,刘某也称在侦查阶段受到侦查人员刑讯。辩护人提出,在案卷材料中看到赵某、刘某受伤后包有纱布的照片,被告人供述系通过刑讯逼供取得,属于非法证据,应当予以排除,要求法庭调查。公诉人反驳,被告人受伤系因抓捕时 2 人有逃跑和反抗行为造成,与讯问无关,但未提供相关证据证明。法庭认为,辩护人意见没有足够根据,根据赵某供述,认定刘某为策划、指挥者,系主犯。

审理中,刘某辩护人向法庭提供了证明刘某在入室盗窃案发生时没有作案时间的三份书面材料:(1)刘某父亲的书面证言,2013 年 3 月 9 日前后,刘某因打架被当地公安机关告知在家等候处理,不得外出,刘某未离开丰宁市;(2)2013 年 3 月 11 日,公安机关发出的行政处罚通知书;(3)丰宁市某机关工作人员曾某的书面证言,2013 年 3 月 9 日案发前后,经常与刘某在一起打牌,刘某随叫随到,期间未离开丰宁市。法庭认为,公诉方提供的有罪证据确实充分,辩护人提供的材料不足以充分证明刘某在案发时没有来过朝阳市,且材料不具有关联性,不予采纳。

最后,法院采纳在侦查中赵某、刘某的供述笔录、被害人陈述、报案材料、证人证言作为定案根据,认定赵某、刘某构成盗窃罪(刘某为主犯),分别判处有期徒刑 3 年和 8 年。

► **【基本问题】** > > >

依据有关法律、司法解释规定和刑事证明理论,运用本案现有证据,分析能否认定赵某、刘某构成盗窃罪,并说明理由。

► **【讨论与分析】** > > >

刑事诉讼法第 53 条第 2 款规定:"证据确实、充分,应当符合以下条件:(一)定罪量刑的事实都有证据证明;(二)据以定案的证据均经法定程序查证属实;(三)综合全案证据,对所认定事实已排除合理怀疑。"第 195 条规定:"在被告人最后陈述后,审判长宣布休庭,合议庭进行评议,根据已经查明的事实、证据和有关的法律规定,分别作出以下判决:(一)案件事实清楚,证据确实、充分,依据法律认定被告人有罪的,应当作出有罪判决;(二)依据法律认定被告人无罪的,应当作出无罪判决;(三)证据不足,不能认定被告人有罪的,应当作出证据不足、指控的犯罪不能成立的无罪判决。"最高法《解释》第 241 条规定:"对第一审公诉案件,人民法院审理后,应当按照下列情形分别作出判决、裁定:(一)起诉指控的事实清楚,证据确实、充分,依据法律认定指控被告人的罪名成立的,应当作出有罪判决;(二)起诉指控的事实清楚,证据确实、充分,指控的罪名与审理认定的罪名不一致的,应当按照审理认定的罪名作出有罪判决;(三)案件事实清楚,证据确实、充分,依据法律认定被告人无罪的,应当判决宣告被告人无罪;(四)证据不足,不能认定被告人有罪的,应当以证据不足、指控的犯罪不能成立,判决宣告被告人无罪;……"

证明标准,又称证明要求,是指法律规定的证明待证事实所需要达到的程度。根据刑事诉讼法及解释的有关规定和诉讼理论,我国刑事诉讼证明标准应当是案件事实清楚,证据确实、充分。所谓案件事实清楚,是指与定罪量刑有关的事实和情节,都已经查清;所谓证据确实、充分,是对定案证据的质和量的总要求。证据确实,是对定案证据的质的方面的要求,即据以定案的单个证据必须已经查证属实,不是虚假的,与待证事实之间存在关联性。证据充分,是对证据量的方面的要求,它是指在每一证据均经法定程序查证属实的基础上,所有证据在总体上已足以对犯罪事实得出确定无疑的结论,据以定案的证据之间、证据与犯罪事实之间不存在矛盾或者矛盾得以合理排除,而根据证据认定犯罪事实的过程符合逻辑和经验规则,由证据得出的结论具有唯一性,可排除其他一切可能性。

本案法院认定被告人犯罪的证据中,存在诸多疑点:(1)保安陈某的证言只能证明当晚有人到机械厂行窃,并不能证明作案人是赵某和刘某;(2)公安机关根据赵某的供述核实认定某小区发生盗窃案件所取得的当时报案材料和被害人陈述,只能证明当日发生了盗窃案件,并不能证明作案人是赵某和刘某;(3)公安机关虽然在赵某、刘某汽车上搜查到了撬棍等工具,但其并不能证明赵某和刘某前往机械厂行窃;(4)刘某辩护人向法庭提供了证明刘某在入室盗窃案发生时没有作案时间的三份书面材料,法庭并没有进行调查核实,就认为材料不具有关联性,不予采纳;(5)法院在没有查清被告人赵某、刘某在入室盗窃案中的地位和作用的情况下,仅根据赵某的供述即认定刘某为策划、指挥者,无其他证据印证;(6)虽然赵某在侦查阶段作了有罪供述,但其在庭审时翻供,且赵某、刘某及其辩护人均提出,被告人供述系通过刑讯逼供取得,属于非法证据,应当予以排除,要求法庭调查。根据刑事诉讼法第57条规定,法院经审查对证据收集合法性有疑问的应当进行调查,在对证据收集的合法性进行法庭调查的过程中,由人民检察院承担证据收集的合法性的举证责任。人民检察院证明证据收集的合法性的方法,可以是向法庭提供讯问笔录、讯问过程的录音录像、羁押记录、体检记录,提请法庭通知有关侦查人员或者其他人员出庭说明情况等。但在本案中,检察院并未提供相关证据予以证明。根据六部委《关于办理刑事案件排除非法证据若干问题的规定》第11条的规定,对被告人审判前供述的合法性,公诉人不提供证据加以证明,或者已提供的证据不够确实、充分的,该供述不能作为定案的根据。因此,被告人赵某的供述不具备证明力。

综上,本案现有证据之间、证据与犯罪事实之间并不能相互印证,不能排除其他人实施盗窃案的可能,因此,以现有证据不能认定赵某、刘某构成盗窃罪。

第七章

强制措施

案例一　拘　　传

▶【案情简介】＞＞＞

　　张某甲与张某乙系同胞兄弟。因本村王某某将玉米秸秆堆放在了张家的房后,张父认为王某某占了该家的地方,双方产生矛盾,张父让王某某将玉米秸秆搬走。2013 年 4 月 23 日,王某某准备搬玉米秸秆时,碰到张父,二人发生口角,后双方互相厮打。张某甲、张某乙得知情况后,赶到现场,二人共同对王某某进行殴打,将王某某打致轻伤。王某某报案后,公安机关将本案立为故意伤害案进行侦查,并对张某甲、张某乙二人采取了取保候审的强制措施。在取保候审期间,公安机关多次传唤张某甲、张某乙二人到办案地点接受讯问,二人拒不到案。2013 年 6 月 18 日公安机关对二人进行了拘传,张某甲、张某乙于当日下午到案。到案后,二人拒不承认对王某某进行了殴打。当晚,办案人员向张某甲、张某乙二人提供了晚餐,并让二人进行了适当的休息。2013 年 6 月 19 日早晨讯问结束,办案人员将张某甲、张某乙二人放回。办案人员在侦查过程中,对案发地附近的村民进行了走访,了解到证人高某某在案发时在离现场不远的地里干活,看到了张某甲、张某乙殴打王某某的经过,办案人员依法向高某某提取了证言。2013 年 7 月 9 日,公安机关依法向检察院提请批准逮捕张某甲、张某乙。2013 年 7 月 16 日,检察院作出批准逮捕决定。

▶【基本问题】＞＞＞

　　公安机关对拘传的适用是否准确?

▶【讨论与分析】＞＞＞

　　公安机关对拘传的适用准确、恰当。拘传,是指公安机关、人民检察院和人民法院强制未被羁押的犯罪嫌疑人、被告人到案接受讯问的一种强制方法。拘传是我国刑事诉讼法规定的五种法定强制措施中最轻的一种。人民法院、人民检察院、公安机关在刑事诉讼中,根据案件情况均有权决定采用。拘传具有如下特征:(1)拘传的适用主体是公安机关、人民检察院和人民法院;(2)拘传的适用对象是未被羁押的犯罪嫌疑人、被告人,对已经在押的犯罪嫌疑人、被告人进行讯问,则不需要拘传;(3)拘传的目的是强制犯罪嫌疑人、被告人到案接受讯问,而不是强制待侦、待诉或待审,因此拘传没有羁押的效力,在讯问后,应当将被拘传人立即放回;(4)经过合法传唤,无正当理由拒不到案并不是拘传的必要条件。① 公安司法机关在没有经过传唤的情况下直接适用拘传并不违法。但是,在实践中,拘传一般是在传唤后采用,即当传唤后,犯罪嫌疑人、被告人无正当理由拒不到案时,才适用拘传。拘传与传唤有所不同,其区别在于强制性:拘传只能适用于犯罪嫌疑人、被告人,而传唤不仅可以对犯罪嫌疑人、被告人适用,还可以对其他当事人适用;拘传是一种强制措施,必要时可以使用械具,而传唤不是强制措施。张某甲、张某乙作为犯罪嫌疑人,在公安机关传唤多次的情况下拒不到案,二人的行为严重影响了刑事诉讼的顺利进行,为保证诉讼顺利进行,公安机关采取拘传的强制措施是正确的。

根据刑事诉讼法和相关司法解释的规定,拘传犯罪嫌疑人、被告人持续的时间最长不得超过 12 小时。但是,对于案情特别重大、复杂,需要采取拘留、逮捕措施时,拘传持续的时间不得超过 24 小时。在拘传犯罪嫌疑人时,应当保障犯罪嫌疑人的饮食和必要的休息时间,不得以连续拘传的方式变相拘禁犯罪嫌疑人。本案中,公安机关对拘传的适用符合上述规定。

案例二　取保候审

▶【案情简介】＞ ＞ ＞

2013 年 4 月底 5 月初,王某某以经营服装店需要贷款为由,让在 S 市打工的朋友赵某某帮忙,后赵某某将王某某介绍给经营贷款业务的郝某某,郝某某

---

① 张军、陈卫东:《新刑事诉讼法教程》,人民法院出版社 2012 年版,第 149 页。

告诉其中国银行可以办理小额商户贷款,但需要提供房产证、工商营业执照、服装订购合同等相关材料。后王某某以做煤炭生意需要贷款,且自己已经贷过款不能再贷款为由,让其女友范某某以范某某的名义贷款,并向范某某承诺,只要能贷到款,王某某负责还款,还负责出钱给范某某开一家服装店,范某某答应了王某某的要求。几天后,赵某某约双方见面,赵某某介绍王某某、范某某与郝某某认识,后赵某某离开。王某某、范某某与郝某某商议贷款事宜,王某某答应不让郝某某白忙。王某某准备好假的房产证、工商营业执照等贷款所需证件后,2013 年 5 月 17 日,王某某带范某某第二次到郝某某的办公室,王某某与郝某某在没有事实交易的情况下,编造了服装订购合同,购货方为范某某,由郝某某充当服装供货方。后郝某某带着范某某,持王某某准备的假文件到中国银行 S 市某支行办理贷款。同时,郝某某安排范某某写了委托书,要求银行将贷款 30 万元转入郝某某账户。该支行收到相关材料后,于 2013 年 5 月 22 日放款,将 30万元打入郝某某个人账户中。2013 年 5 月 24 日,王某某、范某某接郝某某已贷款成功的信息后,第三次来到郝某某的办公室,郝某某以为范某某交贷款保险及需要交纳保证金等事宜为由扣留 74300 元,将 225700 元转入范某某账户。同日,范某某将 22 万元转入王某某账户,范某某分得 5700 元。王某某拿到贷款后,在还款期内前 10 个月每月按约定归还了利息,后失去联系。贷款约定期限一年到期后,银行未能收到本金及所欠利息,多次向范某某催收贷款。

2014 年 5 月 30 日,范某某因联系不到王某某,致使贷款不能归还,遂到公安机关投案,公安机关于次日将本案立为贷款诈骗案进行侦查。犯罪嫌疑人郝某某于 2014 年 11 月 17 日被公安机关决定刑事拘留并上网追逃,同年 12 月 12日被抓获归案。因范某某正在怀孕,2014 年 12 月 1 日公安机关对其作出取保候审决定,责令范某某交纳了保证金。在取保候审执行期间,范某某住所及联系发生变动,未向公安机关报告,公安机关经多方打听才联系到范某某。期间,范某某还多次找到赵某某,让赵某某帮其作证,证明其是被王某某欺骗、受王某某指使。2015 年 1 月 28 日,公安机关决定没收范某某的保证金,责令其具结悔过,提出保证人。因王某某失去联系,未能找到其本人,公安机关对其决定刑事拘留并上网追逃。

▶【基本问题】> > >

1. 公安机关对范某某采取取保候审的强制措施是否恰当?

2. 范某某在取保候审期间的行为是否符合规定？公安机关能否没收其保证金？

▶【讨论与分析】＞＞＞

1. 公安机关决定对范某某取保候审符合刑事诉讼法的规定

取保候审,是指依法责令犯罪嫌疑人、被告人提供保证人或者交纳保证金,保证其不逃避侦查,随传随到,并不实施妨碍刑事诉讼正常进行的行为。刑事诉讼法第 65 条对取保候审的适用条件作出了规定,人民法院、人民检察院和公安机关对有下列情形之一的犯罪嫌疑人、被告人,可以取保候审:(1)可能判处管制、拘役或者独立适用附加刑的;(2)可能判处有期徒刑以上刑罚,采取取保候审不致发生社会危险性的;(3)患有严重疾病、生活不能自理,怀孕或者正在哺乳自己婴儿的妇女,采取取保候审不致发生社会危险性的;(4)羁押期限届满,案件尚未办结,需要采取取保候审的。此条规定了适用取保候审的具体情形,根据此条的规定,是否能够适用取保候审可以从三个方面来判断。一是从可能判处的刑种来判断。我国刑法规定了五种主刑,即死刑、无期徒刑、有期徒刑、拘役和管制;三种附加刑,即罚金、剥夺政治权利和没收财产。管制是对犯罪分子不实施关押的开放性刑种,对判处管制的犯罪分子,依法实行社区矫正;拘役是对犯罪分子进行短期剥夺人身自由的一种刑罚。管制、拘役可独立适用,犯罪情节较轻的犯罪分子可单处罚金。对可能判处管制、拘役、独立适用附加刑或者三年以下有期徒刑的犯罪嫌疑人、被告人可以适用取保候审,主要是考虑到这些犯罪分子主观恶性较小,不实施关押,一般也不会再重新犯罪,危害社会。二是从是否存在社会危险性来判断。刑事诉讼法第 65 条第 1款第(2)(3)项都确定了采取取保候审不致发生社会危险性的条件。这里所说的"社会危险性",主要是指刑事诉讼法第 79 条规定的情形。对犯罪分子社会危险性大小的判断应综合考虑各方面情况,包括行为的性质、社会危害、主观态度、有无前科等。三是从是否具备适宜羁押的条件来判断。刑事诉讼法第 65条第 1 款第(3)项规定了几种不宜适用取保候审的情形,即患有严重疾病、生活不能自理,怀孕或者正在哺乳自己婴儿的妇女。此项规定吸收了现有司法解释的相关内容,进一步体现了人道主义精神。本案中,范某某正在怀孕,不对其进行羁押更符合人道主义精神的,且范某某主动到公安机关投案,并能够如实供述,不具有社会危险性,故对其采取取保候审更为适宜。

2. 范某某的行为违反了被取保候审人应当遵守的规定,公安机关有权没收其保证金

刑事诉讼法第 69 条第 1 款规定,被取保候审的犯罪嫌疑人、被告人应当遵守以下规定:(1)未经执行机关批准不得离开所居住的市、县;(2)住址、工作单位和联系方式发生变动的,在二十四小时以内向执行机关报告;(3)在传讯的时候及时到案;(4)不得以任何形式干扰证人作证;(5)不得毁灭、伪造证据或者串供。本款规定了被取保候审人应当遵守的义务,违反上述规定,则无法确保诉讼顺利进行。其中第(2)项的规定,主要是为了确保被取保候审人在住址、工作单位发生变动时,司法机关可以及时掌握情况,便于通知被取保候审人到案,确保刑事诉讼活动顺利展开。范某某在住所及联系方式发生变动后,未向公安机关报告,还联系证人赵某某干扰证人作证,致使公安机关的办案受到影响,违反了其应当遵守的义务。

刑事诉讼法第 69 条第 3 款规定,被取保候审的犯罪嫌疑人、被告人违反前两款规定,已交纳保证金的,没收部分或全部保证金,并且区别情形,责令犯罪嫌疑人、被告人具结悔过、重新交纳保证金、提出保证人,或者监视居住,予以逮捕。根据本款规定,如果被取保候审的犯罪嫌疑人、被告人违反前两款规定,已交纳保证金的首先没收部分或者全部保证金,然后根据不同情形,分别作出以下处罚:(1)对违法情节较轻,不需要逮捕的,应当责令犯罪嫌疑人、被告人具结悔过,重新交纳保证金、提出保证人;(2)对于违法情节较为严重的,可以根据案件具体情况采取监视居住或者予以逮捕。本案中,范某某具有"怀孕或者正在哺乳自己婴儿"的情形,对其没收保证金后,责令具结悔过,并提出保证人是恰当的决定。

案例三　监视居住

▶【案情简介】＞＞＞

王某某系 S 市建设局主管建筑工程质量与安全生产的副局长,负责监管全市建筑市场。A 建筑安装有限公司欲竞争承包某住宅小区工程,找到王某某,请王某某为该公司提供帮助。在 2012 年年底至 2013 年 10 月,王某某利用其职务上的便利,为 A 公司在承包某小区工程及施工进场、签订合同、结算工程款等

事项中提供了帮助。2013 年 10 月的一天,A 公司负责人给王某某打电话时,王某某说"我想买辆车,你赞助点吧",后 A 公司负责人为感谢王某某在工程中的帮助及搞好关系以后好办事,送给王某某现金人民币 20 万元,王某某将该款用于购买私家汽车。后王某某因生病住院治疗,A 公司负责人又以探病名义给王某某送去现金 30 万元。另有 5 家建筑公司得知王某某生病住院的消息后,为与王某某搞好关系以便日后在工程项目中得到王某某的帮助,纷纷以探病的名义给王某某送去各 10 万元。上述行为中,王某某共受贿 100 万元。该行为在建设系统产生了恶劣的影响,严重污染了社会风气,后有知情人员及单位多次向有关部门举报王某某的行为。

2014 年 5 月,S 市某区人民检察院对王某某涉嫌受贿一案立案侦查。2014 年 5 月,该检察院报请上一级 S 市人民检察院决定对王某某采取指定居所监视居住,并选定本市一处较为僻静的宾馆作为王某某指定的居所,由该检察院法警人员及雇佣的保安人员对王某某进行监管。2014 年 9 月,经 S 市检察院决定对王某某执行逮捕。

▶【基本问题】>>>

S 市某区检察院对王某某采取指定居所监视居住的决定及执行是否恰当?

▶【讨论与分析】>>>

王某某符合适用指定居所监视居住的条件。2012 年修正的刑事诉讼法第 72 条,新增了对监视居住适用条件和执行机关的规定。1996 年刑事诉讼法将取保候审、监视居住的适用范围进行了统一规定,但在司法实践中产生了一些问题。由于监视居住的定位不清,未能体现出其与取保候审对自由限制程度上的区别,在司法实践中,有的司法机关对适用取保候审与监视居住存在随意性,或者将二者混同使用。因此 2012 年修正刑事诉讼法时将二者予以分别规定,将监视居住定位为逮捕的替代措施。在适用的具体情形上,吸收了 1996 年刑事诉讼法和相关司法解释中可以适用监视居住的情形。

刑事诉讼法第 72 条第 1 款规定了符合逮捕条件的犯罪嫌疑人、被告人适用监视居住的情形。被监视居住的对象必须"符合逮捕条件",但因为特殊原因需变通执行。被监视居住的人必须存在下列情形之一:(1)患有严重疾病、生活不能自理的;(2)怀孕或者正在哺乳自己婴儿的妇女;(3)系生活不能自理的人的唯一扶养人的;(4)因为案件的特殊情况或者办理案件的需要、采取监视居住措施更为适宜的;(5)羁押期限届满,案件尚未办结,需要采取监视居住措施的。对于"因为案件的特殊情况或者办理案件的需要"和"羁押期限届满,案件尚未办结"这两种情形的规定,吸收了相关司法解释中的内容。本案中王某某符合逮捕条件,出于案件的特殊情况和办理案件的需要,采取指定居所监视居住措施更为适宜。王某某一案受贿数额达 100 万元,涉案人员较多,案件情况比较复杂,对王某某采取指定居所监视居住措施,更有利于继续了解案件情况、侦查犯罪、及时传唤犯罪嫌疑人,提高侦查效率,节省侦查成本。

对王某某可以采取指定居所的方式执行监视居住。刑事诉讼法第 73 条第 1 款规定,监视居住应当在犯罪嫌疑人、被告人的住处执行;无固定住处的,可以在指定的居所执行。对于涉嫌危害国家安全犯罪、恐怖活动犯罪、特别重大贿赂犯罪,在住处执行可能有碍侦查的,经上一级人民检察院或者公安机关批准,也可以在指定的居所执行。但是,不得在羁押场所、专门的办案场所执行。本款规定了监视居住的执行地点,这里的"住处",即为犯罪嫌疑人、被告人在办案机关所在的市、县内生活的、合法的、经常性的、连续性的居住的地方。"指定的居所",是指办案机关根据案件情况,在办案所在的市、县内为犯罪嫌疑人、被告人指定的生活居所。对于涉嫌危害国家安全犯罪、恐怖活动犯罪、特别重大贿赂犯罪,由于在住处执行有可能妨碍侦查,甚至造成重大的社会危险性,因此该款规定可以在侦查机关指定的居所执行。[①] 但要注意两点:(1)指定的居所不能是羁押场所或者专门的办案场所;(2)在指定的居所执行监视居住必须要经过上一级人民检察院或者公安机关的批准。王某某系特别重大贿赂案件的犯罪嫌疑人,根据《人民检察院刑事诉讼规则》(以下简称《规则》)第 45 条第 2 款之规定,有下列情形之一的,属于特别重大贿赂犯罪:涉嫌贿赂犯罪数额在 50 万元以上,犯罪情节恶劣的;有重大社会影响的;涉及国家重大利益的。在本案中,犯罪嫌疑人王某某涉嫌收受他人贿赂达 100 万元,另外,王某某涉嫌受贿一案线索系有关单位及群众多次实名举报、省委巡视组交办,在涉案系统产生重大影响、涉案范围及涉案人员均比较广泛,应认定该案有重大社会影响。

《规则》第 110 条规定,对犯罪嫌疑人涉嫌特别重大贿赂犯罪,在住处执行监视居住措施可能有碍侦查的,可以在指定的居所执行。"有碍侦查"主要包括

---

① 陈国庆、李兴友:《中华人民共和国刑事诉讼法最新释义》,中国人民公安大学出版社 2012 年版,第 103 页。

以下几种情形:可能毁灭、伪造证据,干扰证人作证或者串供的;可能自杀或者逃跑的;可能导致同案犯逃避侦查的;在住处执行监视居住可能导致犯罪嫌疑人面临人身危险的;犯罪嫌疑人的家属或者其所在单位的人员与犯罪有牵连的;可能对举报人、控告人、证人及其他人员等实施打击报复的。犯罪嫌疑人王某某多年身居领导职位,涉嫌多次收受多人贿赂,其多次被实名或匿名举报,通过对其本人的侦查可能牵涉出其本单位其他相关人员的违法线索,在住处执行监视居住措施有碍侦查。

某区检察院对指定居所监视居住的执行存在不妥之处。检察机关应当指定除羁押场所、专门办案场所之外的场所监视居住,指定的居所要便于监视、管理,符合办案安全要求,并具备正常的休息和生活条件。应考虑比较僻静的能够保证办案安全的居所等,消除居所内和周边一切安全隐患。根据《规则》第110条第6款规定,指定的居所应当符合下列条件:具备正常的生活、休息条件;便于监视、管理;能够保证办案安全。本案中,检察院对监视居住执行地点的选择符合上述规定,但检察院直接决定由法警人员及保安人员对王某某进行监管,违反了刑事诉讼法第72条第3款的规定,该款规定监视居住由公安机关执行。指定居所监视居住的执行应当做到"看审分离",人民检察院决定对犯罪嫌疑人采取指定居所监视居住的,可由检察机关法警部门的人员协助公安机关做好相关监视和安全防范工作。执行机关与检察机关对监管活动要相互配合。公安机关对犯罪嫌疑人监视居住应当按照检察机关的要求进行,必要时,由检察机关对指定居所的监控设备设施进行完善。公安机关警力不足时,检察机关应当配合,必要时,公安机关可以委托检察机关,由检察机关司法警察代为监管。监管与侦查分离的原则不得破坏,不允许检察机关办案人员监视居住犯罪嫌疑人。

案例四 拘 留

▶【案情简介】＞＞＞

甲某,男,39岁,彝族人,文盲,系四川省凉山彝族自治州东部小凉山区雷波县某村村民。雷波县位于四川省西南边缘的横断山脉东段小凉山,因地处山区,再加上甲某身形瘦小,从小练就了攀爬的本领。2012年,甲某流窜至S市,与其女友杨某租住在 S 市某小区,因其没有文化、与他人语言交流也不顺利,未能找到工作,且甲某、杨某二人还有吸毒的恶习,为维持日常生活和满足购买毒品的需求,甲某开始利用其从小练就的本领,在 S 市周边各县实施入户盗窃。自 2012 年至 2013 年,甲某入户盗窃现金及物品共计 7 万余元。甲某的作案手段为,白天与其女友待在租住地,下午乘车到周边县区,四处寻找作案目标。甲某将外部装有防护网的多层住宅作为盗窃对象,等到凌晨时分,甲某利用防护网及窗户攀爬而上,从窗户进入被害人家中,趁被害人熟睡时,在被害人家中寻找现金及有价值的物品。2013 年的一天,甲某在 A 县某小区实施盗窃时,因被害人半夜起床,发现了正在实施盗窃的甲某,甲某从窗户处逃走。后 A 县公安机关在甲某的租住地将其抓获,并在其租住地查获了部分被害人丢失的物品。当日,A 县公安局决定对甲某刑事拘留,并将甲某送往当地看守所,在进行入所体检时,发现甲某患有艾滋病,A 县看守所不予收押,A 县公安局将甲某的强制措施变更为取保候审。在取保候审期间,甲某脱逃,并又在 S 市 B 县继续实施盗窃。B 县公安机关经过侦查,认为甲某有重大犯罪嫌疑,同时发现甲某系流窜作案,决定对甲某刑事拘留,并进行上网追逃。

2013 年底,甲某回到其家乡雷波县,因甲某吸毒,雷波县公安局对其进行行政处罚时,发现甲某系网上逃犯,雷波县公安局通知了 B 县公安局。B 县公安局接到消息后,办案人员赶往雷波县,在雷波县向甲某出示了拘留证,并在雷波县公安局的协助下,先将甲某关押在雷波县看守所。B 县公安人员在雷波县对甲某进行了讯问,并在当地调取了相关证据,2 日后,B 县办案人员将甲某押解回 B 县,将其羁押于 B 县看守所。B 县公安局因甲某系流窜作案、多次作案,将拘留期限延长至 30 日,并在 30 日内向 B 县人民检察院提请批准逮捕。

▶ 【基本问题】 > > >

1. A 县公安局、B 县公安局对甲某适用的强制措施是否正确?

2. B 县公安局能否对甲某进行异地关押?

▶ 【讨论与分析】 > > >

A 县公安局、B 县公安局均对甲某作出了刑事拘留的决定,该决定均符合刑事诉讼法的规定。刑事拘留,是指在紧急情况下,公安机关、人民检察院为保障侦查活动的顺利进行,对于符合法定条件的犯罪嫌疑人,依法采取的暂时剥夺其人身自由的强制措施。刑事诉讼法第 80 条规定,公安机关对于现行犯或者重大嫌疑分子,有下列情形之一的,可以先行拘留:(1)正在预备犯罪、实行犯罪或者在犯罪后即时被发觉的;(2)被害人或者在场亲眼看见的人指认他犯罪的;(3)在身边或者住处发现有犯罪证据的;(4)犯罪后企图自杀、逃跑或者在逃的;(5)有毁灭、伪造证据或者串供可能的;(6)不讲真实姓名、住址,身份不明的;(7)有流窜作案、多次作案、结伙作案重大嫌疑的。刑事拘留具有以下特征:一是拘留是剥夺人身自由的强制措施。与拘传、取保候审、监视居住等限制人身自由的措施相比,拘留的突出特点在于剥夺人身自由,因而是一种相当严厉的强制措施。二是适用拘留的机关具有特定性。依照法律规定,有权决定拘留的主要是公安机关,人民检察院在办理自侦案件时,也可以依法适用拘留措施。人民法院则无权适用这一强制措施。三是适用拘留的情形具有紧急性。即只有在紧急情况下,来不及办理逮捕手续而又必须马上剥夺现行犯或者重大犯罪嫌疑人的人身自由时,才能适用拘留。四是拘留是一种临时性的强制措施,因而期限较短。随着诉讼的进行,拘留措施要变更为逮捕或者监视居住、取保候审,或者是释放被拘留人。[①]

本案中,A 县公安局在其住处发现了被害人丢失的物品,可以确定甲某有重大犯罪嫌疑,对其刑事拘留符合上述第 80 条第(3)项的规定。B 县公安局发现甲某有重大犯罪嫌疑,并发现甲某系流窜作案,对其刑事拘留符合第 80 条第(7)项的规定。因甲某系流窜作案、多次作案,根据刑事诉讼法第 89 条第 2 款的规定,B 县公安局可以将提请审查批准逮捕的时间延长至 30 日。B 县公安局可以对甲某进行异地关押。刑事诉讼法第 81 条规定,公安机关在异地执行拘留、逮捕的时候,应当通知被拘留、逮捕人所在地的公安机关,被拘留、逮捕人所在地的公安机关应当予以配合。刑事诉讼法第 83 条第 2 款规定,拘留后,应当立即将被拘留人送看守所羁押,至迟不得超过二十四小时。犯罪分子在作案后一般会想尽方法逃避、躲藏,我国幅员辽阔,随着经济的发展,社会流动性增强,很多抓捕工作不能在作案地完成,为确保公安机关顺利在异地完成拘捕任务,刑事诉讼法对异地拘留作出了规定。因甲某系流窜作案,S 市距离四川省雷波县相隔遥远,B 县公安局在雷波县对甲某出示拘留证后,因调取证据需要,不能立即赶回 B 县,根据刑事诉讼法规定,又需要立即将甲某送往看守所羁押,将甲

---

① 张军、陈卫东:《新刑事诉讼法教程》,人民法院出版社 2012 年版,第 158 页。

某临时羁押于雷波县看守所是正确的做法。

案例五 逮 捕

▶【案情简介】> > >

甲、乙、丙三人为好友。甲曾于2001年因犯过失致人死亡罪被判处有期徒刑三年;丙曾于2002年因犯抢劫罪被判处有期徒刑六年。

2015年3月14日中午,甲、乙、丙三人相约喝酒,甲带其妻子与儿子和乙、丙在某饭店一同吃饭饮酒,至下午2点多钟结束。几人返回途中,乙、丙先行离开,甲带妻子与儿子从公路上步行回家,这时被害人A、B驾车从公路上经过,甲以被害人的车辆车速太快、吓着其子为由,将被害人的车辆叫停。A、B下车后与甲发生争吵,后双方厮打在一起,甲打电话将乙、丙叫回,三人对A、B进行殴打,其中A被推倒在地后,乙用脚踢A的腰背部。后经法医鉴定,A腰背部的伤为轻伤,B的伤情为轻微伤。

2015年3月14日,被害人A向公安机关报案,次日,公安机关将甲、乙、丙抓获。2015年3月21日,公安机关将本案立为寻衅滋事案进行侦查,并对甲、乙、丙三人执行刑事拘留。2015年3月27日,公安机关对甲、乙提请检察院批准逮捕,检察院经审查后,于2015年4月3日以寻衅滋事罪对甲、乙批准逮捕,同时对丙决定逮捕。审查期间,甲通过看守所向检察院要求当面陈述,办案人员认为该案事实清楚、证据充分,未对甲进行讯问。公安机关于2015年4月3日晚对甲、乙、丙执行逮捕,并将执行情况于次日回复检察院。2015年5月12日,甲、乙、丙的家属通过中间人找到被害人A、B,双方达成和解协议,甲、乙、丙的家属共赔偿A、B各项费用5万元,A、B对甲、乙、丙三人表示谅解。2015年6月3日,公安机关将该案移送检察院审查起诉。甲、乙、丙三人的家属均向检察院申请对三人取保候审,该检察院公诉部门经审查案卷及讯问犯罪嫌疑人,认为案件事实清楚,证据确实充分,甲、乙、丙三人均已得到被害人谅解,便将甲、乙的强制措施变更为取保候审。

▶【基本问题】> > >

1. 公安机关对甲、乙、丙三人逮捕强制措施的适用与执行是否正确?

2. 检察院对甲、乙、丙三人逮捕强制措施的适用与执行是否正确?

3. 检察院是否能对甲、乙变更强制措施?

▶【讨论与分析】> > >

公安机关对逮捕的适用条件把握不准确,导致其未对丙提请批准逮捕。刑事诉讼法第 79 条规定了逮捕的条件,共分为 3 款,其中第 1 款对逮捕的条件作出了具体规定,第 2 款作出了特殊规定。第 1 款规定,对犯罪嫌疑人、被告人采取逮捕措施,必须同时满足如下条件:(1)有证据证明有犯罪事实。这是逮捕的前提条件和事实基础,即满足以下要求:①有证据证明有犯罪事实,该犯罪事实可以是单一犯罪行为的事实,也可以是数个犯罪行为中任何一个犯罪行为的事实;②有证据证明该犯罪行为是犯罪嫌疑人实施的;证明犯罪嫌疑人实施犯罪行为的证据已经查证属实。(2)可能判处徒刑以上刑罚。这是逮捕的刑罚条件,即在审查案件时应当考虑犯罪嫌疑人所犯罪行的严重程度,分析判断是否可能判处徒刑以上刑罚。(3)采取取保候审尚不足以防止发生社会危险性的。这是逮捕的社会危险性条件。2012 年修正的刑事诉讼法将原来的"发生社会危险性,而有逮捕必要"的原则规定进一步予以细化,将"发生社会危险性"具体列举为五种情形。该五种情形可划分为三大方面:一是犯罪分子有继续实施犯罪的危险性;二是犯罪分子具有妨害社会秩序稳定和公共安全的危险性;三是犯罪分子具有妨碍诉讼顺利进行的危险性。第 2 款特殊规定列举的三种情形中,犯罪嫌疑人、被告人本身就具有一定的社会危险性,即可能判处 10 年有期徒刑以上刑罚;或者可能判处徒刑以上刑罚,曾经故意犯罪;或者可能判处徒刑以上刑罚,身份不明。也就是说对于存在上述三种情形之一的犯罪嫌疑人、被告人只要有证据证明有犯罪事实,就应当批准或决定逮捕。丙曾因抢劫罪被判处有期徒刑以上的刑罚,抢劫罪是处刑较重的一种故意犯罪,公安机关应当对丙提请批准逮捕。

检察院对逮捕的适用条件把握准确,但审查批准逮捕的程序存在错误。丙曾因故意犯罪被判有期徒刑以上刑罚,在公安机关未对丙提请批准逮捕的情况下,检察院有权对丙直接决定逮捕,公安机关应当执行检察院的逮捕决定。甲向检察院提出当面陈述的要求后,办案人员应当对甲进行讯问,听取其陈述。刑事诉讼法第 86 条第 1 款规定,人民检察院在审查批准逮捕过程中,可以讯问犯罪嫌疑人,即检察院可以根据案件的具体情况,掌握是否有必要实施讯问。

但如果有下列情形之一的,则必须讯问犯罪嫌疑人:(1)对是否符合逮捕条件有疑问的,即承办案件的检察机关工作人员主观上对犯罪嫌疑人是否有犯罪事实、是否有必要逮捕等关键问题不能够确定的心理状态。即只要承办人认为逮捕条件的任一方面有疑点,就应当通过讯问犯罪嫌疑人,以消除相应疑点。(2)犯罪嫌疑人要求向检察人员当面陈述的,即只要被提请审查批准逮捕的犯罪嫌疑人提出向检察人员当面陈述的请求,检察人员就应当讯问,而不能以任何理由拒绝。(3)侦查活动可能有重大违法行为的,即有线索或者证据表明侦查活动可能存在刑讯逼供、暴力取证等违法行为的。第86条是2012年刑事诉讼法新增的规定,吸收了司法改革中的成功实践。逮捕是司法机关依法剥夺犯罪嫌疑人、被告人人身自由的最为严厉的强制措施,因此在审查逮捕案件中,既要对公安机关报送的案件证据进行审查,也要听取犯罪嫌疑人的辩解及其委托的辩护人的意见,做到兼听则明,居中裁断,以实现打击犯罪和保护人权的统一。

检察院有权对甲、乙变更强制措施。刑事诉讼法第93条规定,犯罪嫌疑人、被告人被逮捕后,人民检察院仍应当对羁押的必要性进行审查。对不需要继续羁押的,应当建议予以释放或者变更强制措施。本条规定的是羁押必要性的审查。逮捕作为刑事强制措施中最为严厉的手段,会对被逮捕人的人身自由和社会生活造成重大影响,因此,对于逮捕的适用必须秉持审慎的原则。在司法实践中,羁押率过高的问题日益明显,"一押到底""一捕到底"既不符合逮捕措施设置的初衷,也不利于保障犯罪嫌疑人、被告人的合法权益。羁押必要性审查机制致力于保护犯罪嫌疑人、被告人的合法权利及进一步完善刑事诉讼制度,以逮捕后的羁押必要性审查机制作为救济措施,能够充分保护犯罪嫌疑人、被告人的权利,同时也能完善对刑事强制措施的监督。设置羁押必要性审查机制,有利于降低诉讼成本,提升司法效率。对符合条件的犯罪嫌疑人、被告人依法适时解除羁押,可以有效缓解看守所人满为患的压力,从而降低司法成本,节约司法资源。同时,部分犯罪嫌疑人基于逮捕措施的震慑力,试图通过坦白、自首、检举揭发、协助取证等手段让检察机关在羁押必要性审查过程中重新审视其社会危险性,以获得变更强制措施的结果,而上述行为客观上可以大大提升司法效率。

CHAPTER 8

第八章

附带民事诉讼

一、附带民事诉讼的成立条件

案例一

▶【案情简介】>>>

王某与丁某因为琐事发生争吵,双方心理都非常不爽,于是约定时间和地点再次较量。事后,王某纠集了马某、姜某等五人持砍刀前往,丁某也纠集了熊某和陈某持钢棍前往。双方在斗殴过程中,丁某一伙见对方人多,且持有砍刀,遂分头逃散。王某仍率领马某追赶对方的熊某并将其砍伤。经法医学鉴定,熊某的伤势为轻伤乙级。检察机关以聚众斗殴罪对王某、丁某等八人提起公诉,熊某也同时提出刑事附带民事诉讼,要求对方五人赔偿医疗费、误工费、交通费等各项经济损失3万余元。

▶【基本问题】>>>

聚众斗殴参加者受轻伤是否可提附带民事诉讼?

▶【讨论与分析】>>>

我国刑事诉讼法第99条规定:"被害人由于被告人的犯罪行为而遭受物质损失的,在刑事诉讼过程中,有权提起附带民事诉讼。被害人死亡或者丧失行为能力的,被害人的法定代理人、近亲属有权提起附带民事诉讼。如果是国家财产、集体财产遭受损失的,人民检察院在提起公诉的时候,可以提起附带民事诉讼。"根据有关法理以及立法和司法解释的规定,刑事附带民事诉讼的成立必须符合以下条件:(1)以刑事诉讼的成立为前提条件;(2)提起附带民事诉讼的原告人符合法定条件;(3)有明确的被告人及具体要求和事实根据;(4)被害人的物质损失是被告人的犯罪行为造成的;(5)属于人民法院受理附带民事诉讼的范围。本案被害人符合上述五个条件,可以提起附带民事诉讼。

根据刑事附带民事诉讼成立的条件,本案中熊某的情况貌似符合刑事附带民事诉讼的要求,但根据《最高人民法院研究室关于对参加聚众斗殴造成重伤或者死亡的人及其家属提起的民事赔偿请求能否予以支持问题的答复》的规定:"根据《刑法》第二百九十二条第一款的规定,聚众斗殴的参加者,无论是首要分子,还是其他积极参加者,均明知自己的行为有可能产生伤害他人以及自己被他人的行为伤害的后果,其仍然参加聚众斗殴的,应当自行承担相应的刑事和民事责任。根据《刑法》第二百九十二条第二款的规定,对于参加聚众斗殴,造成他人重伤或者死亡的,行为性质发生变化,应认定为故意伤害罪或者故意杀人罪。聚众斗殴中受重伤或者死亡的人,既是故意伤害或者故意杀人的受害人,又是聚众斗殴的犯罪行为人。对于参加聚众斗殴受重伤或者死亡的人或其家属提出的民事赔偿请求,依法应予以支持,并适用混合过错责任原则。"

可见,对于聚众斗殴犯罪的参加者,无论是首要分子还是积极参加者,主观上均明知自己是在参与斗殴,且有可能发生伤害对方和被对方伤害,以及造成财物毁损的结果,但仍执意参与聚众斗殴的行为,由此发生的轻伤、轻微伤的损害后果,都在其意料之中,属于其概括故意的范围之内,视为行为人自行放弃了其合法民事权益受法律保护的权利。根据民法通则的意思自治原则,行为人对轻伤以下的结果应自行承担相应的民事责任,并且互不承担赔偿责任。

因此,本案中熊某在参加聚众斗殴中受到的轻伤不能提起刑事附带民事诉讼。

案例二

▶【案情简介】＞＞＞

2012年8月12日,黄某某购买塘村镇英花村周某某的无号牌、无行驶证的柳州产双排座微型汽车一辆。黄某某购车后在塘村供销社租房居住。2012年11月22日晚,被告人李某某到塘村镇供销社黄某某家就餐。当晚20时许,由黄某某驾驶他的微型汽车两人一起从供销社开到该镇街上载客。李某某要求学开车,黄某某同意并教李某某开车。李某某将车启动后开出5米许时,车右轮撞在公路右边的人行道台阶上,黄某某见状便帮助扳方向盘,并要李某某刹车。李某某在慌乱中误将油门踏板当制动器来踩,加大了油门,汽车快速行驶,将一只脚站在公路上、另一只脚搭在人行道上的被害人周某(女)撞倒,并拖行一段距离。致周某脑挫裂伤、颅内血肿、多发性肋骨骨折、创伤性休克、头皮裂伤。被害人周某受伤后被及时送往某某县第二人民医院抢救治疗,后转某某县人民医院抢救治疗,但因伤势严重,经抢救无效死亡。被告人李某某交通肇事后,为避免与被害人的亲属发生冲突而离开现场,前往某某县公安局交通警察大队投案,如实供述了肇事过程。案发后,某某县交警大队经现场勘查和调查分析,认定李某某无证驾车、占道行驶,应负此次事故的主要责任;黄某某将车辆交给无驾驶证的人驾驶,应负此次事故的次要责任;周某在人行道上正常行走,无违章行为,不负责任。据此,湖南省某某县人民检察院认为被告人李某某的行为构成交通肇事罪,向湖南省某某县人民法院提起公诉,请求依法判处。

被告人李某某及其辩护人认为,虽然被告人的行为造成被害人的死亡,但是,被害人对事故也应当存在一定的责任,因为被害人当时如果一只脚不站在公路上,就不会被撞倒,不会发生这起交通事故,因而请求人民法院对被告人依法从轻处罚。同时,在事故发生后,被告人李某某的亲属能够及时代被告人向被害人的亲属赔偿了120000元,据此请求人民法院对被告人予以从宽处理。

某某县人民法院经公开审理查明:2012年8月12日,黄某某购买塘村镇英花村周某某的无号牌、无行驶证的柳州产双排座微型汽车一辆。黄某某购车后在塘村供销社租房居住。2012年11月22日晚,被告人李某某到塘村镇供销社黄某某家就餐。当晚20时许,由黄某某驾驶他的微型汽车两人一起从供销社开到该镇街上载客。李某某要求学开车,黄某某同意并教李某某开车。李某某将车启动后开出5米许时,车右轮撞在公路右边的人行道台阶上,黄某某见状便帮助扳方向盘,并要李某某刹车。李某某在慌乱中误将油门踏板当制动器来踩,加大了油门,汽车快速行驶,将一只脚站在公路上、另一只脚搭在人行道上的被害人周某(女)撞倒,并拖行一段距离。致周某脑挫裂伤、颅内血肿、多发性肋骨骨折、创伤性休克、头皮裂伤。被害人周某受伤后被及时送往某某县第二人民医院抢救治疗,后转某某县人民医院抢救治疗,但因伤势严重,经抢救无效死亡。被告人李某某交通肇事后,为避免与被害人的亲属发生冲突而离开现场,前往某某县公安局交通警察大队投案,如实供述了肇事过程。案发后,某某县交警大队经现场勘查和调查分析,认定李某某无证驾车、占道行驶,应负此次事故的主要责任;黄某某将车辆交给无驾驶证的人驾驶,应负此次事故的次要责任;周某某在人行道上正常行走,无违章行为,不负责任。

另查明:被害人周某出生于1954年6月7日,无父母、配偶,婚生刘某彪、刘某东、刘某玲三个子女。事故发生后,附带民事诉讼原告人支付抢救被害人的医疗费1677.7元、交通费900元。被告人李某某的亲属代其支付附带民事诉讼原告人赔偿费120000元。黄某某所有的肇事车,案发后被某某县交通警察大队扣押。

此外,在诉讼过程中,附带民事诉讼原告人刘某彪向人民法院提起附带民事诉讼。要求李某某、黄某某赔偿医疗费、交通费、丧葬费、死亡补偿费等。

一审某某县人民法院作出判决后,被告人不服,向某某市中级人民法院提出上诉。

二审某某市中级人民法院经公开审理后,查明的犯罪事实与一审一致,但是,二审法院认为,原审判决遗漏了诉讼主体,违反了诉讼程序,因而作出刑事附带民事裁定:撤销原判,发回重审。

本案发回重审后,某某县人民法院依法另行组成合议庭,追加刘某东、刘某玲为附带民事诉讼原告人,公开开庭进行了重新审理。经公开重审查明的犯罪事实与一审相同。在重审过程中,被告人李某某对公诉机关指控的犯罪事实供认不讳,但辩称事故发生后离开现场,是因害怕被打才直接到县交警队投案,没有逃逸;对附带民事诉讼原告人提出的赔偿请求未提出异议,但提出自己无赔偿能力,没有财产可供执行。附带民事诉讼原告人的委托代理人提出,被告人李某某交通肇事后逃逸,并具有特别恶劣情节,应从严惩处。

►【基本问题】 > > >

重审法院的判决是否正确?重审法院对于民事赔偿中追加刘某东、刘某玲为附带民事诉讼原告人是否正确?理由是什么?

►【讨论与分析】 > > >

重审人民法院的判决是正确的。

刑事诉讼法第99条规定:"被害人由于被告人的犯罪行为而遭受物质损失的,在刑事诉讼过程中,有权提起附带民事诉讼。"根据该规定,成立刑事附带民事诉讼应当符合以下条件:(1)以刑事诉讼的成立为前提条件;(2)提起附带民事诉讼的原告人符合法定条件;(3)有明确的被告人及具体要求和事实根据;(4)被害人的物质损失是被告人的犯罪行为造成的;(5)属于人民法院受理附带民事诉讼的范围。本案被害人符合上述五个条件,可提起附带民事诉讼。

从本案情况看,刑事附带民事原告刘某彪提起附带民事诉讼,符合附带民事诉讼的上述条件。但是,本案的问题在于是否应当追加刘某东、刘某玲为附带民事诉讼的原告。我们认为,应当追加刘某东、刘某玲为附带民事诉讼的原告。其理由是:我国民事诉讼法第 132 条规定:"必须共同进行诉讼的当事人没有参加诉讼的,人民法院应当通知其参加诉讼。"本案中刘某彪、刘某东、刘某玲是必须共同进行诉讼的当事人,因为被害人周某某无父母、配偶、婚生刘某彪、刘某东、刘某玲三个子女对被害人有共同扶养的义务,他们之间有着共同的利益关系,应当是必要的共同诉讼当事人。虽然本案的附带民事诉讼是由刘某彪一人提起,但其诉请人民法院判决处理的实体权利则属于刘某彪、刘某东、刘某玲 3 人共同所有,只有他们 3 人共同进行诉讼,才能避免 3 人之间产生矛盾。为此,本案重审人民法院在审理时,追加刘某东、刘某玲为附带民事诉讼原告人,是正确的。

案例三

▶【案情简介】＞＞＞

2008 年年底,汤阴县宜沟镇的李某与刘某结婚。2009 年 11 月 21 日,生一男孩。2012 年 3 月 20 日,因李某将小孩拉的大便倒在屋内垃圾桶内,与刘某发生争吵,继而李某恼羞成怒,拿起菜刀朝刘某就砍,一直从屋内砍到屋外,直至刘某倒在血泊中。刘某住院治疗,花费 56000 余元,并继续接受治疗。经鉴定,刘某面部等处损伤属重伤,构成六级伤残。

▶【基本问题】＞＞＞

在审理过程中,被害人刘某能否在婚姻存续期间提起刑事附带民事诉讼?

▶【讨论与分析】> > >

被害人刘某有权在婚姻存续期间提起刑事附带民事诉讼。

理由为：婚内伤害的被害人具有诉讼主体资格。根据刑事诉讼法第 99 条规定可知，刑事诉讼法对于提起附带民事诉讼的主体，没有特别的要求与限制，不论其是否与被告人存在婚姻关系。另外，在现代社会，无论在法律上，还是在社会意义上，每个公民均有独立的主体性，并不受婚姻关系的影响。因此，婚内伤害案中只要侵权关系事实成立，侵权人就应承担相应的责任，被害人就可以提起附带民事诉讼，而与其在婚姻关系中的角色无关。

另外，值得注意的是，婚内伤害案应当以夫妻个人财产进行赔偿。修改后的《婚姻法》不但确认了夫妻关系存续期间的夫妻共同财产制，同时也确认了夫妻关系存续期间夫妻个人财产制。这就为婚内人身损害确立了赔偿基础。如果双方约定了夫妻关系存续期间的夫妻个人财产，赔偿自然应以夫妻个人财产进行。但在我国现阶段，多数情况下，夫妻对家庭财产共同共有，发生婚内伤害后，又往往没有离婚或者没有立即离婚。这就存在被告没有个人财产或者个人财产不够支付的情况。法院审理时，可先要求被告人以个人特有财产赔偿，个人特有财产不足时，再以共同财产中的份额赔偿。当然，此份额不是现实给予，而是一种期待。如果婚姻关系继续恶化，终至解除时，这一期待的份额即可成为现实利益。

案例四

▶【案情简介】> > >

自诉人（附带民事诉讼原告人）韦某，女，1985 年 7 月 24 日出生，汉族，上海华东电脑利集国际贸易有限公司职员。

被告人陈某，男，1986 年 3 月 4 日出生，汉族，国际商业电器中国有限公司上海分公司职员。因涉嫌犯重婚罪，于 2012 年 6 月 4 日被逮捕。

被告人邵某（附带民事诉讼被告人），女，1979 年 1 月 28 日出生，汉族，荷兰柏美纺织品有限公司职员。因涉嫌犯重婚罪，于 2012 年 6 月 7 日被逮捕。

自诉人韦某以被告人陈某、邵某犯重婚罪为由向上海市长宁区人民法院提起自诉。在诉讼过程中,韦某提起附带民事诉讼,请求判令邵某赔偿其调查邵某重婚犯罪事实而遭受的经济损失共计人民币3万元。

被告人陈某辩称:自己确与邵某同居,但非以夫妻名义。被告人陈某的辩护人提出:陈某与他人非法同居时间较短,其行为不构成重婚罪。被告人邵某辩称:其未与陈某举行婚礼并以夫妻名义相称。邵某表示愿意赔偿自诉人韦某的经济损失并向自诉人道歉。邵某的辩护人提出:认定两被告人以夫妻名义相称的证据不足,两被告人行为属于违法行为。

人民法院经公开审理查明:自诉人韦某与被告人陈某于2010年3月6日依法登记结婚,婚后两人感情较好。同年12月底,被告人陈某与邵某相识,并于2012年2月上旬至4月初以夫妻名义在本市茅台路460弄204室非法同居。4月底至6月初本案审理期间,被告人陈某与被告人邵某在本市槽溪路125弄7号402室继续非法同居。6月7日,被告人邵某投案自首。

人民法院认为:自诉人韦某指控被告人陈某,与被告人邵某公开以夫妻名义共同生活,被告人邵某明知陈某有配偶而与之以夫妻名义共同生活的事实清楚,据此向法庭宣读和出示的证据也均经庭审质证属实,证据确实、充分,予以确认。被告人陈某明知其与邵某以夫妻名义非法同居的事实被自诉人韦某察觉并提起诉讼,但仍不思悔改,在法院审理期间继续与邵某非法同居,两被告人的行为均已构成重婚。自诉人关于两被告人行为构成重婚罪的指控成立。被告人陈某的辩护人所提陈某的行为不构成重婚罪的意见,与事实不符,不予采纳;鉴于被告人陈某到案后有一定的悔罪表现,可酌情从轻处罚。被告人邵某的辩护人关于邵某的行为不构成重婚罪的意见,与事实不符,不予采纳。被告人邵某犯罪情节较轻,案发后在家属陪同下投案自首,当庭又向当事人表示歉意,并自愿补偿自诉人经济损失,认罪悔罪态度较好,犯罪情节较轻,依法可免除处罚。附带民事诉讼原告人韦某要求本院判令被告人邵某赔偿经济损失人民币3万元,依据不足,不予支持。依照《中华人民共和国刑法》第285条、第25条第1款、第67条和《中华人民共和国民法通则》第119条的规定,于2012年6月20日判决如下:(1)被告人陈某犯重婚罪,判处有期徒刑六个月;(2)被告人邵某犯重婚罪,免予刑事处罚;(3)附带民事诉讼被告人邵某不承担民事赔偿责任。

一审宣判后,自诉人韦某以原判对被告人邵某量刑畸轻,邵某应承担民事赔偿责任为由,被告人陈某以未与邵某公开以夫妻名义共同生活,其行为不构成重婚罪为由,被告人邵某以无证据证明自己明知陈某已有配偶为由,向上海市第一中级人民法院提出上诉。

上海市第一中级人民法院经审理认为:上诉人陈某有配偶而与他人公开以夫妻名义共同生活,上诉人邵某明知他人有配偶而与之以夫妻名义共同生活,陈某、邵某还举行结婚仪式,并向他人分发喜糖。在居住区,陈某对保安人员介绍邵某是自己的妻子等事实,其行为均构成重婚罪,依法应予处罚。陈某的辩护人关于认定陈某犯重婚罪事实不清、证据不足的意见以及陈某否认犯罪的辩解,与事实不符,均不予采纳。邵某及其辩护人关于邵某主观上不具有重婚的故意,邵某无罪的意见,与事实不符,不予采纳。原判鉴于邵某犯罪情节较轻,又有投案自首情节,并当庭向当事人道歉,自愿补偿韦某损失,认罪态度较好,故对邵某免予刑事处罚于法有据。上诉人韦某及其诉讼代理人请求加重邵某刑事处罚的意见,不予采纳。韦某要求判令邵某赔偿其因调查两被告人犯罪事实而支付的律师费、业务费、翻译费、交通费、餐费及为此减少的收入等共计人民币3万元,因上述损失与邵某的犯罪行为无直接必然联系,依法不应由邵某承担民事赔偿责任,对上诉人韦某的诉讼请求不予支持。原判依法作出的刑事附带民事判决,并无不当,且审判程序合法,应予维持。依照《中华人民共和国刑事诉讼法》的规定,于2012年9月3日裁定如下:驳回上诉人韦某、陈某、邵某的上诉,维持原判。

▶【基本问题】> > >

自行调查重婚犯罪而遭受的物质损失应否获得附带民事赔偿?

▶【讨论与分析】> > >

重婚罪,指有配偶而重婚或明知他人有配偶而与之结婚的行为。"一夫一妻"是我国婚姻制度的基本内容。修改后的《婚姻法》明确规定,"夫妻应当相互忠实","禁止重婚,禁止有配偶者与他人同居","对重婚的,依法追究刑事责任。"已经有配偶的人在夫妻关系存续期间又与他人结婚,或者明知他人有配偶而与之结婚,不仅严重破坏我国的一夫一妻制,而且也严重损害了有配偶人的家庭婚姻关系。正是在这个意义上,我国刑法规定了重婚罪。

重婚罪包括两种情况:(1)有配偶的人重婚,即有配偶的人,在夫妻关系存续期间又与他人结婚。(2)无配偶的人重婚,即无配偶的人明知他人有配偶,而与之结婚的行为。这里所说的"结婚",既包括经过国家婚姻登记机关批准,履行了法律手续的结婚,也包括事实上形成的婚姻关系,即有配偶的人与第三者虽未经过婚姻登记机关批准,未履行法律手续,但事实上两人以夫妻名义同居,也就是所谓的"事实婚姻"。一般来讲,事实婚姻需具备两个条件:第一,两人之间相互以夫妻相待,比如过正常的夫妻家庭生活与性生活;第二,对外两人明确以夫妻名义相称,比如,对邻居、朋友介绍两人系夫妻关系,在社会上以夫妻身份出现等等。就本案而言,陈某与韦某结婚后,又与邵某于 2012 年 2 月至 4 月上旬,以夫妻名义共同生活。2012 年 3 月,陈某、邵某还举行结婚仪式,并向他人分发喜糖。在居住区,陈某对保安人员介绍邵某是自己的妻子,而韦某出示的结婚证是假的。在民警面前,陈某仅承认邵某是妻子。邵某明知陈某已有配偶,而与陈某以夫妻名义共同生活。在被告人陈某与邵某之间,以夫妻相称,过正常夫妻家庭生活与性生活;对外两人则以夫妻身份出现,致使不知内情的人以为两人确系夫妻关系。对陈某而言,有配偶而与他人建立夫妻关系,其行为已构成重婚罪;就邵某而言,明知陈某有配偶,而与陈某以夫妻名义共同生活,其行为亦构成重婚罪。因此,一、二审法院依法认定两被告人的行为构成重婚罪是正确的。

在诉讼过程中,韦某提起附带民事诉讼,要求邵某赔偿其为调查陈某、邵某的犯罪行为而支付的律师费、翻译费、交通费、餐费及为此减少的收入等共计人民币 3 万元。根据我国刑事诉讼法的规定,被害人由于被告人的犯罪行为而遭受物质损失的,在刑事诉讼过程中,有权提起附带民事诉讼。但是,究竟哪些损失可以通过附带民事诉讼解决呢?最高人民法院发布的《关于刑事附带民事诉讼范围问题的规定》(以下简称《规定》)第 1 条第 1 款规定,"因人身权利受到犯罪侵犯而遭受物质损失或者财物被犯罪分子毁坏而遭受物质损失的,可以提起附带民事诉讼。"《规定》第 2 条规定,"被害人因犯罪行为遭受的物质损失,是指被害人因犯罪行为已经遭受的实际损失和必然遭受的损失。"《规定》第 5 条规定,"犯罪分子非法占用、处置被害人财产而使其遭受物质损失的,人民法院应当依法予以追缴或者责令退赔。……经过追缴或者退赔仍不能弥补损失,被害人向人民法院民事审判庭另行提起民事诉讼的,人民法院可以受理。"

根据上述规定,纳入附带民事诉讼赔偿范围的"物质损失"具有下列特点:(1)系犯罪行为所造成,也就是说,物质损失与犯罪行为之间有关联,这是提起附带民事诉讼的前提。一般来讲,人民法院应当对下列几种损害裁决附带民事被告人赔偿:①人民法院经审理确认被告人的行为构成犯罪,而该犯罪行为给民事原告人造成了损失;②经审理确认被告人的行为不构成犯罪,但其违法行为给民事原告人造成了损失,被告人对此损失应负赔偿责任;③经审理确认被告人确给民事原告人造成损失,但被告人因患精神病或未成年而无刑事责任能力,应由其监护人负赔偿责任。(2)系因犯罪行为必然遭受的损失。犯罪行为所造成的损失有直接与间接之分。直接损失指已经存在的物质利益的损失,间接损失指预期利益的损失。被害人遭受的所有直接损失均可以通过附带民事诉讼获得赔偿。而间接损失,只有与犯罪行为有必然因果联系的,即必然遭受的间接损失才属于附带民事赔偿范围。非犯罪行为必然造成的损失不属于附带民事诉讼范围。(3)不属于追缴或退赔范畴。被害人遭受的某些损失可以通过追缴或责令被告人退赔的方法获得补偿,比如,抢劫、盗窃犯罪行为给被害人造成的损失,就可以通过追缴、退赔的方式解决。当然,如果经过追缴、退赔,被害人遭受的物质损失未能完全弥补,被害人可以另行提起民事诉讼。

就本案而言,人民法院依法认定被告人陈某、邵某犯重婚罪。被害人韦某为调查两被告人犯罪事实而支付的律师费、业务费、翻译费、交通费、餐费以及为此减少的家庭收入与邵某的重婚行为无必然联系,也就是说,邵某的重婚行为并不必然使被害人遭受这些损失。那么,韦某因自行调查重婚犯罪而遭受的物质损失就不在附带民事诉讼范围之内。但是,根据修改后的《婚姻法》第46条的规定,因一方重婚而导致离婚的,无过错方有权请求损害赔偿。那么,对于陈某与邵某的重婚行为,韦某可以通过提起民事诉讼,请求获得损害赔偿。

案例五

▶【案情简介】 > > >

2015 年 3 月间,被告人肖某与鸿运机械装配厂保安江某里应外合,先后三次潜入该厂,共盗取铜丝、机器零件达 34000 元,并以 2700 元分三次卖往临县一废品收购站。后两被告被公安机关抓获,公安机关侦查终结后将案件移送人民检察院提起公诉,在法院公开审理之前,原告鸿运机械装配厂向人民法院提起附带民事诉讼,要求两被告赔偿因盗窃行为给该厂造成的直接损失 34000 元。

▶【基本问题】> > >

盗窃行为致使财产受损能提起附带民事诉讼吗？

▶【讨论与分析】> > >

被害人可提起附带民事诉讼，理由如下。

1. 附带民事诉讼的成立条件

根据刑事诉讼法的有关规定，附带民事诉讼成立条件包括：（1）以刑事诉讼的成立为前提条件；（2）提起附带民事诉讼的原告人符合法定条件；（3）有明确的被告人及具体要求和事实根据；（4）被害人的物质损失是被告人的犯罪行为造成的；（5）属于人民法院受理附带民事诉讼的范围。本案被害人符合上述五个条件，可提起附带民事诉讼。

2. 对"物质损失"的理解

刑事诉讼法规定，被害人由于被告人的犯罪行为而遭受物质损失的，在刑事诉讼过程中，有权提起附带民事诉讼。如果是国家、集体财产遭受损失的，可在提起公诉时附带民事诉讼。刑法规定，由于犯罪行为而使被害人遭受经济损失的，对犯罪分子除依法给予刑事处分外，并应根据情况判处赔偿经济损失。上述法律规定，分别出现了"物质损失""财产损失""经济损失"，但在附带民事诉讼赔偿范围问题上，三者应是同义的，尽管在其他场合，三者的内涵并不完全相同。这说明在附带民事诉讼赔偿范围上，只要不是精神方面的损失，不管是"物质损失""财产损失""经济损失"都是附带民事诉讼的赔偿范围。

3. "追缴""退赔"并不排斥附带民事诉讼

根据最高人民法院关于刑事附带民事诉讼范围问题的规定，犯罪分子非法占有、处置被害人财产而使其遭受物质损失的，人民法院应当予以追缴或责令退赔。经过追缴、退赔仍不能弥补损失的，被害人另行提起民事诉讼。该规定是对人民法院在刑事审判中的职责进一步明确和要求，即对此类案件人民法院应当依职权向被告人进行追缴，责令退赔，其目的一方面是为了更加积极有效地补救被害人的"物质损失"，另一方面也是为了减少被害人的诉累。但此规定并不能排斥或取代被害人的附带民事诉讼权利，"追缴"与"查封"、"扣押"被告人的财产一样，只是诉讼过程中人民法院依法采取的强制措施，与被害人行使诉权是完全不同的两个概念。即使被害人不提起附带民事诉讼，人民法院也应当依职权向被告人进行追缴,责令退赔。

综上,本案被害人可提起附带民事诉讼。

二、附带民事诉讼的程序

案例一

▶【案情简介】＞＞＞

附带民事诉讼原告人孙某某,男,1963 年 6 月 10 日出生,汉族,小学文化,农民。

被告人张某,男,1983 年 5 月 22 日出生,汉族,初中文化,农民。2011 年 12 月 31 日因涉嫌犯故意伤害罪被逮捕,2012 年 3 月 22 日被取保候审。

江苏省扬州市某某区人民检察院于 2012 年 3 月 7 日以被告人张某犯故意伤害罪向江苏省扬州市某某区人民法院提起公诉。2012 年 3 月 12 日,附带民事诉讼原告人孙某某向法院提起附带民事诉讼,要求被告人张某赔偿经济损失共计人民币 28289.2 元。

扬州市某某区人民法院经审理查明:2010 年 11 月 9 日晚,被告人张某与老乡孙某某等人在扬州市西湖镇"老祈"饭店吃饭,张某与孙某某为琐事发生争吵,被一同喝酒的其他老乡劝开。后张某与孙某某回到宿舍继续发生争吵、打斗,在打斗过程中,张某持菜刀砍了孙某某面部三刀,致孙某某面部受伤,经法医鉴定为轻伤。

另查,2010 年 12 月,附带民事诉讼原告人孙某某曾与被告人张某联系协商过赔偿问题,但未达成协议,后直至 2012 年 3 月 12 日向法院提起附带民事诉讼前,孙某某未再向张某主张过权利。扬州市某某区人民法院认为被告人张某故意伤害他人身体致人轻伤,其行为已构成故意伤害罪。其归案后认罪态度较好,且系初犯,均可酌情从轻处罚。附带民事诉讼原告人孙某某被伤害后虽曾主张过权利,但在其后的一年诉讼时效期限内未及时起诉,被告人张某又不同意附带民事诉讼原告人孙某某的诉讼请求,附带民事诉讼原告人孙某某已丧失了胜诉权,故对其诉讼请求不予支持。

▶【基本问题】> > >

本案附带民事诉讼部分在二审最终以调解方式结案,但对于一审法院认为附带民事诉讼原告人提出诉讼请求时已超过民事诉讼时效,因而判决驳回其诉讼请求这一做法是否正确,涉及刑事附带民事诉讼案件中民事部分的时效期间究竟该如何计算。

▶【讨论与分析】> > >

一审法院判决结果是不正确的。附带民事诉讼案件的时效应当遵从刑事诉讼追诉时效。

本案一审判决驳回附带民事诉讼原告人诉讼请求的主要依据是:刑事附带民事诉讼的民事部分,是处理平等主体间的权利义务关系,应当适用我国民法通则的有关规定。根据我国民法通则的规定,一般诉讼时效期间为 2 年,身体受到伤害要求赔偿的,适用特别诉讼时效期间的规定,时间为 1 年,均从权利人知道或应当知道权利被侵害之日起计算。在诉讼时效期间的最后 6 个月,因不可抗力或者其他障碍不能行使请求权的,诉讼时效中止。待中止的事由消除之日起,继续计算诉讼时效期间。诉讼时效因提起诉讼、当事人一方提出要求或者同意履行义务而中断。从中断时起,重新计算诉讼时效期间。本案中,附带民事诉讼原告人孙某某被伤害后虽曾于 2010 年 12 月向被告人张某主张过权利,但张某并未同意孙某某的赔偿请求,直至 2012 年 3 月 12 日孙某某向法院提起诉讼时已超过一年诉讼时效期,故附带民事诉讼原告人孙某某已丧失了胜诉权,对其诉讼请求应不予支持。

我们认为,附带民事诉讼案件的时效应当遵从刑事诉讼追诉时效。

刑事案件发生后,大多数案件需要经过公安机关一段时期的侦查才能破案,抓获罪犯,进入刑事诉讼程序。此前,有的被害人可能已经明确知道了实施侵害行为的具体人,有的被害人可能并不清楚甚至根本不知道具体是谁侵犯了他的权利。后一种情形由于权利人尚未"知道或应当知道"具体侵害人,无法提起民事诉讼,其民事诉讼时效当然无从算起。而前一种情形(如本案),由于大多数普通公民并不十分了解诉讼法及具体诉讼程序,被害人往往会把提出民事赔偿权利的主张与报案等行为混为一谈,以为报了案,抓了人,就等着国家给他做主就行了。被害人在不十分清楚的情况下,产生这种想法也是很自然的。从这一角度讲,如果要求被害人此时即对刑事、民事诉讼时效作出明确无误的区分,从而判断自己应当何时向何机关主张自己的何种权利,显然有些不近情理。

当然,此时被害人也可以向公安机关等有关部门提出民事赔偿的主张。在侦查、审查起诉阶段,有权提起附带民事诉讼的人向公安、检察机关提出赔偿要求,已经公安、检察机关记录在案的,刑事案件起诉后,法院应当按附带民事诉讼案件受理;经公安、检察机关调解,当事人双方达成协议并已给付,被害人又坚持向法院提起附带民事诉讼的,法院也可以受理。如果公安、检察机关根据刑事诉讼法第 15 条的规定撤销案件或者不起诉,即刑事诉讼程序终止的,被害人则不能提起附带民事诉讼,只能提起独立的民事诉讼。一般认为,有权提起附带民事诉讼的人可以在广义的刑事诉讼过程中提起附带民事诉讼,即在侦查阶段向公安机关或检察机关提出、审查起诉阶段向检察机关提出、审判阶段向法院提出。但严格来讲,在侦查、审查起诉阶段不能称其为"起诉",只能算作提出权利请求。诉讼意味着审判,而审判权只能由法院行使,公安、检察机关既不能审判案件也不能代替法院立案,因此其只能对附带民事诉讼请求进行调解。调解不成或因反悔而不执行的,均不影响有权提起附带民事诉讼的人向法院起诉。也就是说,除非能够达成调解协议,否则被害人在案件进入审判阶段前向法院提起民事诉讼是没有实质意义的。

犯罪行为具有较为严重的社会危害性,因此,刑事追诉时限规定得较长。与刑事责任相比,民事责任具有不同的目的和危害属性。民事诉讼是为了解决平等当事人之间的权利义务纷争,注重效率,因此民法确立的诉讼时效较短。对于刑事附带民事诉讼案件来说,被告人的行为构成刑事犯罪,同时又构成民事侵权,附带民事诉讼本质上属于损害赔偿之债的性质,但它的成立是以刑事诉讼的存在为前提的。刑事附带民事诉讼实际上就是刑、民合并之诉,即将民事诉讼置于刑事诉讼中,一并解决被告人的刑事责任和民事赔偿责任的问题。所谓"附带"民事诉讼主要体现为程序上的从属性,在这种程序中,必须遵循刑事程序优先原则。关于这一点,在《最高人民法院关于适用〈中华人民共和国刑事诉讼法〉的解释》第 163 条有规定"人民法院审理附带民事诉讼案件,除刑法、刑事诉讼法以及刑事司法解释已有规定的以外,适用民事法律的有关规定"。从这一表述的先后顺序看,刑事法律无疑是排在民事法律之前的。从"除……外"等用词上看,民事法律也只是"还应当适用",且仅限于其中的"有关规定"。对此,我们应当理解为：如果刑事法律有规定的，首先应适用刑事法律；只有在刑事法律没有作出相关规定时，才能适用民事法律的"有关规定"。但是，对于刑事法律和民事法律同时都有规定且存在冲突的（如本文所涉及的时效问题），应当如何处理呢？从上述分析中我们不难得出这样的结论：当刑事法律的规定与民事法律的规定发生冲突时，应当优先适用刑事法律的规定。因此，在附带民事诉讼审理过程中，案件的管辖、审判组织、期间和送达、诉讼费用、起诉时间等规定，均应服从、受制于刑事诉讼。就附带民事诉讼案件起诉时间而言，根据该解释第147条"附带民事诉讼应当在刑事案件立案以后及时提起"的规定，被害人只要在一审判决宣告以前提起刑事附带民事诉讼，就应当认为是在"刑事诉讼过程中"提起的，就没有超出刑事附带民事诉讼提起的时效，而不必受民事诉讼时效的限制。刑事诉讼法之所以对提起附带民事诉讼规定了特殊时效，是为了最大限度地保护被害人与犯罪作斗争的积极性，最大限度地保障其合法权益不受犯罪侵害。因此，孙某某向法院提起刑事附带民事诉讼符合刑事诉讼法的有关规定，法院对其诉讼请求应当支持。一审判决认为附带民事诉讼原告人孙某某提起诉讼时已超过民事诉讼时效而驳回其诉讼请求，是不正确的。

当然，如果被害人单独提起民事诉讼，则应当遵循民法关于诉讼时效的规定。但特别需要注意的是，对于因犯罪行为而造成的物质损失，不论是提起附带民事诉讼，还是单独提起民事诉讼，在对现行法律关于民事诉讼时效中止、中断规定的理解和适用上，既不能将民事诉讼时效中断的法定事由中的"提起诉讼"仅仅理解为提起独立的民事诉讼，而对于被害人向公安司法机关控告犯罪，或公安机关、检察机关在开始刑事诉讼程序后告知被害人，被害人向公安、检察机关提出赔偿的权利主张排除在外，也不能将因犯罪处于秘密状态，犯罪嫌疑人尚未查获，被害人只知权利被侵害，但不知侵害人是谁而不能主张权利的情况，排除在法律规定的中止诉讼时效的法定事由之外。

案例二

▶【案情简介】＞ ＞ ＞

江某与赵某合伙做生意产生矛盾后散伙，但江某认为自己吃亏，欲伺机报复赵某。2011 年 11 月 5 日夜,江某纠集李某、许某等人在赵某家门外殴打赵某,其间,赵某被人用砖块击中头部(重伤)。2012 年 2 月,某县人民法院受理了某县人民检察院指控被告人江某犯故意伤害罪以及附带民事诉讼原告人赵某提起附带民事一案,2011 年 3 月 2 日,某县人民检察院以本案事实和证据发生变化为由,向某县人民法院送达了撤回起诉决定书,某县人民法院审查后裁定准许撤诉。

▶【基本问题】> > >

刑事部分撤诉后附带民事部分应如何处理?

刑事附带民事诉讼案件,人民检察院撤诉经人民法院同意后,对附带民事诉讼原告人提起的附带民事诉讼应如何处理?目前我国法律没有明确的规定,合议庭对此有两种意见,第一种意见认为:刑事诉讼程序启动后,赵某提起附带民事诉讼符合法律规定,即使检察院申请撤诉得到法院准许,也不能阻断附带民事诉讼的继续审理,不管被告人江某的行为是否构成犯罪,某县人民法院也应当就被告人江某是否应当承担民事赔偿责任进行审理并依法作出裁判,不应裁定准许撤诉。第二种意见认为:人民检察院撤诉后,依照《最高人民法院关于适用〈中华人民共和国刑事诉讼法〉的解释》(以下简称《解释》)第 242 条之规定,即“宣告判决前,人民检察院要求撤回起诉的,人民法院应当审查人民检察院撤回起诉的理由,作出是否准许的裁定”,就本案而言,如果检察院撤诉的理由合理合法,就应当裁定准许,同时将该情形告知附带民事诉讼原告人,让其撤诉,否则应裁定驳回起诉并告知其可以另行提起民事诉讼。

▶【讨论与分析】> > >

笔者倾向于第二种意见。

根据《解释》第 160 条的规定,“人民法院认定公诉案件被告人的行为不构成犯罪,对已经提起的附带民事诉讼,经调解不能达成协议的,应当一并作出刑事附带民事判决。”结合《解释》第 241 条的规定,我们知道,当被告人的行为不构成犯罪、因年龄或者精神原因不负刑事责任等情形下,人民法院仍应对附带民事部分一并作出处理。但是,一并处理是有条件的,就是不论被告人的行为是否构成犯罪、是否负刑事责任,人民检察院的指控还存在。当人民法院裁定准许人民检察院撤诉后,人民检察院的指控已不存在,此时对附带民事诉讼应如何处理,相关法律及司法解释均没有明确规定。

刑事诉讼法第 99 条规定,被害人由于被告人的犯罪行为而遭受物质损失的,在刑事诉讼过程中,有权提起附带民事诉讼。《解释》第 138 条规定,"被害人的物质损失是被告人的犯罪行为造成的"系附带民事诉讼的起诉条件之一。根据上述规定,我们知道,不论是公诉案件还是自诉案件,提起附带民事诉讼均应以刑事诉讼为前提。如果刑事案件不成立,附带民事诉讼就不再符合起诉条件。对刑事附带民事公诉案件而言,启动刑事诉讼程序的主体是人民检察院,启动附带民事诉讼程序的主体一般是被害人。对刑事附带民事自诉案件而言,启动刑事诉讼程序的主体和启动附带民事诉讼程序的主体往往具有一致性,即一般为被害人。基于此,对刑事附带民事公诉案件而言,人民法院准许人民检察院撤回起诉后,不必然导致附带民事诉讼原告人撤回起诉,人民法院应要求附带民事诉讼原告人撤回起诉,否则应当裁定驳回起诉。对刑事附带民事自诉案件而言,由于启动刑事诉讼程序的主体和启动附带民事诉讼程序的主体具有一致性,且自诉人提出民事赔偿请求是以追究被告人的犯罪行为为前提的,在不提出刑事追究请求,即不存在刑事诉讼的情况下,附带民事诉讼也就无从谈起。所以,自诉人撤回刑事诉讼请求的,其效力及于附带民事诉讼。

具体到本案而言,某县人民检察院以被告人江某涉嫌犯故意伤害罪向某县人民法院提起公诉,赵某据此提起刑事附带民事诉讼,后人民检察院撤回对江某的起诉,已经人民法院裁定准许,致刑事诉讼程序终结,附带民事诉讼无所依附,不能成立,故依据刑事诉讼法第 99 条和《解释》第 138 条之规定,赵某提起的刑事附带民事诉讼的前提条件已不存在。人民法院应要求其撤回起诉,否则人民法院应当裁定驳回起诉,并告知其可以另行提起民事诉讼。

案例三

▶【案情简介】> > >

张某某系某县工商银行营业部主任。2010 年 5 月至 2013 年 9 月,张某某以完成揽储业务为由,许以高额手续费,先后向李某等人收取存款 260 余万元,并分别向李某等人出具加盖银行业务章的存单。但存单均系伪造,存款并未入账,而是被张某某用于赌博、还债等,案发后只追回部分赃款。在刑事附带民事诉讼中,张某某被判处有期徒刑。李某等人按各人比例分得部分债款。此后,李某等人向县法院起诉,要求某县工商银行承担清偿剩余债务的民事责任。

▶【基本问题】 > > >

刑附民诉讼后可否向其他民事责任人提起民事诉讼?

第一种意见认为,按照一事不再理原则,李某等人就赔偿问题不应重复起诉,此案债权最终清偿主体为张某某,仍应通过刑事附带民事案件执行程序解决,应驳回李某等人的起诉。

第二种意见认为,李某等人在刑事附带民事诉讼起诉以后,又提起民事诉讼,并不违背一事不再理原则,法院应受理其起诉,判决某县工商银行承担损害赔偿责任。

▶【讨论与分析】 > > >

笔者同意第二种观点,理由如下。

财产犯罪的受害人请求损害赔偿是发生在刑法和民法之间,由同一个法律事实同时具备刑事犯罪构成要件和民事侵权行为构成要件,使受害人既可以要求国家依刑法对行为人追究刑事责任,也可以请求行为人依民法对损害承担赔偿损失的民事责任,而产生的由法规竞合形成的权利和责任的竞合。因而,使一个行为既有犯罪的性质,又有侵权行为的性质。从理论上分析,这种情况是行为人实施的一个行为,产生了两个不同性质的法律关系:一个是受害人或者由受害人通过国家与行为人之间的刑事法律关系;另一个是受害人与行为人之间的民事法律关系(即侵权民事法律关系)。在发生竞合的这两个法律关系当中,都是以受害人为权利主体,因而受害人居于这两个法律关系的中心。

在刑事法律关系与民事法律关系全部竞合的情况下,追赃、退赃的办法为满足受害人财产损失赔偿的请求,提供了可能性。但如无赃可退、追赃不足,则受害人赔偿请求的满足受到严重的威胁。作为刑事被告人的行为人与其他共同侵权人对受害人的财产损失承担连带民事责任,在对刑事被告人确定刑事责任的时候,只用追赃的办法来解决受害人的财产损失问题,不仅不能全部满足受害人的要求,而且对于其他应当承担民事责任的共同义务主体来说,实质为免除其责任,对受害人财产权益的保护也远远不够。

最高人民法院对湖南省高级人民法院《关于广东省连县工贸总公司诉怀化市工商银行侵权一案的请示报告》的函复中,准许对财产犯罪被告人以外的其他连带责任人提起民事诉讼。将此批复的基本精神推而广之,可以认为,应准许财产犯罪的受害人在其损害赔偿请求不能满足或不能全部满足的情况下,提起侵权损害赔偿的民事诉讼,依照民事诉讼程序解决刑事被告人与受害人,刑事被告人及其他共同侵权人与受害人之间的债权赔偿纠纷。

同时,"一事不再理"中的"一事",是指前后两个诉讼必须为同一事件,才受"一事不再理"的限制。所谓同一事件,是指同一当事人,基于同一法律关系而提出的同一诉讼请求。同一法律关系,指产生当事人争议的诉讼标的的法律关系(法律事实);同一请求是指当事人请求法院作出判决的内容相同。本案中,前后两个民事方面的诉讼虽然均由李某等人提出,但法律关系和诉讼请求不同。因此,本案不适用"一事不再理"原则。

综上,李某等人要求某县工商银行承担清偿剩余债务的民事责任的起诉应予受理,其诉讼请求应获得支持。

CHAPTER 9

第九章

期间、送达

案例一 期 间

▶【案情简介】> > >

2012年4月13日晚10时许,王某为实施抢劫,从家中携电棍外出寻找目标。11时30分许,王某在某村北面约500米处,拦住一辆牌照为冀F×××××的出租车,称要乘车去××县。12时许,该出租车行至清苑县××庄村,王某谎称要等人,让张某停车。等待过程中张某睡着。翌日3时30分许,王某趁张某熟睡之机,用电棍电击张某左侧太阳穴。抢走张某现金3000元,手机一部(价值2000元)。后公安机关根据监控录像及群众举报,最终于2012年6月10日在王某家将其抓获。

2012年12月12日,××市××县人民法院对该案作出了判决。一审判决宣告后的第8天,被告王某不服一审判决,向××市中级人民法院提出上诉。

▶【基本问题】> > >

1. 什么是期间?
2. 王某的上诉是否有效?

▶【讨论与分析】> > >

一、期间的概念

刑事诉讼的期间,是指公安司法机关、当事人与诉讼参与人进行刑事诉讼活动所应当遵守的时间限制。法律明确规定了刑事诉讼的期间,例如羁押期间、审判期限等。另外,遇到个别情况,公安司法机关可以指定刑事诉讼的期间。由此,刑事诉讼的期间可以分为法定期间和指定期间。法定期间可以分为公安司法机关应当遵守的期间和当事人及其他诉讼参与人应当遵守的期间两类。

确定某个刑事诉讼行为的期间,需要考虑很多因素,如能够及时惩罚犯罪;能到保障及时查清案件事实,正确处理案件;督促公安司法机关提高办事效率,保障诉讼参与人的合法权利;促使当事人在法定期限内行驶诉讼权利。为了保障诉讼活动的顺利进行,公安司法机关和诉讼参与人都应严格遵守刑事诉讼期间,违反刑事诉讼期间规定的属于违法行为。

虽然期日和期间都是公安司法人员和诉讼参与人应当完成特定刑事诉讼行为的时间,但二者有很大区别:期日是一个特定的单位时间;期间则是指一定期限内的时间,即一个期日起至另一个期日止的一段时间,既含有时间的数量,又含有时间的限度。期日是公安司法机关和诉讼参与人共同进行某项刑事诉讼活动的时间;期间则是指公安司法机关和诉讼参与人各自单独进行某种刑事诉讼活动的时间;期日由公安司法机关指定,遇有重大理由时,可以另行指定期日;期间原则上由法律明确规定,不得任意变更;期日只规定开始的时间,不规定终止的时间。以诉讼行为的开始为开始,以诉讼行为的实施完毕为结束;期间则以规定的起止时间为开始和终结;期日开始后,必须实施某种诉讼行为或开始某项诉讼活动;期间开始后不一定立即实施某种诉讼行为,只要在期限内所实施的法定行为均有效。

二、王某的上诉有效

结合本案,2012 年 12 月 12 日,××市××区人民法院对该案作出了判决。

一审判决宣告后的第 8 天,被告王某不服一审判决,向××市中级人民法院提出上诉,王某的上诉期限符合刑事诉讼法第 219 条"不服判决的上诉和抗诉的期限为十日"的规定,所以王某的上诉有效。以上的讨论分析中,已经诠释了刑事诉讼法关于各种诉讼阶段的相关规定。

案例二　送　达

▶【案情简介】＞＞＞

蔡某某、刘某某、王某某、安某某系安徽省××市××区无业游民,不务正业,经常上网,沉迷于网游、游戏机赌博。2013 年 3 月的一天晚上,刘某某提议说:"据我观察,游戏机室里塞硬币玩的老虎机(游戏机的一种)每天都有很多人玩,里面肯定塞了很多钱,咱们去抢几台,把里面的钱拿出来花花。"于是刘某某、蔡某某、王某某、安某某携带枪支、菜刀等凶器,开车窜至××区矿区附近胡某开设的游戏机室门口,刘某某持 1 支双管枪站在该游戏机室门口,蔡某某持 1 支单管枪,蔡某某与王某某、安某某 3 人进入该游戏机室,当着服务员面将 2 台游戏机抢走,并将 2 台游戏机砸坏,并将游戏机内 400 余元硬币取出挥霍。采用同样的方法,蔡某某等人又从××区田集街道"西城网吧"、××区矿区附近的大排档、××餐厅各抢走 4 台游戏机,后四人将从游戏机内 2000 余元硬币取出,网游、吃喝,挥霍殆尽。公安机关于 2013 年 4 月 4 日,将蔡某某、刘某某、王某某、安某某刑事拘留,并于 2013 年 4 月 15 日执行逮捕。在法定期间内,公安机关将逮捕通知书各自送交蔡某某、刘某某、王某某、安某某家属,向刘某某家属送交逮捕通知书时,刘某某的家属拒绝签字。在这种情况下,公安机关送达人员李某某和赵某某邀请他的两位邻居作为证人到场,说明了情况,将逮捕通知书放在刘某某家中,并由两位邻居作为见证人在送达回证上签名,送达人员李某某、赵某某记录了留置的事由和日期 ,并签字确认。2013 年 12 月 22 日,安徽省××市××区人民法院对该案件作出了判决。

▶【基本问题】＞＞＞

1. 刑事诉讼法关于诉讼文书送达的方式和程序有哪些?
2. 公安机关将逮捕通知书以留置方式予以送达是否恰当?

▶【讨论与分析】＞＞＞

刑事诉讼中的送达,是指人民法院、人民检察院和公安机关依照法定程序和方式,将诉讼文件送交诉讼参与人、有关机关和单位等诉讼参与人的一种诉讼活动。送达从形式上看是向收件人交付某种诉讼文件,其实质上是公安司法机关的告知行为。

一、送达的方式

刑事诉讼法第 105 条规定:送达传票、通知书和其他诉讼文件应当交给收件人本人;如果本人不在,可以交给他的成年家属或者所在单位的负责人员代收。收件人本人或者代收人拒绝接收或者拒绝签名、盖章的时候,送达人可以邀请他的邻居或者其他见证人到场,说明情况,把文件留在他的住处,在送达证上记明拒绝的事由、送达的日期,由送达人签名,即认为已经送达。

根据刑事诉讼法及相关司法解释的规定,刑事诉讼中的送达方式主要有以下几种。

1. 直接送达

直接送达是指公安司法机关派专人将诉讼文书直接交付给收件人签收的送达方式。直接送达是送达方式中最基本的方式。即是说凡是能够直接送达的,就应当直接送达,以防止拖延诉讼,保证诉讼程序的顺利进行。直接送达的情况下,法律文书直接送达到相关诉讼参与人手中,避免了转交在时间上的占用,大大地缩短了时间成本,从而有利于诉讼活动效率的提高。在一般情况下,受送达人是公民的,由该公民直接签收。以直接送达为原则。根据刑事诉讼法相关规定,直接送达要由公安司法机关的人员将诉讼文书直接送达到收件人本人,收件人本人在送达回证上证明收到日期,并且收件人要签名和盖章。如果收件人不在现场,由他的成年家属或所在单位的负责收件的人员代收,代收人也应当在送达回证上记明收到日期,并且签名或者盖章。收件人或者代收人在送达回证上签收的日期为送达的日期。

2. 留置送达

留置送达是指收件人本人或者代收人拒绝接收诉讼文件或者拒绝签名、盖章时,送达人员将诉讼文件放置在收件人或代收人的住处的一种送达方式。留置送达的适用必须具备一定条件,即收件人或代收人拒绝接收诉讼文件或者拒绝签名、盖章时才能采用。找不到收件人,同时也找不到相应的代收人时,不能采用留置送达。留置送达的程序是在收件人或者代收人拒绝接收或者拒绝签名、盖章的情况下,送达人邀请见证人到场,说明情况,在送达回证上记明拒收的事由和日期,由送达人、见证人签名或者盖章,并将诉讼文书留在收件人或者代收人住处或者单位后,也可以把诉讼文书留在受送达人的住处,并采用拍照、录像等方式记录送达过程,即视为送达。诉讼文件的留置送达与交给收件人或代收人具有同样的法律效力。

3. 委托送达

委托送达是指承办案件的公安司法机关委托收件人所在地的公安司法机关代为送达的一种方式。委托送达一般是在收件人不住在承办案件的公安司法机关所在地,而且直接送达有困难的情况下所采用的送达方式。其程序是,委托送达的公安司法机关应当将委托函、送达的诉讼文件及送达回证,寄送受托的公安司法机关。受托的公安司法机关收到委托送达的诉讼文件,应当登记,并在 10 日内送交收件人,然后将送达回证及时寄送委托送达的公安司法机关。受委托的公安司法机关无法送达时,应当将不能送达的原因及时告知委托的公安司法机关,并将诉讼文件及送达回证退回。

4. 邮寄送达

邮寄送达是公安司法机关将诉讼文件挂号邮寄给收件人的一种送达方式。邮寄送达一般是在直接送达有困难的情况下采用的送达方式。其程序是,公安司法机关将诉讼文件、送达回证挂号邮寄给收件人,收件人签收挂号邮寄的诉讼文件后即认为已经送达。挂号回执上注明的日期为送达的日期。

5. 转交送达

转交送达是指对特殊的收件人由有关部门转交诉讼文件的送达方式。特殊的收件人是指军人、正在服刑的犯人和正被采取强制性教育措施的人。根据有关司法解释,转交送达的程序是:诉讼文件的收件人是军人的,可以通过所在部队团以上单位的政治部门转交。收件人正在服刑的,可以通过执行机关转交。收件人正在被采取强制性教育措施的,应当通过强制性教育机构转交。代为转交的部门、单位收到诉讼文件后,应当立即交收件人签收,并将送达回证及时寄送送达的公安司法机关。采取转交送达的方式主要是考虑到收件人的特殊情况。收件人是军人的,通过转交送达有利于维护部队的机密性,同时还有利于部队政治部门及时了解情况,做好收件人的思想工作,保持部队的稳定。对服刑和正在被采取强制性教育措施的人通过转交送达,有利于有关单位了解情况,及时掌握收件人的思想、情绪动向,防止发生意外情况。

二、送达的回证要求

刑事诉讼法及相关司法解释要求,公安司法机关送达诉讼文件必须有送达回证。在司法实践中,送达回证的内容要求包括送达诉讼文件的机关、收件人姓名、送达诉讼文件的名称。另外,还包括送达的时间、地点、方式,以及送达人、收件人的签名、盖章、签收日期等。

公安司法机关在送达诉讼文件时,要遵循一定的流程和方法,在到达诉讼文件送达地址后,公安司法机关人员将诉讼文件交到收件人或者代收人手中后,应及时向送达人出示送达回证,并由收件人或者代收人在送达回证上证明收到的日期,并签名、盖章;遇到拒绝接受送达文件或者拒绝在回证上签名、盖章的,公安司法机关可以采取留置送达,此留置送达过程中,送达人应在送达回证上记载拒绝接受诉讼文件的事由,以及送达的日期,并且要由送达人签名或者盖章。送达程序进行完毕后,送达人应将案件的送达回证带回公安司法机关,载入案卷。采用委托送达和转交送达的,也应按照以上流程及方法送达,并将送达回证退回承办案件的司法机关。采取邮寄送达的,应当在邮寄时将送达回证和诉讼文件一起采用挂号方式邮寄给收件人,收件人将送达回证退回。邮寄送达,收件人在送达回证上签收的日期和挂号回执上的日期会有所出入,这种情况下,司法机关应该在送达回证上作出相应的说明,同时以挂号回执上收件人签署的收件日期为送达文件日期。

结合本案,在法定期间内,公安机关将逮捕通知书各自送交蔡某某、刘某某、王某某、安某某家属,其中,向刘某某家属送交逮捕通知书时,刘某某的家属拒绝签字。在这种情况下,公安机关送达人员李某某和赵某某邀请他的两位邻居作为证人到场,说明了情况,将逮捕通知书放在刘某某家中,并由两位邻居作为见证人在送达回证上签名,送达人员李某某、赵某某记录了留置的事由和日期,并签字确认。公安机关送达逮捕通知书的情况符合留置送达的条件,所以,公安机关将逮捕通知书以留置方式予以送达是恰当的。

第十章

立　案

案例一　立案的材料来源和条件

▶【案情简介】＞＞＞

　　孙某因与女友钱某发生口角,遂扬言教训钱某。钱某将此事告知其堂兄李某。李某平时就对孙某不满,就向派出所所长周某揭发,举报孙某有故意伤害他人的犯罪预备。于是,周某就以孙某涉嫌故意伤害罪(预备)立案,并将孙某拘留。在讯问中,孙某矢口否认有伤害的意思,当时只是一时气愤,随口说说而已。侦查终结后,该派出所将案件移送到检察院。检察院在审查起诉时,认为孙某的行为不构成犯罪,遂退回该派出所,要求撤销案件。

▶【基本问题】＞＞＞

　　立案的材料来源和条件是什么?本案的诉讼程序中存在哪些错误之处?并简要说明理由。

▶【讨论与分析】＞＞＞

　　立案材料是指公安司法机关发现或者有关单位、组织或者个人向公安司法机关提交的有关犯罪事实和犯罪嫌疑人情况的材料。它是公安司法机关进行审查,决定是否立案的事实依据。

　　根据刑事诉讼法的规定和刑事司法实践,立案材料的来源主要有:(一)公安机关或者人民检察院自行发现的犯罪事实或者犯罪嫌疑人;(二)单位和个人的报案或举报;(三)被害人的报案或者控告;(四)犯罪嫌疑人的自首;(五)上级机关交办、群众的扭送,党的纪检监察部门查处后移送追究刑事责任及行政执法机关移送案件等其他途径。

这里需要明确报案、举报、控告和自首这四个概念。报案是指有关单位和个人发现有犯罪事实发生而向公安机关、人民检察院或者人民法院揭露和报告的行为;举报是指有关单位或者个人将其发现的犯罪事实及犯罪嫌疑人向公安机关、人民检察院、人民法院揭发、报告的行为。报案一般是针对犯罪事实的发生,犯罪事实较为简单、笼统,犯罪嫌疑人往往不明确;举报则不仅有犯罪事实发生,还包括指明了犯罪嫌疑人,提供的犯罪事实和证据材料相对于报案更加详细和具体。控告是指由遭受犯罪行为直接侵害的被害人向公安机关、人民检察院或人民法院揭发、报告犯罪事实及犯罪嫌疑人。控告与举报的区别在于控告是由遭受犯罪行为直接侵害的被害人提出,举报一般是由与案件无直接利害关系的单位和个人提出;控告人主要是基于维护自身权益而要求追究被控告人的刑事责任,而举报往往是为维护国家、集体或他人的合法权益或者伸张正义而要求公安司法机关追究被举报人的刑事责任。自首是指犯罪后自动投案,向公安、司法机关或其他有关机关如实供述自己的罪行的行为。我国刑法规定,自首的可以从轻或减轻处罚。其中,犯罪较轻的可以免除处罚。被采取强制措施的犯罪嫌疑人、被告人和正在服刑的罪犯,如实供述司法机关还未掌握的本人其他罪行的,以自首论。

刑事诉讼法第 110 条规定,人民法院、人民检察院或者公安机关对于报案、控告、举报和自首的材料,应当按照管辖范围,迅速进行审查,认为有犯罪事实需要追究刑事责任的时候,应当立案;认为没有犯罪事实,或者犯罪事实显著轻微,不需要追究刑事责任的时候,不予立案,并且将不立案的原因通知控告人。控告人如果不服,可以申请复议。

从上述规定可以看出,公安司法机关接受或者获取有关犯罪事实和犯罪嫌疑人的材料后,并非必然立案侦查或者审判,而是要对相关材料依法进行审查,在确认符合立案条件后才予以立案。所以,立案的条件有三个:一是有犯罪事实,这里的犯罪事实是指依照我国刑法的规定构成犯罪的事实并且这种犯罪事实必须有相关的证据材料证明;二是依照实体法和程序法规定需要追究行为人的刑事责任;三是符合管辖的规定。特定的司法机关对某个刑事案件是否具有管辖权是立案的程序条件。刑事诉讼法第 107 条规定,公安机关或者人民检察院发现犯罪事实或者犯罪嫌疑人,应当按照管辖范围,立案侦查。该法第 108

条第 3 款规定,对于不属于自己管辖的,应当移送主管机关处理,并且通知报案人、控告人、举报人;对于不属于自己管辖而又必须采取紧急措施的,应当先采取紧急措施,然后移送主管机关。

刑事诉讼法第 173 条第 1 款规定,犯罪嫌疑人没有犯罪事实,或者有本法第十五条规定的情形之一的,人民检察院应当作出不起诉决定。

《公安机关办理刑事案件程序规定》第 121 条规定,拘留犯罪嫌疑人,应当填写呈请拘留报告书,经县级以上公安机关负责人批准,制作拘留证。执行拘留时,必须出示拘留证,并责令被拘留人在拘留证上签名、捺指印,拒绝签名、捺指印的,侦查人员应当注明。紧急情况下,对于符合本规定第 120 条所列情形之一的,应当将犯罪嫌疑人带至公安机关后立即审查,办理法律手续。第 175 条规定,公安机关接受案件后,经审查,认为有犯罪事实需要追究刑事责任,且属于自己管辖的,经县级以上公安机关负责人批准,予以立案;认为没有犯罪事实,或者犯罪事实显著轻微不需要追究刑事责任,或者具有其他依法不追究刑事责任情形的,经县级以上公安机关负责人批准,不予立案。第 279 条规定,对侦查终结的案件,应当制作起诉意见书,经县级以上公安机关负责人批准后,连同全部案卷材料、证据,以及辩护律师提出的意见,一并移送同级人民检察院审查决定;同时将案件移送情况告知犯罪嫌疑人及其辩护律师。

根据上述规定,本案中,诉讼程序存在的问题如下。

(一)孙某和钱某系男女朋友关系,只是发生口角,而并没有伤害其女友的事实,根据刑事诉讼法的规定公安机关应当不予立案。另外,根据《公安机关办理刑事案件程序规定》,如果要对孙某故意伤害罪立案应由县级公安机关负责人批准。

(二)派出所所长周某无权决定立案。派出所对孙某适用拘留不当,采取拘留措施应当填写呈请拘留报告书,经县级以上公安机关负责人批准,制作拘留证。

(三)侦查终结后,该派出所将案件移送到检察院不当,应当制作起诉意见书,经县级以上公安机关负责人批准后,连同全部案卷材料、证据,以及辩护律师提出的意见,一并移送同级人民检察院审查决定;同时将案件移送情况告知犯罪嫌疑人及其辩护律师。

(四)检察院在审查起诉时,认为孙某的行为不构成犯罪,遂退回该派出所,要求撤销案件不当,人民检察院应当作出不起诉决定。

案例二

▶【案情简介】> > >

2015 年 10 月,某县公安局下属派出所副所长李某,利用分管单位食堂的从属关系,强奸了本所的炊事员吴某,被害人吴某及其丈夫多次向县公安局控告,该县公安局以不属公安机关管辖为由一直不立案,该副所长未受到刑事追究,至今逍遥法外。被害人遂向该县人民检察院提出控告,要求县人民检察院对李某涉嫌强奸一案立案侦查。

▶【基本问题】> > >

县人民检察院对该案可以立案侦查吗?为什么?

▶【讨论与分析】> > >

检察机关的立案是指人民检察院按照刑法、刑事诉讼法关于案件管辖和犯罪的规定,对发现的犯罪事实、犯罪嫌疑人和接受的报案、控告、举报和自首材料,依照管辖范围进行审查,认为有犯罪事实需要追究刑事责任时,依法决定作为刑事案件进行侦查的刑事诉讼活动。

刑事诉讼法第 18 条第 2 款规定,贪污贿赂犯罪,国家工作人员的渎职犯罪,国家机关工作人员利用职权实施的非法拘禁、刑讯逼供、报复陷害、非法搜查的侵犯公民人身权利的犯罪以及侵犯公民民主权利的犯罪,由人民检察院立案侦查。对于国家机关工作人员利用职权实施的其他重大的犯罪案件,需要由人民检察院直接受理的时候,经省级以上人民检察院决定,可以由人民检察院立案侦查。该法第 111 条规定,人民检察院认为公安机关对应当立案侦查的案件而不立案侦查的,或者被害人认为公安机关对应当立案侦查的案件而不立案侦查,向人民检察院提出的,人民检察院应当要求公安机关说明不立案的理由。人民检察院认为公安机关不立案理由不能成立的,应当通知公安机关立案,公安机关接到通知后应当立案。

根据上述法律规定,该县人民检察院应当要求公安机关说明不立案的理由,如果认为公安机关不立案理由不能成立的,应当通知公安机关立案,公安机关接到通知后应当立案。同时,如果该县人民检察院要对李某的犯罪行为立案侦查,经省级以上人民检察院决定,可以对其立案侦查。

案例二 立案的程序

▶【**案情简介**】> > >

犯罪嫌疑人吴某系某村农民。2015 年 9 月 11 日上午,犯罪嫌疑人吴某路经某县新村时,见被害人韩某一人在草滩上牧羊,便上前搭话。交谈中吴某产生强奸邪念,便将韩某拉入附近沟内按倒在地,强行撕扯韩某的裤子欲行强奸。韩某极力反抗,大声呼救。吴某害怕罪行暴露,掏出随身携带的匕首向韩某的腹部猛刺一刀。韩某继续呼救,吴某一手卡住韩某的脖子,另一手用匕首向韩某的腹部猛刺数刀。至韩某当场死亡。吴某取下韩某手上戴的手表和身上的120 元钱,并将韩某的尸体移到附近掩埋。随后吴某将韩某放牧的 55 只绵羊赶到临近的高家店村,准备销赃时被韩某的丈夫谢某发现,吴某畏罪潜逃。谢某到法院报案,法院的接待人员听了谢某的控告后,对谢某说:"此案归公安机关立案管辖,我们想管,但没这个权力。所以,你应该到公安机关去报案。"谢某到县公安局报案,请求对凶手予以惩处。但公安局的人员却让谢某写一份书面材料,他们才能受理。后来,公安机关对此案迟迟不予立案,谢某将此情况反映给了人民检察院,人民检察院要求公安机关说明为何不予立案,公安机关答复说:犯罪嫌疑人下落不明,而且没有丝毫线索,因而不能立案。人民检察院认为该理由不能成立,通知公安机关立案,但公安机关仍拒绝立案。最后人民检察院对此案立案侦查。人民检察院对此案侦查终结后,以故意杀人罪、盗窃罪、强奸罪(未遂)移送本院审查起诉部门审查起诉,在审查中,承办该案的检察员认为,本案事实清楚、证据确实充分,犯罪嫌疑人在侦查阶段前后几次交代完全吻合、一致,没有矛盾和疑点,因此没有讯问犯罪嫌疑人和听取辩护律师的辩护意见,即向人民法院提起公诉。

▶【**基本问题**】> > >

此案在诉讼程序方面存在什么问题?

▶【讨论与分析】＞＞＞

立案的程序包括立案材料的接受，对立案材料的审查和处理，对不立案决定的申请复议与检察监督三个方面的内容。报案、控告、举报、自首材料是刑事案件立案材料的主要来源。公安机关、人民检察院、人民法院必须予以妥善处理，为以后的刑事诉讼活动做好准备。

对立案材料的接受应当明确以下内容。

一是公安机关、人民检察院、人民法院对于报案、控告、举报、自首、扭送都应当立即接受，不得以任何借口推诿和拒绝。二是为了便于有关单位和个人报案、控告、举报以及犯罪人自首、群众扭送，报案、控告、举报既可以用书面形式提出，也可以口头形式提出，二者在法律上具有同等效力，公安司法机关都应当接受。三是为了防止诬告陷害，确保控告、举报的材料真实、客观，接受控告、举报的工作人员应当向控告人、举报人说明诬告应负的法律责任，要求其实事求是、客观准确。但是对于控告人、举报人的控告、举报事实有出入甚至是错告的，只要不是故意捏造事实、伪造证据诬陷他人，也要和诬告加以区别。四是公安机关接受案件时，应当制作受案登记表，并出具回执，作为公安机关管理刑事案件的原始材料妥善保管，存档备查。人民检察院控告检察部门或者举报中心负责统一管理犯罪案件线索，并将收到的犯罪案件线索逐件登记。人民检察院对于直接立案受理的要案线索实行分级备案的管理制度。县处级干部的要案线索一律报省级人民检察院举报中心备案，其中涉嫌犯罪数额特别巨大或者犯罪后果特别严重的，层报最高人民检察院举报中心备案；厅局级以上干部的要案线索一律层报最高人民检察院举报中心备案。要案线索是指依法由人民检察院直接立案侦查的县处级以上干部犯罪的案件线索。

《公安机关办理刑事案件程序规定》第166条规定，公安机关对于公民扭送、报案、控告、举报或者犯罪嫌疑人自动投案的，都应当立即接受，问明情况，并制作笔录，经核对无误后，由扭送人、报案人、控告人、举报人、自动投案人签名、捺指印。必要时，应当录音或者录像。第169条规定，公安机关接受控告、举报的工作人员，应当向控告人、举报人说明诬告应负的法律责任。但是，只要不是捏造事实、伪造证据，即使控告、举报的事实有出入，甚至是错告的，也要和诬告严格加以区别。

根据我国刑事诉讼法及有关司法解释的规定，此案诉讼程序主要存在以下问题。

(1)人民法院不接受谢某的报案是错误的,应当先接受谢某报案,再将此案移送公安机关处理。刑事诉讼法第108条规定,任何单位和个人发现有犯罪事实或者犯罪嫌疑人,有权利也有义务向公安机关、人民检察院或者人民法院报案或者举报。被害人对侵犯其人身、财产权利的犯罪事实或者犯罪嫌疑人,有权向公安机关、人民检察院或者人民法院报案或者控告。公安机关、人民检察院或者人民法院对于报案、控告、举报,都应当接受。对于不属于自己管辖的,应当移送主管机关处理,并且通知报案人、控告人、举报人;对于不属于自己管辖而又必须采取紧急措施的,应当先采取紧急措施,然后移送主管机关。

(2)公安人员让报案的谢某写一份书面材料,然后他们才能受理的做法也是错误的。谢某有权口头报案。刑事诉讼法第109条规定,报案、控告、举报可以用书面或者口头提出。接受口头报案、控告、举报的工作人员,应当写成笔录,经宣读无误后,由报案人、控告人、举报人签名或者盖章。

(3)公安机关以犯罪嫌疑人下落不明为由不予以立案是错误的。立案的条件是"认为有犯罪事实需要追究刑事责任",至于犯罪嫌疑人是谁正是立案后侦查的主要工作。刑事诉讼法第110条规定,人民法院、人民检察院或者公安机关对于报案、控告、举报和自首的材料,应当按照管辖范围,迅速进行审查,认为有犯罪事实需要追究刑事责任的时候,应当立案;认为没有犯罪事实,或者犯罪事实显著轻微,不需要追究刑事责任的时候,不予立案,并且将不立案的原因通知控告人。控告人如果不服,可以申请复议。

(4)人民检察院通知公安机关立案后,公安机关仍不立案的做法是错误的。公安机关接到通知后应当立案。刑事诉讼法第111条规定,人民检察院认为公安机关对应当立案侦查的案件而不立案侦查的,或者被害人认为公安机关对应当立案侦查的案件而不立案侦查,向人民检察院提出的,人民检察院应当要求公安机关说明不立案的理由。人民检察院认为公安机关不立案理由不能成立的,应当通知公安机关立案,公安机关接到通知后应当立案。

(5)人民检察院自己对此案立案侦查是错误的。人民检察院应当行使法律监督权。刑事诉讼法第8条规定,人民检察院依法对刑事诉讼实行法律监督。刑事诉讼法第18条规定,刑事案件的侦查由公安机关进行,法律另有规定的除外。

(6)承办该案的检察员没有讯问犯罪嫌疑人吴某和听取辩护律师的辩护意

见即对案件提起公诉的做法是错误的。人民检察院审查案件,应当讯问犯罪嫌疑人,听取辩护人、被害人及其诉讼代理人的意见。这是审查起诉必需的法定程序,不能因为案件事实清楚、证据确实充分而省略。刑事诉讼法第170条规定,人民检察院审查案件,应当讯问犯罪嫌疑人,听取辩护人、被害人及其诉讼代理人的意见,并记录在案。

案例三　立案监督

▶【案情简介】> > >

犯罪嫌疑人赵某,男,35岁,农村青年。赵某于某日晚去同村女青年许某家串门,见许某独自一人在家,遂起歹意,将许某强奸。许某被害后即到乡政府告发,但乡政府个别干部却认为两家同住一村,原来又没有什么矛盾,没有强奸的因素,而且根据一般情况,一个人对一个人,如果女方不同意,进行反抗,男方也不能达到目的,遂以通奸作结论,责成犯罪嫌疑人作出检讨。被害人及其父母不服,向县公安局告发,公安局则认为乡政府已作处理而不予受理。被害人又告到县人民检察院,检察院按照案件管辖的规定又转往公安局,并建议公安局对此案及时查处。公安机关派人前去调查,经讯问犯罪嫌疑人,犯罪嫌疑人不承认,故未立案。之后,被害人又告到检察院,检察院派员详细询问被害人并到乡政府了解情况后认为,本案被害人告发时很自然,乡政府调查时见到被害人衣服被撕破,手臂摔伤以及裤子上附有精斑等,两家无矛盾,不存在诬陷的可能。据此,检察院通知公安机关立案,公安机关接到通知后即立案侦查。

▶【基本问题】> > >

人民检察院的做法是否正确,为什么?

▶【讨论与分析】> > >

我国刑事诉讼法规定了对不立案决定的两种监督方式。

第一种是对不立案决定的申请复议。《公安机关办理刑事案件程序规定》第175条规定,公安机关接受案件后,经审查,认为有犯罪事实需要追究刑事责任,且属于自己管辖的,经县级以上公安机关负责人批准,予以立案;认为没有犯罪事实,或者犯罪事实显著轻微不需要追究刑事责任,或者具有其他依法不追究刑事责任情形的,经县级以上公安机关负责人批准,不予立案。对有控告人的案件,决定不予立案的,公安机关应当制作不予立案通知书,并在三日以内送达控告人。第176条规定,控告人对不予立案决定不服的,可以在收到不予立案通知书后七日以内向作出决定的公安机关申请复议;公安机关应当在收到复议申请后七日以内作出决定,并书面通知控告人。控告人对不予立案的复议决定不服的,可以在收到复议决定书后七日以内向上一级公安机关申请复核;上一级公安机关应当在收到复核申请后七日以内作出决定。对上级公安机关撤销不予立案决定的,下级公安机关应当执行。

第二种是检察监督。刑事诉讼法第111条规定,人民检察院认为公安机关对应当立案侦查的案件而不立案侦查的,或者被害人认为公安机关对应当立案侦查的案件而不立案侦查,向人民检察院提出的,人民检察院应当要求公安机关说明不立案的理由。人民检察院认为公安机关不立案理由不能成立的,应当通知公安机关立案,公安机关接到通知后应当立案。《公安机关办理刑事案件程序规定》第179条规定,对人民检察院要求说明不立案理由的案件,公安机关应当在收到通知书后七日以内,对不立案的情况、依据和理由作出书面说明,回复人民检察院。公安机关作出立案决定的,应当将立案决定书复印件送达人民检察院。人民检察院通知公安机关立案的,公安机关应当在收到通知书后十五日以内立案,并将立案决定书复印件送达人民检察院。

人民检察院依法对刑事案件实行的法律监督是全程的,包括立案监督、侦查监督、审判监督和刑罚执行监督。本案中赵某涉嫌强奸罪,很明显这属于普通刑事案件,不能由检察机关、国家安全机关以及军队和监狱管辖并进行立案侦查,只能由公安机关立案侦查。当被害人许某向公安局告发时,公安机关不予受理,被害人又向检察机关告发,检察机关建议公安机关立案,但公安机关未予立案,后检察机关经过了解认为公安机关不立案的理由不成立,又通知公安机关立案,公安机关立即立案侦查。因此,本案中人民检察院依照法律规定,恰当地行使了自己的立案监督职能,其做法是正确的。

关于人民检察院对公安机关的立案监督,应当掌握如下内容。

控告人对不立案决定不服的,除了可以向作出不立案决定的机关申请复议外,也可以不经复议而要求人民检察院予以监督。人民检察院是国家的法律监督机关,在刑事诉讼中有权对整个诉讼活动实行法律监督,立案是刑事诉讼程序中的一个相对独立的诉讼阶段。刑事诉讼法和《人民检察院刑事诉讼规则》专门规定了人民检察院对公安机关的不立案和立案决定进行监督的内容。

(一)人民检察院对公安机关不立案实施监督的材料来源主要有以下两个方面:一是人民检察院在检察业务工作中发现的公安机关应当立案而不立案的情形;二是被害人向人民检察院申诉,请求人民检察院对公安机关实行立案监督。

(二)有证据证明公安机关可能存在违法动用刑事手段插手民事、经济纠纷,或者利用立案实施报复陷害、敲诈勒索以及谋取其他非法利益等违法立案情形,尚未提请批准逮捕或者移送审查起诉的,经检察长批准,应当要求公安机关书面说明立案理由。

(三)人民检察院获得不立案监督或者立案监督的材料后,应当根据事实和法律进行审查。审查中,可以要求被害人提供有关材料,进行必要的调查核实。人民检察院要求公安机关说明不立案或立案理由,应当制作要求说明不立案理由通知书或者要求说明立案理由通知书,及时送达公安机关,并且要求公安机关收悉后 7 日以内,书面说明不立案或者立案情况、依据和理由,连同有关证据材料回复人民检察院。

(四)公安机关说明不立案或者立案理由后,人民检察院侦查监督部门应当进行审查,认为公安机关不立案或者立案理由不能成立的,经检察长或者检察委员会讨论决定,应当通知公安机关立案或者撤销案件。侦查监督部门认为公安机关不立案或者立案理由成立的,应当通知控告检察部门,由其在 10 日内将不立案或者立案的理由和根据告知被害人及其法定代理人、近亲属或者行政执法机关。

(五)人民检察院通知公安机关立案或者撤销案件,应当制作通知立案书或者通知撤销案件书,说明依据和理由,连同证据材料送达公安机关,并且告知公安机关应当在收到通知立案书后 15 日以内立案,对通知撤销案件书没有异议的,应当立即撤销案件,并将立案决定书或者撤销案件决定书及时送达人民检察院。

(六)人民检察院通知公安机关立案或者撤销案件的,应当依法对执行情况进行监督。公安机关在收到通知立案书或者通知撤销案件书后超过 15 日不予立案或者既不提出复议、复核也不撤销案件的,人民检察院应当发出纠正违法通知书予以纠正。公安机关仍不纠正的,报上一级人民检察院协商同级公安机关处理。公安机关立案3个月内未侦查终结的,人民检察院可以向公安机关发出立案监督案件催办函,要求公安机关及时向人民检察院反馈侦查工作进展情况。

(七)对于公安机关管辖的国家机关工作人员利用职权实施的重大犯罪案件,人民检察院通知公安机关立案,公安机关不予立案的,经省级以上人民检察院决定,人民检察院可以直接立案侦查。[1]

① 陈光中主编:《刑事诉讼法》(第五版),北京大学出版社、高等教育出版社2013年版,第279页。

CHAPTER 11

第十一章

侦 查

案例一　侦查行为

▶【案情简介】＞ ＞ ＞

2013 年 4 月 15 日下午 2 点多,天津铁路公安处接到报警电话称在津霸客运专线杨芬港至霸州段 91＋300 处灌木丛中发现疑似人头。该处立即成立专案组,第一时间派出现场勘查人员赶到事发路段。刑事技术人员首先确认灌木丛中发现的是一颗人的头颅,现场铁路两侧有 1 米多高的隔离网,下行线外侧是一片鱼塘、上行线外侧则是一片茂密的树丛。通过对现场周边的痕迹分析,警方首先排除了铁路交通事故的可能性,确认这是一起凶杀案。

4 月 16 日,刑事技术人员继续对现场进行第二次勘查,力争发现更多的痕迹物证来解开疑惑:这个头颅是以何种方法进入到这个铁路线里面来的? 从防护网的高度以及发现头颅的位置判断,首先排除了从防护网外侧抛进来的可能性。头颅的来源只有一种可能,很可能是从飞驰的列车上抛下来的。而津霸客运专线是一条复线铁路,分为开往东北方向的上行线和开往相反方向的下行线,头颅究竟是从哪条铁路线上被抛下来的呢? 刑事技术人员仔细地寻找痕迹物证,他们把搜寻的重点放在了下行线的铁轨上。以发现头颅的位置为中心,他们沿着下行线向两侧进行仔细搜索,十几分钟后在距离中心现场 20 多米远的地方发现了异常。在下行线两根钢轨之间,发现了脑组织。如果这个头颅是在下行火车的窗户扔下去的话,它不可能扔到两根钢轨之间。为了验证分析是否正确,刑事技术人员决定进行模拟试验。经过试验,最后确定头颅是从上行火车的窗户扔下去的。于是警方把排查重点放在了 3 月 14 日晚上到 15 日凌晨途经这个路段的所有 45 趟上行线列车上。与此同时,邻近的天津、霸州等车站也成了警方重点调查的目标。

为确定被害人身份,警方发布寻人启事广泛张贴。2 天过后,从安徽省蚌埠市传来消息,该市王某称寻人启事上的男子就是自己的哥哥,已经失踪了 7 天,随后的 DNA 比对最终证实了他的证言。被害人王某某,安徽省蚌埠市人,48 岁,无业。2006 年,王某某和他爱人赵某某感情不和离婚。离婚以后,王某某和他的前妻还经常同居。同时赵某某还有另外一个叫郭某的男人,40 岁,也是蚌埠人,现在天津西青区从事摩托车拉客生意。赵某某和郭某迅速被警方确定为重点嫌疑目标。也就在此时,警方对天津西站监控录像的排查也获得了重大发现:4 月 14 日晚上 8 点多的时候,有一个长相极似郭某的男子,拎着一个马甲袋,穿着像运动服的衣服,下面穿的牛仔裤,从北区出口处进入了车站。4 月 14 日晚上 11 点多钟,这名男子再次出现在天津西站南出口的通道内,从监控录像上可以清楚地看出他就是警方的重点嫌疑目标郭某,令警方更加惊奇的是几个小时前拎在他手中的那个塑料袋不见了踪迹。警方认为郭某有重大作案嫌疑,经批准对其和赵某某住处进行了搜查,现场发现血衣及带有风干血迹的管制刀具,并依法予以扣押。但郭某已不知去向。于是,公安机关发布通缉令进行网上追逃。同时,调取郭某手机号码通过采取通信监控方式确定其藏匿地点,并于 4 月 19 日将其成功抓获到案。

经过讯问,郭某最终不得不承认了因爱生恨,伙同被害人的前妻赵某某将王某某诱骗杀害后分尸的犯罪事实。犯罪嫌疑人郭某供述:"我脑子一糊涂,就同意做了,现在我真的是很后悔。"犯罪嫌疑人赵某某供述:"他(被害人)是有罪,对我来讲他对不起我十几年,折磨我不像人,但是最终他的性命不在于我去决定,但他死了,是我造成的这种结果。"

▶【基本问题】＞＞＞

1. 侦查的主要任务是什么?

2. 上述案例中铁路公安机关在进行刑事侦查过程中采用了哪几种侦查行为?

▶【讨论与分析】＞＞＞

1. 所谓侦查行为,指的是公安机关、人民检察院按照刑事诉讼法的规定,为收集证据、查明犯罪而进行的专门调查工作。根据刑事诉讼法第二编第二章的规定,侦查行为具体包括讯问犯罪嫌疑人,询问证人、被害人,勘验、检查,侦查实验,搜查,查封、扣押物证、书证,查询、冻结存款、汇款、股票、债券等财产,鉴定,技术侦查等诉讼活动。

侦查行为的主要任务,也可以称之为侦查的目的在于以下几方面。

(1)收集证据,查明犯罪事实,查获犯罪嫌疑人。对已经立案的刑事案件,侦查机关应当通过侦查活动,收集、调取犯罪嫌疑人有罪或者无罪、罪轻或者罪重的各种证据;准确地查明犯罪的性质、犯罪的时间地点、犯罪的动机目的以及犯罪的手段、结果等案件情况。同时,应当采取有效措施,保证犯罪嫌疑人及时到案。

(2)保障无罪的人不受刑事追究,尊重和保障人权,保障犯罪嫌疑人和其他诉讼参与人的诉讼权利。在侦查过程中,如果发现不应对犯罪嫌疑人追究刑事责任,侦查机关应当撤销案件,犯罪嫌疑人已被拘留、逮捕的,应当立即释放;应当告知犯罪嫌疑人有辩护的权利并有权委托律师担任辩护人;不得采用刑讯逼供和以威胁、引诱、欺骗以及其他非法方法收集证据,不得强迫任何人证实自己有罪。

(3)教育公民自觉遵守法律,积极同犯罪行为作斗争。在侦查中,侦查机关应当通过各种形式开展宣传教育活动,使广大人民群众认识到犯罪行为的社会危害性并增强法治观念,继而积极行动起来,有效惩罚和预防犯罪。

2. 本案中,公安机关在侦查过程中先后实施了下述侦查行为。

(1)勘验。勘验、检查是指侦查人员对与犯罪有关的场所、物品、人身、尸体进行勘察、检验或检查,以发现和收集犯罪活动所遗留的各种痕迹和物品的一种侦查活动。2013年4月15日、16日,公安机关分别对发现疑似头颅的现场及周边进行了两次勘验,确定该案非铁路交通事故,系故意杀人案,并初步判断头颅系从飞驰的列车上抛出。

(2)侦查实验。侦查实验是指为了确定与案件有关的某一事件或者事实在某种条件下能否发生或者怎样发生而按照原来的条件,将该事件或者事实加以重演或进行试验的一种侦查活动。本案中,侦查人员为了确定被害人头颅是在下行还是上行火车的窗户扔下去从而出行了侦查实验,最后确定头颅是从上行火车的窗户扔下去,从而进一步把排查重点放在了3月14日晚上到15日凌晨途经这个路段的所有45趟上行线列车上。

(3)鉴定。鉴定是指侦查机关指派或者聘请具有鉴定资格的人,就案件中某些专门性问题而进行鉴别判断并作出鉴定意见的一种侦查活动。本案中,公安机关通过对现场发现的被害人头颅进行 DNA 比对最终确定了被害人的身份。需要指出的是,如果被害人头颅腐败不严重,可以在侦查人员指挥下由王某某的弟弟依法进行初步辨认后再进行鉴定。

(4)询问证人。询问是指侦查人依照法定程序以言词方式,就案件有关情况向证人进行调查了解的一种侦查活动。本案中,在侦查机关发布寻人启事后,安徽省蚌埠市王某称寻人启事上的男子就是自己的哥哥,已经失踪了 7 天,公安机关应当就此制作询问笔录。

(5)搜查。搜查是指侦查人员对犯罪嫌疑人以及可能隐匿罪犯或者犯罪证据的人的身体、物品、住处和其他有关的地方进行搜索检查的一种侦查活动。本案中,公安机关在认为郭某有作案重大嫌疑后,经批准对其和赵某某住处进行了搜查。

(6)扣押。扣押、查封是指侦查机关依法强行封存、扣留和提存与案件有关的物品、文件的一种侦查活动。在侦查实践中,"查封"往往针对的是"不动产",而"扣押"往往针对的是"动产"。本案中,侦查人员在对郭某和赵某某住处进行搜查的过程中,现场发现血衣及带有风干血迹的管制刀具,于是依法予以扣押。

(7)通缉。通缉是指公安机关发布通缉令并采取有效措施,将应当逮捕而在逃的犯罪嫌疑人追捕归案的一种侦查活动。本案中,郭某不知去向。公安机关发布通缉令进行网上追逃。

(8)技术侦查。技术侦查是指公安机关、人民检察院根据侦查犯罪的需要,在经过严格的批准手续后,运用技术设备收集证据或查获犯罪嫌疑人的一种特殊侦查措施。此为 2012 年修订的刑事诉讼法中新增加的特殊侦查措施的一种。本案中,为了追捕在逃的郭某,侦查人员调取郭某手机号码通过采取通信监控方式确定其藏匿地点,并于 4 月 19 日将其成功抓获到案。

(9)讯问犯罪嫌疑人。讯问是指侦查人员依照法定程序以言词方式,就案件事实和其他与案件有关的问题向犯罪嫌疑人进行查问的一种侦查活动。本案中,侦查人员依法分别对郭某和赵某某进行了讯问,通过两个犯罪嫌疑人的供述,最终查明郭某因爱生恨,伙同被害人的前妻赵某某将王某某诱骗杀害后分尸的犯罪事实。

案例二　侦查终结

▶【案情简介】> > >

　　2013 年 4 月 25 日上午 10 时,警方在河北省永清县常乐镇附近的一块麦田里发现了一具无名男尸,年约 30 岁左右,俯卧在麦田里,上身赤裸,下身穿一短裤,后脑有 6 至 7 处钝器击成弧形创口,血肉模糊,背部右侧有一处不大的皮下血肿。死者南边 20 多米的机耕路上,有喷溅状的血痕 5 处,现场中心的麦苗均被踩倒。侦查发现,尸体旁边的泥水中,有一件蓝色短袖衬衫,口袋内装有一只皮夹,内有现金 13.45 元和写有徐某某名字的某丝绸厂介绍信一张,4 月 24 日乘车至五六镇的汽车票一张。另外,还在现场提取镐头一把。经检验,死者头部系钝器所击,致粉碎性骨折及软脑膜下广泛性出血死亡,系他杀。

　　经过初步侦查,没有收集到谁是凶手的直接证据,但收集到了一些间接证据,并证实了死者徐某某,临江村村长,兼任合新丝绸厂采购员。根据合新村干部和徐某某亲属反映,徐某某在死前两天,曾收到一封电报,内容不详。徐某某于 4 月 24 日下午 3 点 30 分坐汽车到五六镇。徐某某去某市区前,曾向农业银行提取限额支票两张,1 张 5000 元,另一张为 9000 元,并且随身带有宝石花手表一只。徐某某的女友向侦查人员反映:徐某某于 24 日下午 5 时左右到达她家,曾告诉她说,有人在 23 日下午发给他一封电报,叫他于 24 日下午 6 时在该市汽车站等候,但发报人是谁不知道,在车站等徐某某的是老田的儿子田某某。根据上述线索,在该市邮电局查到了电报底稿。收件人徐某某,发报人为某县某乡陈某某,发报时间是 23 日下午 2 点 55 分。这样,与徐某某之死有关的可疑对象出现了两个,一个是老田的儿子田某某,另一个是陈某某。经深入调查,发现并没有陈某某此人,只有苟某某。苟某某平日为人较好,23 日、24 日又没有作案条件,把其列为杀人嫌疑人没有根据。老田的儿子田某某在 2012 年下半年曾在徐某某处提取软缎被面 300 条去外地推销。公安机关遂依法以田某某涉嫌故意杀人罪对其立案侦查。

　　经侦查,公安机关又获得如下证据。

　　(1)田某某于 2012 年下半年从徐某某处提取软缎被面 300 条,贩卖后,未如期向徐付款。

（2）2013年4月24日下午,田某某穿猪皮凉鞋离家,在该市汽车站下车,第2天上午9点回到家中。

（3）田某某于24日晚上12点投宿在该市前进招待所,进所后曾用水冲洗一段时间后才就寝,早上6点钟离开招待所。

（4）田某某于4月24日晚留在住宿登记簿上的笔迹与电报稿上的笔迹,经鉴定完全相同。

（5）徐某某在死亡前是跟田某某一起去常乐镇的。

（6）徐某某带有宝石花手表一块,限额支票两张,票面为5000元和9000元。在田某某裤袋里搜出宝石花手表一块,在其拎包内搜到面额为5000元和9000元的限额支票两张。

（7）尸体检验报告。

（8）死者徐某某的血型为B型,田某某的血型为A型,凶器榔头及旧鞋上的血斑为人血,B型,镐头上的毛发为人发,血型为B型。

（9）查获了田某某案发后洗过的衣裤和凉鞋。

据此,侦查人员认为此案已经侦查终结,于2013年6月20日决定移送该县人民检察院审查起诉。

▶【基本问题】> > >

1. 该案是否符合侦查终结的条件?
2. 侦查终结后,公安机关应当作出何种决定?

▶【讨论与分析】> > >

1. 该案尚未符合侦查终结的全部条件。

侦查终结,是指侦查机关通过一系列的侦查活动,认为案件事实已经查清,证据确实、充分,足以认定犯罪嫌疑人是否犯罪和应否对其追究刑事责任而决定结束侦查,依法对案件作出处理或者提出处理意见的一项诉讼活动。这一诉讼活动,对于准确及时地追究犯罪,有效地保护无辜,具有重要意义。

刑事诉讼法第160条规定,"公安机关侦查终结的案件,应当做到犯罪事实清楚,证据确实、充分,并且写出起诉意见书,连同案卷材料、证据一并移送同级人民检察院审查决定……"据此,侦查终结的案件应当符合以下条件。

（1）案件事实清楚。这是指犯罪人、犯罪的时间和地点,犯罪的目的和动机、犯罪手段、犯罪结果以及其他有关犯罪的具体情节都已经查清,并且没有遗漏罪行和其他应当追究刑事责任的人。本案中,田某某有重大犯罪嫌疑,应当及时将其抓获到案并依法讯问,从而查明其个人基本情况、犯罪动机和目的、杀害徐某某的犯罪经过以及有无共同实施犯罪的其他犯罪嫌疑人等。

(2)证据确实、充分。根据刑事诉讼法第53条第2款的规定,证据确实、充分具体是指:定罪量刑的事实都有证据证明;据以定案的证据均经法定程序查证属实;综合全案证据,对所认定事实已排除合理怀疑。

结合本案的具体情况,这些证据包含着犯罪的原因、时间、地点、工具和结果等,均指向田某某,具有客观性和相关性。如果少了其中的任何一项,就不可能认定田某某犯有杀人罪。其中任何一个证据都能与其他一系列的证据结合起来,形成一个完整的证据体系,就如一根链条,将凶手紧紧锁住,达到了正面能认定,反面推不倒的要求。再者,这些证据之间相互协调一致,得出的结论是排他的,即排除了他人作案的可能性。

但要想符合侦查终结的需要,以下证据需要进一步核实:比如田某某贩卖被面后将所得货款全部花光,无力偿还,因而吞没徐某某之被面款,要杀死徐某某,是田某某杀人的动机,从证据1可以说明。但需要讯问田某某予以印证。又如,在徐某某被害现场提取镐头一把。经检验,死者头部系钝器所击。需要经过鉴定确定现场发现的镐头与被害人头部被钝器所击伤痕是否吻合以此确定是否为作案工具。该镐头上是否提取到犯罪嫌疑人田某某指纹以及镐头来源。

(3)犯罪性质和罪名认定正确。这是指根据查明的案件事实和法律规定,足以对犯罪嫌疑人犯了某种罪或者某几种罪的性质和罪名作出正确的认定。本案中田某某触犯故意杀人罪比较明了。

(4)法律手续完备。这是指侦查机关进行各项侦查活动必须有相应的法律手续,如拘留田某某需要有拘留证,搜查田某某住所需要有搜查证,且要符合每一种侦查行为的法律程序和形式要件。

(5)依法应当追究刑事责任。根据已查明的犯罪事实和刑法规定,只有当犯罪嫌疑人应当追究刑事责任的,侦查机关才能作出移送人民检察院审查起诉的决定。如果不是田某某实施的犯罪行为,或者虽为其实施,但其是无行为能力人,那么侦查机关应当作出撤销案件的决定。

2. 根据刑事诉讼法第160条的规定,该案侦查终结后,公安机关应当"写出起诉意见书,连同案卷材料、证据一并移送同级人民检察院审查决定;同时将案件移送情况告知犯罪嫌疑人及其辩护律师"。同时,根据刑事诉讼法第 159 条的规定,"在案件侦查终结前,辩护律师提出要求的,侦查机关应当听取辩护律师的意见,并记录在案。辩护律师提出书面意见的,应当附卷"。

案例三　补充侦查

▶【案情简介】＞＞＞

2013 年 5 月 9 日,原北京市崇文区人民检察院控告申诉部门接到群众匿名举报信件,反映北京市某中学总务处副主任李某某存在职务犯罪行为。经主管检察长批准,该举报线索转交该院反贪污贿赂局办理。

经依法初查查明:2007 年 12 月至 2012 年 9 月,李某某在担任该中学总务处副主任期间,利用负责学校房屋出租及收取租金的职务便利,先后私自截留房屋承租方交纳的房屋租金 80 余万元。2013 年 7 月 8 日,原崇文区人民检察院以李某某涉嫌贪污罪对其立案侦查,并依法采取刑事拘留强制措施。同年 7 月 20 日,经北京市人民检察院第一分院决定,李某某被逮捕。

在随后的侦查过程中,侦查机关陆续查明,李某某属于国有事业单位工作人员,符合职务犯罪的主体身份。作为学校总务处副主任,其负责的工作之一就是对该校房屋出租及租金收取工作的管理。按照工作程序,李某某负责向承租商户收取租金,在承租商户交纳租金时,由其带商户到学校财务部门交纳或直接收取后交至学校财务部门,再由学校出纳给承租商户开具服务业专用发票。但是从 2007 年 12 月至 2012 年 9 月,李某某先后将其经手向北京捷安特商贸有限公司、北京仁旺洗衣中心两家承租商户收取的学校房屋租金共计 80.7 万元予以截留不予上交。李某某对上述事实供认不讳。

2013 年 8 月 31 日,该案由原崇文区人民检察院反贪污贿赂局侦查终结,以李某某涉嫌贪污罪移送公诉部门审查起诉。经依法审查,公诉部门认为该案事实不清,但证据不足。同年 9 月 30 日,公诉部门将该案退回该院侦查部门补充侦查。同时,出具了书面的补充侦查意见,要求侦查部门提交该中学对外出租的房屋租金是否系国有资产及李某某截留的 80.7 万元款项的具体用途的相关证据。

补充侦查过程中,侦查人员调取了李某某所任职教务处副主任的某中学的组织机构代码证及对外出租的房屋的产权证明,证实该中学系北京市原崇文区教育委员会下属全民所有制事业单位,其所属校舍属于国有资产。同时,通过调取李某某的银行存款流水,查明其截留的 80.7 万元公款实际上汇入其弟开设的某粮油公司用于生产经营。2013 年 10 月 29 日,该院侦查部门补充侦查完毕,制作《补充侦查报告书》,以李某某涉嫌挪用公款罪再次移送公诉部门审查起诉。

公诉部门审查认为,应当调取犯罪嫌疑人李某某弟弟的相关证人证言,遂由两名办案人员直接前往李某某弟弟开设的某粮油公司进行询问,最终证实李某某截留的 80.7 万元房租确系借与其弟用于营利活动。

▶【基本问题】> > >

1. 根据诉讼阶段不同,补充侦查可以分为哪几种?

2. 本案中,侦查部门再次移送审查起诉后,公诉部门自行补充侦查有何实践意义?

▶【讨论与分析】> > >

1. 补充侦查,是指公安机关或者人民检察院依照法定程序,在原有侦查工作的基础上,对案件中的部分事实情况作进一步调查、补充证据的一种诉讼活动。根据所处诉讼阶段不同,补充侦查可以分为以下三种。

(1)审查逮捕阶段的补充侦查。刑事诉讼法第 88 条规定:"人民检察院对于公安机关提请批准逮捕的案件进行审查后,应当根据情况分别作出批准逮捕或者不批准逮捕的决定。对于批准逮捕的决定,公安机关应当立即执行,并且将执行情况及时通知人民检察院。对于不批准逮捕的,人民检察院应当说明理由,需要补充侦查的,应当同时通知公安机关。"根据这一规定,在审查逮捕阶段需要补充侦查的,由人民检察院通知公安机关进行。

(2)审查起诉阶段的补充侦查。刑事诉讼法第 171 条第 2 款、第 3 款、第 4 款规定:"人民检察院审查案件,对于需要补充侦查的,可以退回公安机关补充侦查,也可以自行侦查。对于补充侦查的案件,应当在一个月以内补充侦查完毕。补充侦查以二次为限。补充侦查完毕移送人民检察院后,人民检察院重新计算审查起诉期限。对于二次补充侦查的案件,人民检察院仍然认为证据不足,不符合起诉条件的,应当作出不起诉的决定。"据此,退回补充侦查的案件,补充侦查的期限不得超过1个月,补充侦查的次数不得超过2次。如果是检察院自行补充侦查的,应当在审查起诉期限内进行完毕。

(3)法庭审理阶段的补充侦查。根据刑事诉讼法第198条、第199条的规定,在法庭审理过程中,检察人员发现提起公诉的案件需要补充侦查,并提出补充侦查建议的,人民法院可以延期审理,补充侦查应当在1个月以内完毕。可见,法庭审理阶段补充侦查只有人民检察院依法提出建议,人民法院才能作出延期审理的决定。人民法院不能主动将案件退回人民检察院补充侦查,对于人民检察院提起公诉的案件,只要符合法律规定,人民法院就必须开庭审判。至于补充侦查的方式,一般由人民检察院自行侦查,必要时可以要求公安机关协助。补充侦查的期限不能超过1个月。

本案中,公诉部门在审查起诉期间将案件退回该院侦查部门补充侦查,显然属于审查起诉阶段的补充侦查。侦查部门在补充侦查过程中不但提交了证明房租系国有资产的证据,且发现了证实李某某截留的公款的真实去向,在重新移送审查时将李某某原先涉嫌的贪污罪名更正为涉嫌挪用公款罪。因此,进行补充侦查,对查清案件的全部事实、情节,达到侦查的目的和要求,保证办案质量,具有重要的意义。

需要注意的是,审查起诉阶段补充侦查结果不一定均为重新移送。《公安机关办理刑事案件程序规定》第285条规定:"对人民检察院退回补充侦查的案件,根据不同情况,报县级以上公安机关负责人批准,分别作如下处理:(一)原认定犯罪事实清楚,证据不够充分的,应当在补充证据后,制作补充侦查报告书,移送人民检察院审查;(二)对无法补充的证据,应当作出说明;在补充侦查过程中,发现新的同案犯或者新的罪行,需要追究刑事责任的,应当重新制作起诉意见书,移送人民检察院审查;(三)发现原认定的犯罪事实有重大变化,不应当追究刑事责任的,应当重新提出处理意见,并将处理结果通知退查的人民检察院;(四)原认定犯罪事实清楚,证据确实、充分,人民检察院退回补充侦查不当的,应当说明理由,移送人民检察院审查。"

2. 按照刑事诉讼法的规定,如果是审查起诉阶段需要补充侦查,公诉部门既可以退回侦查部门,也可以自行补充侦查。此规定的实践意义有以下几个方面。

(1)有效节约司法资源。退回侦查部门补充侦查的期限为一个月,而实践中侦查部门在将案件移送审查起诉后,往往觉得案件已不归其管辖,即使进行补充侦查往往是拖延时间,常常出现补充侦查超期、因补充侦查信息不全面而重复退查的情况,导致办案时间过长。如果采用自行补充侦查的方法,那么作为审查起诉部门的案件承办人,必然知道案件事实以及证据存在的薄弱环节,由检察机关自行侦查不但可以有效固定证据也可以节约办案时间。

(2)加强侦查监督力度。侦查部门如果实践中故意将案件侦查不清移送公诉部门审查起诉,公诉部门受理后必然会将案件退回进行补充侦查,而侦查人员怠于行使职责,导致两次退查依然无法查明案件事实,在这种情况下,只能以我国刑事诉讼法第171第4款的规定作出不起诉决定,这就会令应当追究刑事责任的犯罪嫌疑人免受追诉,无法体现法律的公平与公正。而采用自行补充侦查的方法,就可以有效避免此类案件的发生,使有罪的人受到刑事追诉,也可以有效防止因此产生的职务犯罪行为,防患于未然。

(3)维护当事人的合法权益。引供、诱供、刑讯逼供等行为虽然已被明确禁止,但在司法实践中仍个别存在这种行为,导致案件与事实不符,证据之间发生矛盾。公诉部门虽然在受理案件后会讯问犯罪嫌疑人,但那时犯罪嫌疑人往往因惧怕侦查人员打击报复而不敢说出实情。在这种情况下,证据无法形成链条,唯有补充侦查,但退回补充侦查,事实往往不会发生改变,丧失审查起诉的监督职能,无法维护当事人的合法权益。而采取自行补充侦查的方法,起诉部门可以针对案件疑点进行细致侦查,最终确定案件事实,既可以实现监督职能,也可以维护当事人合法权益,避免冤假错案的发生。

案例四　侦查救济与侦查监督

▶【案情简介】＞＞＞

2013年6月1日,山东省常乐市公安局接到某通信技术公司报案,称当日凌晨该公司设备库房新购置的5台苹果平板笔记本电脑被盗,总计价值人民币6万元。被盗公司提供线索称,本公司一个月前被辞退的管理行政库房的员工何某离开公司时未交出钥匙,其理由是他的钥匙已于之前不小心折断。于是公司怀疑他有作案的条件,要求该县公安机关进行调查。

常乐市公安局于6月3日上午10时拘传了何某。何某被拘传到案后,拒不承认是其实施了盗窃行为。办案民警李某、刘某为获取其有罪供述,便令其左手从头部伸向后背,右手从后腰部伸向后背,而后用手铐将双手铐住,并多次用高压电警棍将何某击倒,致使其讯问时头部撞到铁门造成中度脑震荡,同时右手小臂骨折。何某因不堪折磨,最终交代了其伙同高中同学范某盗窃原公司电脑的犯罪事实。但称自己之所以盗窃原单位电脑是有原因的:他在公司工作期间,公司曾经因为漏税,被税务机关处以120万元罚款,由于他和税务局局长是亲戚关系,公司领导让他出面疏通,后罚款减为60万元。公司领导为此曾答应将免除的60万元罚款的百分之十作为他的奖金。但后来他在离开公司时,公司领导拒付给他这笔奖金,他很生气,就想出了盗窃公司电脑的办法,并告诉民警被盗电脑交给了其妻子张某,并告知电脑系其朋友临时寄放。常乐市公安局于6月2日决定对何某以涉嫌盗窃罪刑事拘留。

侦查人员于当日对何某之妻张某进行询问,由于其不知内情,坚信电脑系何某友人临时寄存,拒不说出电脑存放地点。于是办案民警称,若不交出电脑,就不让你丈夫吃饭喝水,而且还说半年前该公司仓库失火案也是何某所为,至少要判处无期徒刑。张某害怕后,说出了电脑存放在其新购置未装修的一处单元房中。

侦查人员根据张某提供的线索,要了钥匙后,未向单位汇报,且在没有任何人在场的情况下,自行开门对何某与张某的房屋进行了搜查,发现了被盗的全部5台电脑,当即予以扣押,同时还扣押了何某家写字台上一件十分珍贵的文物。

何某所称的其同伙范某系办案民警李某远房表亲,但常来常往,关系颇近。为了让范某逃脱法律制裁,他一方面请另一办案民警刘某高抬贵手网开一面,说服其同意对何某供述的涉及范某参与作案的供述不予记录;另一方面打电话给范某让其将作案时穿的衣物尽数焚毁,并告诉他接受讯问时要坚称对此事毫不知情,完全是何某陷害。范某为感谢李某,称之前借给李某的10万元不需要偿还了,以此表示感谢。

6月12日,常乐市公安局向市检察院以何某涉嫌盗窃罪提请批准逮捕。检察院经审查认为,何某与原单位存在奖金纠纷,何某的行为不宜以犯罪论处,于是作出了不批准逮捕的决定。公安局接到不批准逮捕决定书后,进行了调查,被盗公司领导也承认以前确实承诺过要给何某奖励,但考虑到靠关系减轻罚款本身是不正当的,受损失的是国家,再给他奖励有些不妥,就没有给他。公安局认为,何某所要的奖金是不正当的,此情况不影响盗窃罪的定性,坚持认为何某的行为构成了犯罪,于是向市检察院提出了复议申请。在复议期间,为了防止何某逃跑,公安局始终羁押何某。张某为其丈夫何某委托的律师多次要求常乐市公安局释放何某,但后者以正在复议为由拒不理睬。

▶【基本问题】> > >

1. 作为法律监督机关,检察机关应当对上述公安机关的哪些违法行为进行处理?

2. 相关人员应当如何寻求侦查救济?

▶【讨论与分析】> > >

1. 侦查监督,是指人民检察院依法对公安机关和侦查人员的侦查活动是否合法进行的监督。

刑事诉讼法第 8 条规定:"人民检察院依法对刑事诉讼实行法律监督。"据此,侦查监督是人民检察院对刑事诉讼法律监督的重要组成部分。通过实施监督,人民检察院可以发现公安机关和侦查人员在侦查活动中违反法定程序的行为和刑讯逼供、敲诈勒索、贪赃枉法等违法犯罪行为,从而采取纠正和预防措施,进而有利于保障侦查活动的依法进行,保护诉讼参与人特别是犯罪嫌疑人的合法权利,保证刑事案件的正确处理。

侦查监督的内容是指人民检察院通过履行侦查监督职能予以发现和纠正的违法行为。根据《人民检察院刑事诉讼规则》第 565 条规定,侦查监督的内容共有 20 项。主要是:采用刑讯逼供以及其他非法方法收集犯罪嫌疑人供述的;采用暴力、威胁等非法方法收集证人证言、被害人陈述,或者以暴力、威胁等方法阻止证人作证或者指使他人作伪证的;伪造、隐匿、销毁、调换、私自涂改证据,或者帮助当事人毁灭、伪造证据的;徇私舞弊,放纵、包庇犯罪分子的;故意制造冤、假、错案的;在侦查活动中利用职务之便谋取非法利益的;非法拘禁他人或者以其他方法非法剥夺他人人身自由的;非法搜查他人身体、住宅,或者非法侵入他人住宅的;非法采取技术侦查措施的;在侦查过程中不应当撤案而撤案的;侦查人员应当回避而不回避的;阻碍当事人、辩护人、诉讼代理人依法行使诉讼权利的,等等。

结合本案,市检察院应当依法对公安机关的下述违法行为进行处理。

(1)本案中,办案民警李某、刘某为获取何某有罪供述,便令其左手从头部伸向后背,右手从后腰部伸向后背,而后用手铐将双手铐住,并多次用高压电警棍将何某击倒,致使其讯问时头部撞到铁门造成中度脑震荡,同时右手小臂骨折。何某因不堪折磨,最终交代了其伙同高中同学范某盗窃原公司电脑的犯罪事实。该行为属于采用刑讯逼供以及其他非法方法收集犯罪嫌疑人供述。

(2)为了获取何某妻子张某的证人证言,办案民警称,若不交出电脑,就不让其丈夫吃饭喝水,而且还说半年前该公司仓库失火案也是何某所为,至少要判处无期徒刑。张某害怕后,说出了电脑存放在其新购置未装修的一处单元房中。该行为属于采用暴力、威胁等非法方法收集证人证言、被害人陈述,或者以暴力、威胁等方法阻止证人作证或者指使他人作伪证。

(3)办案民警李某为了让其远房亲戚范某逃脱法律制裁,应当回避而不回避。一方面请另一办案民警刘某高抬贵手网开一面,说服其同意对何某供述的涉及范某参与作案的供述不予记录;另一方面打电话给范某让其将作案时穿的衣物尽数焚毁,并告诉他接受讯问时要坚称对此事毫不知情,完全是何某陷害。属于隐匿、销毁证据,并帮助当事人毁灭证据,以此徇私舞弊,包庇何某,故意制造错案;范某为感谢李某,称之前借与李某的10万元不需要偿还了,以此表示感谢。因此,李某在侦查活动中利用职务之便谋取了非法利益。

(4)根据张某提供的线索,要了钥匙后,李某、刘某未向单位汇报,且在没有任何人在场的情况下,自行开门对何某与张某的房屋进行了搜查。该行为未依法办理搜查证,属于非法搜查他人住宅;且侦查人员在没有其他人在场的情况下搜查是错误的。根据法律规定,在搜查的时候,应当有被搜查人或者他的家属、邻居或者其他见证人在场。

(5)搜查时,侦查人员还扣押了何某家写字台上一件十分珍贵的文物。根据法律规定,在勘验、搜查中发现的可用以证明犯罪嫌疑人有罪或者无罪的各种物品和文件,应当扣押;与案件无关的物品、文件,不得扣押。本案中文物与案件无关,不能扣押。

(6)公安机关在人民检察院作出不批准逮捕的决定后,继续关押嫌疑人的做法错误。根据法律规定,人民检察院不批准逮捕的,公安机关应当在接到通知后立即释放,并且将执行情况及时通知人民检察院。

(7)张某为其丈夫何某委托的律师多次要求常乐市公安局释放何某,但后者以正在复议为由拒不理睬。此行为阻碍了辩护人依法行使诉讼权利。

2. 侦查救济是指在侦查阶段，当事人和辩护人、诉讼代理人、利害关系人在自己的合法权益受到侵害时要求有关机关予以纠正或处理的一种事后性补救措施。

为了促使侦查机关和侦查人员严格依照法律规定实施侦查行为，切实保护当事人和辩护人、诉讼代理人、利害关系人的人身权和财产权，刑事诉讼法第115条规定了侦查救济措施。根据该条规定，当事人和辩护人、诉讼代理人、利害关系人对于司法机关及其工作人员有下列行为之一的，有权向该机关申诉或者控告：采取强制措施法定期限届满，不予以释放、解除或者变更的；应当退还取保候审保证金不退还的；对与案件无关的财物采取查封、扣押、冻结措施的；应当解除查封、扣押、冻结不解除的；贪污、挪用、私分、调换、违反规定使用查封、扣押、冻结的财物的。

本案中，侦查人员违法搜查并扣押与案件无关的文物、人民检察院不批准逮捕后继续对何某进行羁押，并对辩护律师依法提出释放要求后不予理睬等均侵犯了相关人员的诉讼权利。

受理申诉或者控告的机关应当及时处理。对处理不服的，可以向同级人民检察院申诉；人民检察院直接受理的案件，可以向上一级人民检察院申诉。人民检察院对申诉应当及时进行审查，情况属实的，通知有关机关予以纠正。

CHAPTER 12

第十二章

审查起诉与提起公诉

案例一　审查起诉与提起公诉

▶【案情简介】＞＞＞

　　董某某、宋某某迷恋网络游戏，平时经常结伴到网吧上网，时常彻夜不归。2010 年 7 月 27 日 11 时许，因在网吧上网的网费用完，二被告人即伙同王某到河南省平顶山市红旗街社区健身器材处，持刀对被害人张某某和王某某实施抢劫，抢走张某某 500 元现金及手机一部。后将所抢的手机卖掉，所得赃款用于上网。张某某随即向当地公安机关报案。后经公安机关侦查终结，于 2010 年 9 月 2 日移送某市人民检察院审查起诉。

　　某市人民检察院对这起抢劫案审查起诉时，被害人张某某要求向人民检察院陈述意见，同时要求查明宋某某的年龄，因为宋某某的户口和其学生证上登记的年龄不符，户口显示不足 16 周岁，而学生证已经显示已满 16 周岁。办案人员认为，该案已经讯问了犯罪嫌疑人宋某某，并已听取辩护人和被害人委托的诉讼代理人的意见，同时认为犯罪嫌疑人宋某某的年龄无需再查，根据其户口确定即可。关于被害人的要求也已经由诉讼代理人反映，没有必要听取被害人的意见，这样也可以尽快将案件提起公诉，所以，没有听取张某某的意见。在审查起诉中，市人民检察院认为该案证据不足，口头将案件退回公安机关补充侦查。公安机关在 2 个月内补充侦查两次。人民检察院经审查，认为该案属于下级人民法院管辖。

▶【基本问题】＞＞＞

　　1. 审查起诉的对象是什么？本案中人民检察院在审查起诉的时候有没有错误的地方？

2. 人民检察院将该案退回补充侦查,应遵循哪些关于退回补充侦查的规定?

3. 人民检察院认为该案是属于下级人民法院管辖的案件,在程序上应当如何处理?

▶【讨论与分析】> > >

1. 我国刑事诉讼法第 168 条和相关司法解释的规定,人民检察院审查移送审查起诉的案件,必须查明:(1)犯罪嫌疑人身份状况是否清楚,包括姓名、性别、国籍、出生年月日、职业和单位等;单位犯罪的,单位的相关情况是否清楚;(2)犯罪事实、情节是否清楚。认定犯罪性质和罪名的意见是否正确;有无法定的从重、从轻、减轻或者免除处罚的情节;共同犯罪案件的犯罪嫌疑人在犯罪活动中的责任的认定是否恰当;(3)证据材料是否随案移送,证明犯罪事实的证据材料包括采取技术侦查措施的决定书及证据材料是否随案移送;证明相关财产系违法所得的证据材料是否随案移送;不宜移送的证据的清单、复制件、照片或者其他证明文件是否随案移送;根据刑事诉讼法第 160 条的规定,公安机关对侦查终结需要追究犯罪的案件,应当写出起诉意见书,连同案卷材料、证据一并移送同级人民检察院审查决定。(4)证据是否确实、充分,是否依法收集,有无应当排除非法证据的情形,侦查的各种法律手段和诉讼文书是否完备。证据是认定犯罪事实和情节的依据,要做到犯罪事实、情节清楚,必须有确实充分的证据予以证明。检察机关在审查的时候,首先要对证据资料的真实性、客观性、合法性进行审查,看其是否伪造、虚假,只有客观、真实的事实才有可能作为证据,只有合法收集的证据资料才有证据能力;其次要审查证据事实是否与案件事实相关,有无证明力,证据是否全面充分。在审查时,不仅要注意证明犯罪嫌疑人有罪和罪重的证据,而且还要同样注意证明犯罪嫌疑人无罪和罪轻的证据。(5)有无遗漏罪行和其他应当追究刑事责任的人;在"控审分离""不告不理"的现代刑事诉讼中,起诉范围限制审判范围,因为全面、正确的起诉直接关系到审判的质量和对犯罪行为的打击、追诉。检察机关在审查时要注意查明犯罪嫌疑人的全部事实,在共同犯罪案件中要注意查明是否有其他应当追究刑事责任者。(6)是否属于不应当追究刑事责任的;保障无罪的人或者依法不应当追究刑事责任的人不受到错误追究,是刑事诉讼的基本要求。因此人民检察院在审查案件时,必须注意查明犯罪嫌疑人有无刑事诉讼法第 15 条规定的六种不应追究刑事责任的情形，一经查明有其中情形之一的，应当作出不起诉决定。(7)有无附带民事诉讼；对于国家财产、集体财产遭受损失的，是否需要由人民检察院提起附带民事诉讼；刑事附带民事诉讼制度的目的，在于追究被告人刑事责任的同时追究其应当承担的民事赔偿责任，从而全面保护；(8)采取的强制措施是否适当；(9)侦查活动是否合法；(10)与犯罪有关的财物及其孳息是否扣押、冻结并妥善保管，以供核查。

在上述审理对象中，犯罪嫌疑人的年龄是非常重要的一个审查对象，不能忽视年龄问题，处于 14 周岁、16 周岁、18 周岁临界点的未成年人，在法律的适用上很关键，所以，作为审查起诉的对象，绝对不能不仔细。本案当中宋某某的户口簿上的年龄不满 16 周岁，而学生证上的年龄已经满 16 周岁，这里面出现了不一致的地方，检察人员必须查清楚，这对于定罪量刑非常关键，所以只有查清了事实，才能使案件得到正确处理。同时刑事诉讼法规定，人民检察院审查案件，应当讯问犯罪嫌疑人，听取被害人和犯罪嫌疑人、被害人委托的人的意见。因此，听取被害人及被害人委托的人的意见是审查起诉的必经程序和法定方法。听取意见时，应告知其在审查起诉阶段所享有的权利。本案中并没有听取被害人的意见，是不对的。

2. 人民检察院决定退回公安机关补充侦查的案件，应当写出补充侦查意见书，说明需要补充侦查的问题和要求。对于补充侦查的案件，应在 1 个月之内补充侦查完毕。补充侦查以 2 次为限。对于在审查起诉阶段改变管辖的，改变管辖的前后退回补充侦查的次数不得超过 2 次。本案中，并没有提及人民检察院写出补充侦查意见书，而是口头决定，这是不对的。

3.《人民检察院刑事诉讼规则》第 248 条规定：人民检察院受理同级公安机关移送审查起诉的案件，经审查认为属于上级人民法院管辖的第一审案件时，应当写出审查报告，连同案卷材料报送上一级人民检察院，同时通知移送审查起诉的公安机关；认为属于同级其他人民法院管辖的第一审案件时，应当写出审查报告，连同案卷材料移送有管辖权的人民检察院或者报送共同的上级人民检察院指定管辖，同时通知移送审查起诉的公安机关。

上级人民检察院受理同级公安机关移送的审查起诉案件，认为属于下级人民法院管辖时，可以直接交下级人民检察院审查，由下级人民检察院向同级人民法院提起公诉，同时通知移送审查起诉的公安机关。

案例二　不起诉

▶【案情简介】＞＞＞

　　2013 年 10 月,沅江市公安局接到群众匿名信件,举报陆某存在销售假药行为。

　　经依法侦查查明:从 2013 年 1 月开始,印度人 Tom 与陆某合伙采用网上发邮件和 QQ 群联系客户等方式在中国国内销售印度赛诺公司生产的抗癌药物VEENAT100,陆某使用自己的银行账户收取售药资金。直至 2013 年 8 月,陆某为了逃避打击、周转销售印度药物的资金,先后在互联网上以"samchina"名义从"诚信卡源"的淘宝店主郭某某(另案处理)手中以 500 元每套的价格购买了3 套他人身份信息的银行卡。陆某购买了这 3 张卡以后,使用了 1 张户名为夏维雨的农业银行卡用来吸收销售假药的资金。经沅江市食品药品监督管理局证实:陆某帮印度赛诺公司在中国销售的药物均未经中国进口药品许可销售。

　　2014 年 4 月 15 日,该案由沅江市公安局侦查终结,以陆某涉嫌妨害信用卡管理罪、销售假药罪,向沅江市人民检察院移送审查起诉。经依法审查查明:2002 年,陆某被查出患有慢粒性白血病,并经友人引荐直接从印度赛诺公司购买抗癌药物。陆某通过自己服用一段时间后,觉得印度同类药物疗效好、价格便宜,遂通过网络 QQ 群等方式向病友推荐。网络 QQ 群的病友也加入到向印度赛诺公司购买该药品的行列。期间,陆某免费为病友联系印度制药公司,并代为汇款。在使用自己的银行账号支付购药款一段时间后,陆某听说银行卡的交易额太大,有可能导致被怀疑为洗钱,遂于 2013 年 8 月通过淘宝网从郭某某处以 500 元每套的价格购买了 3 张用他人身份信息开设的银行借记卡,在准备使用中发现有 2 张因密码无法激活而不能用,仅使用了 1 张户名为夏维雨的借记卡。沅江市食品药品监督管理局出具《关于协查"VEENAT100"等药物进口销售许可信息的复函》证明,公安机关来函中提到的赛诺公司生产的抗癌药物VEENAT100 在国家食品药品监督管理总局数据查询库中未查到药物进口许可的相关信息。但服用印度赛诺公司邮寄的抗癌药品的 21 名购药患者中多数的证言证明该药物确有疗效无不良反应,无人证明因服用该药物对人体健康造成损害。据此,沅江市人民检察院认为陆某购买和帮助他人购买未经批准进口的抗癌药品的行为,违反了《中华人民共和国药品管理法》的相关规定,但陆某的行为不是销售行为,不符合《中华人民共和国刑法》第141条的规定,不构成销售假药罪。陆某通过淘宝网从郭某某处购买3张以他人身份信息开设的借记卡,并使用其中户名为夏维雨的借记卡的行为,违反了金融管理法规,但其目的和用途完全是白血病患者支付自服药品而购买抗癌药品款项,且仅使用1张,情节显著轻微,危害不大,根据《中华人民共和国刑法》第13条的规定,不认为是犯罪。2014年7月20日,沅江市人民检察院依法决定对陆某不起诉。

▶【基本问题】>>>

1. 上述案例中对被不起诉人涉嫌的两种罪名决定不起诉适用的法律依据是否相同?

2. 如何避免人民检察院不当适用不起诉制度?

▶【讨论与分析】>>>

1. 不起诉是指人民检察院对公安机关或者本院侦查部门侦查终结移送审查起诉的案件审查后依法作出的处理结果之一,其性质是人民检察院对其认定的不应追究、不需要追究或者无法追究刑事责任的犯罪嫌疑人所作的一种诉讼处分。

我国刑事诉讼法规定的不起诉制度分为以下四种。

(1)法定不起诉:刑事诉讼法第173条第1款规定:"犯罪嫌疑人没有犯罪事实,或者有本法第十五条规定的情形之一的,人民检察院应当作出不起诉决定。"法定不起诉也称绝对不起诉,对于起诉与否检察机关没有自由裁量权,只能依法作出不起诉决定。根据刑事诉讼法第15条及上述规定,法定不起诉适用于以下七种情形:犯罪嫌疑人没有犯罪事实的;情节显著轻微、危害不大,不认为是犯罪的;犯罪已过追诉时效期限的;经特赦令免除刑罚的;依照刑法告诉才处理的犯罪,没有告诉或者撤回告诉的;犯罪嫌疑人、被告人死亡;其他法律规定免予追究刑事责任的。

(2)酌定不起诉:刑事诉讼法第173条第2款规定:"对于犯罪情节轻微,依照刑法规定不需要判处刑罚或者免除刑罚的,人民检察院可以作出不起诉决定。"酌定不起诉又称为相对不起诉,对于起诉与否检察机关具有自由裁量权,对于符合条件的,既可以作出起诉决定,也可以作出不起诉决定。酌定不起诉的适用必须具备两个条件:一是犯罪嫌疑人的行为已经构成犯罪,应当负刑事责任;二是犯罪行为情节轻微,依照刑法的规定不需要判处刑罚或者免除刑罚。

实践中,人民检察院根据犯罪嫌疑人的犯罪情况及案件的具体情况,通过酌定不起诉停止追究犯罪嫌疑人的刑事责任,是贯彻"宽严相济"刑事司法政策的具体体现,既教育和挽救了犯罪嫌疑人,也节约了诉讼资源,取得了良好的社会效果。

(3)证据不足不起诉:刑事诉讼法第 171 条第 4 款规定:"对于二次补充侦查的案件,人民检察院仍然认为证据不足,不符合起诉条件的,应当作出不起诉的决定。"此制度贯彻了"疑罪从无"的现代刑事诉讼原则,避免公民无限期受到刑事司法诉累,是刑事司法领域加强人权保护的一个明显标志。

(4)附条件不起诉:刑事诉讼法第 271 条第 1 款规定:"对于未成年人涉嫌刑法分则第四章、第五章、第六章规定的犯罪,可能判处一年有期徒刑以下刑罚,符合起诉条件,但有悔罪表现的,人民检察院可以作出附条件不起诉的决定。"

本案中,公安机关认为陆某分别涉嫌销售假药罪和妨害信用卡管理罪,因此向检察机关移送审查起诉。

对于陆某涉嫌的销售假药罪,检察机关经过依法审查,虽然食品药品监督管理部门证明陆某涉嫌销售的印度赛诺公司生产的抗癌药物 VEENAT100 未获得药品进口许可,但服用该抗癌药品的 21 名购药患者中多数的证人证言证明该药物确有疗效无不良反应,没有对人体健康造成损害。而且陆某仅是帮助他人购买该抗癌药品,并没有意图且未曾通过中间行为获得任何经济利益,不存在销售行为,不符合刑法第 141 条的规定,不构成销售假药罪。检察机关依据法定不起诉中的第一种情形,即"犯罪嫌疑人没有犯罪事实"对公安机关移送审查起诉的第一个罪名依法决定不起诉。

对于陆某涉嫌的妨害信用卡管理罪,检察机关认为,虽然陆某通过淘宝网从郭某某处购买 3 张以他人身份信息开设的借记卡,并使用其中户名为夏维雨的借记卡的行为,违反了金融管理法规,但其目的和用途完全是为了转移支付白血病患者支付自服药品而购买抗癌药品款项,且仅使用 1 张,情节显著轻微,危害不大,根据刑法第 13 条的规定,不认为是犯罪。因此,检察机关对于陆某涉嫌的妨害信用卡管理罪依法决定不起诉,属于法定不起诉的第二种情形,即

"情节显著轻微、危害不大,不认为是犯罪"。

2. 为了避免检察机关不当适用不起诉制度,刑事诉讼法作出了如下规定。

刑事诉讼法第 175 条、第 176 条分别规定:"对于公安机关移送起诉的案件,人民检察院决定不起诉的,应当将不起诉决定书送达公安机关。公安机关认为不起诉的决定有错误的时候,可以要求复议,如果意见不被接受,可以向上一级人民检察院提请复核"。"对于有被害人的案件,决定不起诉的,人民检察院应当将不起诉决定书送达被害人。被害人如果不服,可以自收到决定书后七日以内向上一级人民检察院申诉,请求提起公诉。人民检察院应当将复查决定告知被害人。对人民检察院维持不起诉决定的,被害人可以向人民法院起诉。被害人也可以不经申诉,直接向人民法院起诉。人民法院受理案件后,人民检察院应当将有关案件材料移送人民法院。"同时第 177 条规定,对于人民检察院依照本法第 173 条第 2 款规定作出的不起诉决定,被不起诉人如果不服,可以自收到决定书后七日以内向人民检察院申诉。人民检察院应当作出复查决定,通知被不起诉的人,同时抄送公安机关。

案例三 提起自诉

▶【案情简介】＞＞＞

耿某系南京市鼓楼区某商贸公司职员。2013 年下半年,耿某与单位女员工吴某自由恋爱,经过半年的交往,俩人感情升华迅速,商定于 2014 年 5 月 20 日一同前往鼓楼区民政局办理结婚手续,但此前从未告知双方家长。在吴某回家向父亲索要户口簿准备登记结婚时,吴某的父亲称以前因喝酒与耿某的父亲闹过矛盾,且对此事一直耿耿于怀,便坚决反对这门婚事。吴某在父亲强烈的反对下,经过再三考虑和权衡,决定与耿某分手。耿某为此痛苦万分,一再努力却无法挽回。

耿某心灰意冷,对吴某的父亲恨之入骨,多次通过手机短信和电子邮件对吴某说:"看来,我只有把你父亲给杀了,你才会跟我好!"吴某听后惊恐万状,叫耿某不要乱来。耿某说:"你放心,我会处理好这件事的。"但耿某与吴某分手后,在不同场合多次对别人扬言说一定要把吴父杀掉。

2014 年 10 月 5 日晚 10 时 40 分左右,耿某在喝的酩酊大醉之后,怀揣一把菜刀直奔吴某家。砸开门后,问吴某的母亲孙某吴父是否在家,称其拆散了他和吴某的美好姻缘,自己不想活了,但死之前一定要杀吴父解恨。见耿某杀气腾腾的样子,孙某慌忙阻止。吴父遂从书房里出来,当时耿、吴二人发生争执。耿某挥刀朝吴父的头部猛砍过去,左右两刀都被吴父躲过,只划伤左脸颊。在搏斗中,耿某将吴父的手掌砍伤。正在这时,孙某叫来了吴某的大哥和邻居,并拨打 110 报警,耿某见状,弃刀而逃。

南京市公安局鼓楼分局接到被害人吴父的控告后,认为吴父只是受了轻微伤,耿某的行为只属一般轻伤害行为,仅对其进行治安管理处罚,并向吴父送达了《不立案通知书》。被害人吴父不服公安局的处理,遂向该区人民检察院申请要求公安机关立案。该区人民检察院控告检察部门审查后回复吴父耿某犯罪情节显著轻微,不需要追究刑事责任,同意公安机关不立案的决定。被害人吴父由于过度气愤,心脏病发作,经医院抢救无效死亡。

吴父死后,其妻孙某向区人民法院起诉,要求追究耿某故意杀人行为的刑事责任,并向法院提交了证人证言以及耿某给吴某的手机短信及电子邮件。区人民法院认为该案属于公诉案件,非自诉案件,人民法院不能直接受理,遂拒绝受理该案。

▶【基本问题】> > >

1. 上述案例如果属于公诉案件,此种情况下被害人吴父可否向人民法院提起自诉?

2. 被害人吴父死后,什么人可以向法院提起自诉?

▶【讨论与分析】> > >

1. 自诉案件与公诉案件相对称,是指法律规定的可以由被害人或其法定代理人、近亲属直接向人民法院起诉,要求追究被告人,且人民法院能够直接受理的刑事案件。

"不告不理"是现代刑事诉讼程序的一项基本原则,即审判以起诉为前提和基础,没有起诉方的起诉,法院不能主动追究犯罪,这也是现代刑事诉讼区别于封建社会"纠问式诉讼"的一个基本点。起诉方起诉以后,受诉法院才能获得对起诉案件进行审判的权力,控辩双方也才有权对受诉案件进行诉讼活动,从而承担法院的裁判义务。

在我国，各级人民法院审理案件以起诉作为审判前提，即通常所说的"不告不理"。特别是在刑事案件中，如果没有法定机关或当事人向法院起诉，法院则不予审理。法院审理刑事案件，分公诉和自诉两种。公诉案件，由人民检察院代表国家向人民法院提起诉讼；自诉案件，由被害人自己或其法定代理人、近亲属向人民法院提起诉讼。

根据刑事诉讼法第204条的规定，人民法院直接受理的刑事自诉案件范围包括三类：一是告诉才处理的案件，即我国刑法中规定的"告诉的才处理"的案件；二是被害人有证据证明的轻微刑事案件。对于这两类案件，刑事诉讼法及相关司法解释中明确规定了告诉才处理的案件包括侮辱、诽谤案、暴力干涉婚姻自由案、虐待案及侵占案。被害人有证据证明的轻微刑事案件包括故意伤害案（轻伤）、重婚案、遗弃案、侵犯通信自由案、非法侵入他人住宅案、生产、销售伪劣商品案件（严重危害社会秩序和国家利益的除外）、侵犯知识产权案件（严重危害社会秩序和国家利益的除外）以及属于刑法分则第四章、第五章规定的，对被告人可以判处三年有期徒刑以下刑罚的其他轻微刑事案件；三是被害人有证据证明对被告人侵犯自己人身权利、财产权利的行为应当依法追究刑事责任，且有证据证明曾经提出过控告，而公安机关、人民检察院不予追究被告人刑事责任的案件。这类自诉案件是刑事诉讼法为解决司法实践中老百姓告状无门，强化对公安机关、检察机关不追究犯罪嫌疑人刑事责任的制约而增加的公诉转自诉案件。

本案被告人耿某主观上有杀害吴父的故意，客观上亦实施了杀害吴父的行为。耿某两次举刀朝吴父的致命部位头部砍去，由于吴父躲闪及时而未得逞。当耿某欲再行凶时，吴某的大哥及时赶到，耿某的企图才未能得逞。耿某未能达到杀害吴父的犯罪目的并不是因为他由于良心发现或别的原因而主动、自愿地放弃犯罪行为，即自动有效地中止犯罪的，而是由于吴某的大哥及时赶到，耿某无法再继续行凶，即由于耿某意志以外的原因造成的，所以，耿某的行为属故意杀人未遂行为。而故意杀人案属于公诉案件，不属于上面提到的自诉案件中前两类法院的受案范围。那么此种情况下被害人吴父可否向人民法院提起自诉呢？

人民法院受理第三类自诉案件，即"公诉转自诉"案件必须具备三个条件：一是被害人有证据证明被告人实施了侵犯自己的人身权利、财产权利的行为；

二是依法应当追究刑事责任;三是公安机关或是人民检察院已经作出了不予追究的书面决定。

本案中,控告人吴父有其妻孙某、儿子以及邻居等证人证言,耿某发给吴某的手机短信和电子邮件中耿某多次扬言要杀死自己的书证,还有110报警记录及自己造成轻微伤等证据证明耿某侵犯了自己的人身权利,但公安机关认为耿某的行为只是造成吴父轻微伤,属于一般违法行为,不追究其刑事责任,并向吴父送达了《不立案通知书》,对耿某仅处以治安处罚显然是错误的。被害人吴父向人民检察院提出,人民检察院通过审查,亦认为公安机关不立案的理由成立,也主张对耿某不予追究刑事责任。在这种情况下,掌握有证人证言和书证的被害人完全有权向人民法院直接提起自诉。

2. 提起自诉的案件,自诉人应当享有自诉权,即自诉人的主体资格应当合法。

根据刑事诉讼法及相关司法解释规定,自诉案件原则上应当由被害人提起,如果被害人死亡、丧失行为能力或者受强制、威吓等原因无法告诉,或者限制行为能力人以及由于年老、患病、盲、聋、哑等原因不能亲自告诉,由其法定代理人、近亲属代为告诉。我国法律规定近亲属包括夫、妻、父、母、子、女、同胞兄弟姊妹。

本案中,被害人吴父由于过度气愤,心脏病发作,经医院抢救无效死亡。吴父死后,其妻孙某作为被害人的近亲属向区人民法院起诉并提交了相关证据,且有公安机关和人民检察院不予立案的法律文书。因此,人民法院以该案是一起公诉案件,非自诉案件,不属人民法院直接受理的案件为理由而拒绝受理该案的做法错误,应当依法受理。

第十三章

第一审程序

案例一　庭前准备

▶【案情简介】> > >

　　被告人魏某某、金某某于 2005 年至 2011 年 7 月期间,利用分别担任某煤制油化工公司总会计师、财务资产部经理,负责公司财务工作的职务便利,为北京某会计师事务所承揽该公司审计、验资、外派劳务等业务提供帮助,以"业务分成款"为名,向北京某会计师事务所负责人王某某多次索要人民币共计 360 余万元。后二人将赃款私分,其中,魏某某分得赃款人民币 190 余万元,金某某分得赃款人民币 170 余万元。被告人魏某某到案后,主动交代了司法机关尚未掌握的部分受贿犯罪事实。案发后,检察机关扣押、冻结魏某某人民币 70 余万元;扣押、冻结金某某人民币 293 万余元。在侦查和审查起诉阶段,被告人魏某某、金某某均否认上述事实。在本案审理期间,魏某某及其家属退缴人民币 214 万元。

　　该案于 2012 年 3 月 6 日由公诉机关诉至法院,法院在受理后进行了审查并于 3 月 12 日决定立案。法院确定了合议庭的组成人员后,于 2012 年 4 月 10 日决定开庭审理,并进行了庭前准备工作:(1)法院将人民检察院的起诉书副本于 3 月 31 日送达被告人及其辩护人;(2)法院于 4 月 7 日先期公布案由、被告人姓名、开庭时间和地点;(3)法院于 4 月 7 日将开庭的时间、地点通知人民检察院,传唤当事人,4 月 7 日通知辩护人、证人、鉴定人员到法院领取了传票和出庭通知书;(4)审判长于 2012 年 4 月 1 日召集公诉人、当事人和辩护人、诉讼代理人,召开庭前会议,并就该案对管辖、回避、出庭证人名单、非法证据排除等与审判相关的问题,了解情况,听取意见。上述活动情形均写入送达起诉书副本笔录和送达回证等司法文书中,并由审判人员和书记员签名。

在庭前会议中,被告人金某某的辩护律师提出排除非法证据的申请,申请排除的对象是被告人金某某在2011年9月1日的供述,法院在2012年3月31日已将申请书和相关线索送交公诉机关,公诉机关已对此展开调查,法院就此份证据的合法性进行了调查。公诉人申请法庭传侦查员刘某某、张某某出席会议说明情况。此外,庭审会议还确定了出庭证人名单,对控辩双方的证据进行了交换并发表了质证意见,明确了法庭举证的范围和调查的重点。

▶【基本问题】>>>

1. 以上案例中体现了刑事诉讼法中哪些庭审准备工作的具体程序?

2. 庭前会议程序及其具体规定?

▶【讨论与分析】>>>

一、庭前准备工作的具体程序

(一)确定适用简易还是普通程序进行审理,并确定审判组织及人员。这是根据法律规定和具体案情确定审判组织的基本前提,即适用独任制审理的简易程序还是合议庭审理的简易程序,以及合议庭审理的普通程序,以便于及早确定审判组成人员。《最高人民法院关于适用〈中华人民共和国刑事诉讼法〉的解释》(以下简称《刑诉法解释》)第182条第一款第(一)项规定,开庭审理前,人民法院应当进行下列工作:确定审判长及合议庭组成人员。在上述案例中,因被告人魏某某、金某某贪污、受贿一案案情重大复杂,且二被告人均否认自己犯罪,故该案依法应当适用普通程序审理,并由审判长、审判员或人民陪审员三人组成合议庭。

(二)送达起诉书副本。根据刑事诉讼法第182条规定:"人民法院决定开庭审判后,应当确定合议庭的组成人员,将人民检察院的起诉书副本至迟在开庭十日以前送达被告人及其辩护人。"在上述案例中,开庭时间确定为4月10日后,法院于3月31日将起诉书副本送达被告人及其辩护人。此外,在送达起诉书副本时应当注意:(1)送达上述文书时应当核实被告人身份及基本情况,询问其是否委托律师,记明其亲属的联系方式,若已委托辩护人,应询问并及时联系辩护人;询问被告人是否愿意退赃;上述情况均应制作"送达起诉书副本笔录"。(2)听取被告人对事实认定及法律适用的意见。(3)告知被告人刑事案件审理期限。

（三）确定辩护人、诉讼代理人。通过向被告人送达起诉书副本,询问被告人聘请辩护人的意见,并通过联系其亲属询问是否为被告人聘请辩护律师或其他辩护人。在上述案件中,被告人的辩护律师均系审查起诉阶段已经聘请的律师,且均由公诉机关将律师函送至法院。在该程序中,应当注意:(1)审查辩护人的资格尤其是公民代理担任辩护人的资格问题。根据刑事诉讼法第32条规定,犯罪嫌疑人、被告人除自己行使辩护权以外,还可以委托一至二人作为辩护人。下列的人可以被委托为辩护人:(一)律师;(二)人民团体或者犯罪嫌疑人、被告人所在单位推荐的人;(三)犯罪嫌疑人、被告人的监护人、亲友。正在被执行刑罚或者依法被剥夺、限制人身自由的人,不得担任辩护人。《刑诉法解释》对辩护人的资格有更详尽的规定。(2)尤其要注意共同犯罪或者关联犯罪案件的辩护人资格审查。刑诉法解释第38条规定,一名被告人可以委托一至二人作为辩护人。一名辩护人不得为两名以上的同案被告人,或者未同案处理但犯罪事实存在关联的被告人辩护。在司法实践中,笔者所审理的刑事案件中已发现多起共同犯罪案件,担任以前被抓获被告人的辩护人,在后被抓获并另案审理的被告人再次担任辩护律师,存在串供或伪证等影响案件公正审理的可能。(3)保证辩护人的庭前阅卷权利,开庭前至少五日必须通知辩护律师阅卷。

（四）确定开庭时间、地点并送达开庭通知、传唤及开庭公告。《刑诉法解释》第182条规定,开庭审理前,人民法院应当进行下列工作:……(三)通知当事人、法定代理人、辩护人、诉讼代理人在开庭五日前提供证人、鉴定人名单,以及拟当庭出示的证据;申请证人、鉴定人、有专门知识的人出庭的,应当列明有关人员的姓名、性别、年龄、职业、住址、联系方式;(四)开庭三日前将开庭的时间、地点通知人民检察院;(五)开庭三日前将传唤当事人的传票和通知辩护人、诉讼代理人、法定代理人、证人、鉴定人等出庭的通知书送达;通知有关人员出庭,也可以采取电话、短信、传真、电子邮件等能够确认对方收悉的方式;(六)公开审理的案件,在开庭三日前公布案由、被告人姓名、开庭时间和地点。在上述案例中,法院确定于2012年4月10日开庭审理后,4月7日,先期公布案由、被告人姓名、开庭时间和地点;4月7日,将开庭的时间、地点通知公诉机关,传唤当事人;4月7日,通知辩护人、证人、鉴定人员到法院领取了传票和出庭通知书;上述活动情形均写入笔录,由审判人员和书记员签名。

二、庭前会议程序具体规定

（一）关于庭前会议程序。庭前会议是庭前准备工作的内容之一,是指审判人员在开庭审理之前控辩双方就开庭审理的程序事项及部分实体事项进行协商、沟通的活动,是新修订的《刑诉法解释》关于庭前准备程序改革的亮点。庭前会议的功能主要是:(1)可以使审判人员了解到控辩双方对案件事实、证据的意见,从而能够全面了解案情、避免形成片面意见;(2)可以使控辩审三方能够对案件审理的复杂程度、庭审调查的范围和重点、调查证据的顺序及方法、庭审持续的时间有充分的了解或预判,从而合理安排开庭时间,做好庭审准备;(3)可以及时发现和排除可能妨碍庭审公正、高效进行的因素,确保庭审持续、集中、迅速。[①]

(二)庭前会议程序的适用范围及内容。

(1)适用范围。根据刑诉法解释第 183 条规定,案件具有下列情形之一的,审判人员可以召开庭前会议:(一)当事人及其辩护人、诉讼代理人申请排除非法证据的;(二)证据材料较多、案情重大复杂的;(三)社会影响重大的;(四)需要召开庭前会议的其他情形。召开庭前会议,根据案件情况,可以通知被告人参加。在上述案例中,被告人金某某的辩护人提出排除非法证据的申请,申请排除的对象是被告人金某某在 2011 年 9 月 1 日的供述;控辩双方提交法庭的证据有 43 组,且涉及经济往来账本 12 册,涉案金额 360 余万元,且二被告人均否认指控事实;二被告人均为关乎国计民生的能源央企高管,社会影响较大。综上,该案完全符合适用庭前会议的法定条件,且亦完全有必要通过庭前会议程序解决上述程序问题,法院启动该程序合法合理且十分必要。

(2)庭前会议内容。《刑诉法解释》第 184 条规定,召开庭前会议,审判人员可以就下列问题向控辩双方了解情况,听取意见:(一)是否对案件管辖有异议;(二)是否申请有关人员回避;(三)是否申请调取在侦查、审查起诉期间公安机关、人民检察院收集但未随案移送的证明被告人无罪或者罪轻的证据材料;(四)是否提供新的证据;(五)是否对出庭证人、鉴定人、有专门知识的人的名单有异议;(六)是否申请排除非法证据;(七)是否申请不公开审理;(八)与审判相关的其他问题。审判人员可以询问控辩双方对证据材料有无异议,对有异议的证据,应当在庭审时重点调查;无异议的,庭审时举证、质证可以简化。被害人或者其法定代理人、近亲属提起附带民事诉讼的,可以调解。庭前会议情况应当制作笔录。在上述案例的庭前会议程序中,法院在 3 月 31 日将非法证据排除申请书和相关线索送交公诉机关,公诉机关已对此展开调查,法院可通过庭

---

① 南英、高憬宏主编:《刑事审判方法》,法律出版社 2013 年 3 月版,第 60 页。

前会议程序就此份证据的合法性进行调查。公诉人申请法庭传侦查员刘某某、张某某出席会议说明情况,有效地提高之后正式开庭审理的效率。此外,庭审会议还确定出庭证人名单,对控辩双方的证据进行了交换并发表了质证意见,明确了法庭举证的范围和调查的重点,保证案件审理的持续、集中、迅速进行。

案例二　庭审阶段

▶【案情简介】> > >

2013 年 12 月 11 日 23 时许,被告人张某某在北京市某某区八通轻轨车辆段大门口东侧 200 米"正宗山西削面"饭馆门前,因琐事与刘某某发生纠纷并互殴;后张某某持折叠刀将刘某某腹部扎伤,经鉴定为轻伤二级;当日,被告人张某某到公交总队土桥警务站投案;民事赔偿问题已解决。该案庭审笔录摘录如下:

北京市某区人民法院刑事审判庭现在开庭。(敲击法槌)

被告人张某某是否有别名？年龄、出生日期、民族、文化程度、职业、出生地及住址？

没有。20 岁,1986 年 3 月 1 日出生,汉族,初中一年级,学生,北京市。

被告人张某某,以前是否受过刑事处罚？这次因为什么被刑事拘留？何时被刑事拘留？何时被逮捕？

没有。因涉嫌故意伤害罪,2013 年 12 月 11 日,2014 年 1 月 12 日。

某某区人民检察院的起诉书副本收到了吗？收到的日期距离今天是否已满十日？

收到了,已满十日。

根据我国刑事诉讼法第 183 条第 1 款之规定,法院依法公开开庭审理某某区人民检察院提起公诉的被告人张某某故意伤害一案,本案依法适用普通程序审理,审限为三个月,本案由法院审判员某某某担任审判长,会同人民陪审员某某、某某组成合议庭,书记员某某担任法庭记录。出庭支持公诉的是北京市某某区人民检察院检察员某某。出庭为被告人张某某辩护的是北京市某某律师事务所律师某某。

被告人听清了吗？

听清了。

根据我国刑事诉讼法的规定,当事人享有以下权利:

一、申请回避的权利(解释)

被告人,听清了吗?

听清了。

是否申请回避?

不申请。

辩护人是否申请回避?

辩:不申请。

二、被告人还享有自行辩护的权利(解释);三、申请通知新的证人到庭、调取新的物证,重新勘验或鉴定的权利(解释);四、最后陈述意见的权利(解释)。

被告人及辩护人是否听清了?

听清了。

现在开始法庭调查,首先由公诉人宣读起诉书。

公:宣读起诉书(宣读)

被告人,公诉人宣读的起诉书内容你听清了吗?

听清了。

公诉人宣读的起诉书与你们收到的起诉书副本内容一致吗?

一致。

被告人张某某,你对起诉书指控的犯罪事实是否有异议?

没有。

你是否认罪?

认罪。

请公诉人就起诉书指控的犯罪事实对被告人进行讯问。

公:被告人张某某,今天是开庭,希望你能如实回答公诉人的讯问,你听清楚了吗?

听清楚了。

公:案发当天你和谁到现场的?

和公司的同事。

公:和对方发生冲突了吗?

发生了。

公：被告人张某某与被害人如何发生冲突的？

我和对方谈业务，对方对我不尊重，出言不逊，我就拿折叠刀扎了对方下腹部，把对方下腹部扎流血了。

……

辩护人对被告人进行讯问。

辩：被告人张某某，打架的时候是谁先打的谁？

我先打对方的，但是是因为对方先骂我的，骂得很难听。

辩：审判长，辩护人讯问完毕。

下面由合议庭对被告人进行发问。

被告人是否愿意赔偿被害人经济损失？

同意，已经赔偿被害人3万元，被害人谅解我了。

下面进行举证质证，首先由公诉人向法庭出示证据。

公：公诉人请求证人某某出庭作证，以证明某某事实。证人已在庭外等候。

传证人到庭。（法警请证人入庭）

证人某某，下面核实你的身份情况。

某某，初中一年级，学生……

证人某某，在法庭要如实陈述事实，不得作伪证或虚假陈述，否则将承担法律责任，你听清了吗？

听清了。

请证人在如实陈述保证书上签字。

（法警传递，证人签字后，传回书记员处）

下面由公诉人对证人进行发问。

公：……

下面由被告人及辩护人对证人进行发问。

被告人：……

辩：……

证人某某退庭。

公诉人、被告人、辩护人对证人某某证言发表意见？

……

公诉人继续举证。

公：……

公:公诉人举证完毕。

被告人及辩护人是否还有新的证据向法庭提交？是否需要申请通知新的证人到庭、调取新的物证，申请重新勘验或鉴定？

没有。

上述证据，经当庭举证、质证，被告人及辩护人均无异议的部分本庭当庭予以确认，提出异议的部分待合议庭休庭评议后再行确定是否予以确认。

下面进行法庭辩论，公诉人发表公诉意见。

公:被告人张某某无视国法，持械故意伤害他人身体，且致人轻伤，其行为触犯了刑法第234条第1款，犯罪事实清楚，证据确实充分，应以故意伤害罪追究其刑事责任。鉴于被告人主动到案，到案后能够如实供述自己的罪行，系自首，可以从轻处罚。建议对被告人判处有期徒刑九个月至一年三个月。

被告人有无自行辩护的意见？

被告人:我承认犯罪。被害人先骂我的，被害人有过错。对于公诉人所提量刑意见，我认为量刑过重。

由辩护人发表辩护意见。

辩:被害人存在过错;被告人主观恶性不大，被告人系初犯、偶犯;被告人具有自首情节;被告人已赔偿被害人并取得了谅解，建议对被告人判处有期徒刑六个月。(详见辩护词)

公诉人有新的意见吗？

公:辩护人提出被害人一方存在过错，无事实依据。

关于控辩双方争议被害人是否存在过错的焦点法庭已经注意到，控辩双方还有新的意见吗？

没有。

法庭辩论结束，由被告人做最后陈述。

我认罪。

现在休庭，十五分钟后继续开庭，请法警将被告人带出法庭候审(法警执行)。

(休庭十五分钟，合议庭评议)

提被告人张某某到庭(法警执行)。

北京市某某区人民法院刑事审判庭现在继续开庭。现在进行当庭宣判，请全体起立。法院认为，被告人张某某无视国法，持械故意伤害他人身体，致人轻伤,被告人之行为已构成故意伤害罪,依法应予惩处。公诉机关对被告人张某某的指控成立。被告人张某某犯罪后自动投案……根据《中华人民共和国刑法》第234条第1款、第25条第1款、第67条第1款、第61条之规定,判决如下:被告人张某某犯故意伤害罪,判处有期徒刑八个月。不服本判决,可在接到判决书的第二日起十日内,通过法院或者直接向北京市某中级人民法院提出上诉。书面上诉的,应当提交上诉状正本一份,副本一份。

被告人听清了吗?

听清了。

被告人上诉吗?

不上诉。

本判决为口头判决,书面判决书将在五日内送达。

被告人听清了吗?

听清了。

现在闭庭,请法警将被告人带出法庭,带回看守所继续羁押(法警执行)

▶【基本问题】＞ ＞ ＞

以上案例中体现了刑事诉讼法中哪些庭审工作的具体程序? 法官主持庭审的注意事项有哪些?

▶【讨论与分析】＞ ＞ ＞

法庭审判是指人民法院的审判组织(合议庭或独任庭)通过开庭的方式在公诉人、当事人和其他诉讼参与人的参加下,调查核实证据查清案件事实,充分听取控辩双方对证据、案件事实和法律适用的意见,依法确定被告人的行为是否构成犯罪,应否受到刑事处罚以及给予何种刑事处罚的诉讼活动。[1] 刑事第一审程序的庭审阶段包括:开庭、法庭调查、法庭辩论、被告人最后陈述、评议和宣判。

一、开庭。开庭包括开庭前的准备工作和开庭的具体程序。根据刑事诉讼法第185条的规定,开庭的具体程序包括:(1)审判人员进入法庭时,法庭内全体人员应当起立。(2)审判长宣布开庭,传被告人到庭后,应当查明被告人的基本情况。(3)审判长宣布案件的来源、起诉的案由附带民事诉讼原告人和被告

---

① 陈光中主编:《刑事诉讼法》(第四版),北京大学出版社、高等教育出版社2012年版,第316页。

人的姓名及是否公开审理,对于不公开审理的案件应当当庭宣布不公开审理的理由。(4)审判长宣布合议庭组成人员、书记员、公诉人、辩护人、鉴定人和翻译人员的名单。(5)审判长应当告知当事人、法定代理人在法庭审理过程中依法享有的诉讼权利。(6)审判长分别询问当事人、法定代理人是否申请回避,申请何时回避和申请回避的理由。在上述案例中,审判长首先核实了被告人张某某的身份情况,讯问其收到起诉书的时间,告知审判组织情况,并告知被告人享有回避权、辩护权、申请通知新的证人到庭、调取新的物证、重新勘验或鉴定的权利、最后陈述意见的权利。在庭审中,审判人员要注意以下几点:(1)鉴于绝大多数被告人缺乏必要的法律知识,并不理解诉讼程序中相关专业术语的意义,故有必要在庭审中对诉讼权利进行浅显易懂的解释,有利于被告人充分行使其诉讼权利;(2)因审判人员长期重复同样告权内容,容易遗漏重要应告权事项,导致因程序违法被发回重审,笔者在审判实践中见过多起因遗漏告权被二审法院以程序违法为由发回重审的情况。

二、法庭调查。法庭调查是指在审判人员主持、控辩双方和其他参与人的参加下,当庭对案件事实和证据进行审查核实的诉讼活动。法庭调查是整个法庭审判的核心,该环节要对争议焦点进行举证质证,是案件审判成败与否的关键环节,也是对审判长庭审驾驭能力要求最高的部分。

1. 法庭讯问及发问。刑事诉讼法第 186 条规定,"公诉人在法庭上宣读起诉书后,被告人、被害人可以就起诉书指控的犯罪进行陈述,公诉人可以讯问被告人。被害人、附带民事诉讼的原告人和辩护人、诉讼代理人,经审判长许可,可以向被告人发问。审判人员可以讯问被告人。"公诉人可以就起诉书中指控的犯罪事实讯问被告人;被害人及其诉讼代理人经审判长准许,可以就公诉人询问的情况进行补充性发问;附带民事诉讼的原告人及其法定代理人或者诉讼代理人经审判长准许,可以就附带民事诉讼部分的事实向被告人发问等。控辩双方的讯问或发问情况,应当格外注意:(1)公诉人讯问被告人时,就一个具体情节纠缠询问、拖沓冗长、连环发问以及设定长问短答,审判长要及时提醒和制止;(2)辩护人重复公诉人发问内容、使用诱导性发问以及假设性发问、偏离审判主题纠缠细枝末节等;(3)辩护人未经审判长允许,擅自询问被害人等其他当事人或证人,打乱审判节奏;(4)控辩双方情绪失控,讯问或发问演变为人身攻击等。

2. 举证质证。举证程序是指在法官的主持下,控方为证明其指控的犯罪成立及其他定罪量刑情节,辩方为证明被告人不构成犯罪、罪轻或者免除其刑事责任,而直接向法庭提供证据的法定程序。质证程序是指控辩双方围绕所举证据的本身属性进行审查、质疑、说明、解释、咨询、辩驳等,审查证据的真实性、关联性和合法性,以确立证据的证明效力或否定证据部分或全部证明效力,从而对法官判案形成影响的法定程序。此外,根据刑事诉讼法第189条规定:"证人作证,审判人员应当告知他要如实地提供证言和有意作伪证或者隐匿罪证要负的法律责任。公诉人、当事人和辩护人、诉讼代理人经审判长许可,可以对证人、鉴定人发问。审判长认为发问的内容与案件无关的时候,应当制止。审判人员可以询问证人、鉴定人。"这是关于证人出庭作证的规定。在上述案例中,法庭根据控方的申请,传唤证人到庭作证,并要求证人在如实作证的保证书上签字具结,并在对证人交叉询问后,组织控辩双方对证人证言发表质证意见。

三、法庭辩论。法庭辩论是指在法庭审理的过程中,合议庭听取各方面意见,核实证据,查明案情,从而作出正确判决的诉讼过程。在法庭辩论阶段,应在审判长的主持下,按照下列顺序进行:(1)公诉人发表公诉词;(2)被害人及其诉讼代理人发言;(3)被告人自行辩护;(4)辩护人独立辩护;(5)控辩双方进行辩护。基本依照审判长从右向左循环一周,前四项活动成为一个回合,控辩双方可以进行多个回合,直至审判长总结争论焦点后再无新的意见。在这个过程中,调查和辩论是不能截然分开的。刑事诉讼法193条第1款、第2款规定:"法庭审理过程中,对与定罪、量刑有关的事实、证据都应当进行调查、辩论。经审判长许可,公诉人、当事人和辩护人、诉讼代理人可以对证据和案件情况发表意见并且可以互相辩论。"在法庭辩论阶段,审判长可以引导控辩双方先辩论定罪问题,后围绕量刑问题进行辩论。其实法庭辩论不仅仅集中在法庭调查后专门的法庭辩论阶段,而且在法庭调查阶段控辩双方也可以就案件事实、证据等进行相互辩论。上述案例中,被告人张某某承认指控事实,控辩双方对定罪问题无争议,法庭辩论即围绕量刑问题展开,突出定罪和量刑分别辩论的特点。

四、被告人最后陈述。该程序是指在法庭辩论结束后,被告人就自己是否有罪及罪行轻重当庭进行的最后辩护,是法律赋予被告人一项特有的权利,任何人都不得剥夺和限制。刑事诉讼法第193条第3款规定:"审判长在宣布辩论终结后,被告人有最后陈述的权利。"司法实践中,被告人陈述已经演变成对自己行为的忏悔以及请求被害人及被害人家属的原谅。如果在最后陈述阶段被告人一直重复自己的意见,审判长可以制止。司法实践中,被告人的最后陈述阶段是其在整个庭审中最后一次对被指控事实的一种表态,在该阶段,被告人仍可提出新的事实和证据,若遇此情形,审判长应当恢复法庭调查,再进行法庭辩论和最后陈述。

五、评议和宣判。该程序是法庭审判最后的阶段。一般在被告人最后陈述完毕后,审判长宣布休庭,开始合议庭进行评议,自此法庭审判进入评议和宣判阶段。刑事诉讼法第 195 条规定:"在被告人最后陈述后,审判长宣布休庭,合议庭进行评议,根据已经查明的事实、证据和有关的法律规定,分别作出以下判决:(一)案件事实清楚,证据确实、充分,依据法律认定被告人有罪的,应当作出有罪判决;(二)依据法律认定被告人无罪的,应当作出无罪判决;(三)证据不足,不能认定被告人有罪的,应当作出证据不足、指控的犯罪不能成立的无罪判决。"评议是审判人员在参加庭审的前提下对案件事实、证据和适用法律进行讨论、分析、判断并依法对案件作出裁判的诉讼活动。合议庭进行评议由审判长主持,应当秘密进行,在评议时,如果出现意见不一致,应当按照少数服从多数的方法作出决定。但是少数人的意见也应当记入笔录,评议笔录应当有合议庭成员签名。对于分歧比较大,疑难复杂的案件或者新类型案件,应由合议庭提请院长决定提交审判委员会进行讨论决定,审判委员会作出的决定,合议庭应当执行。宣判是法院将判决书的内容向当事人和社会公开的过程,分为当庭宣判和择日宣判。刑事诉讼法第 196 条规定:"宣告判决,一律公开进行。当庭宣告判决的,应当在五日以内将判决书送达当事人和提起公诉的人民检察院;定期宣告判决的,应当在宣告后立即将判决书送达当事人和提起公诉的人民检察院。判决书应当同时送达辩护人、诉讼代理人。"案件是否公开审理,宣告判决一律公开进行。宣判时,法庭内的全体人员都应当起立。上述案例为当庭宣判,书面判决书应当在五日内送达,虽被告人当庭表示不上诉,但其在接到书面判决书之日的第二日起十日内仍有权提起上诉。

案例三 简易审判程序

▶【案情简介】＞ ＞ ＞

　　公诉机关:北京市某区人民检察院。

被告人:景某,男,1998 年 4 月 3 日出生。

北京市某区人民检察院以京某检未检刑诉(2014)46 号起诉书指控被告人景某犯盗窃罪,于 2014 年 8 月 21 日向法院提起公诉。法院于同年 8 月 22 日立案。公诉机关建议对该案适用简易程序,法院向被告人送达书面权利说明并进行解释,被告人明确表示认罪并同意适用简易程序审理。故法院依法适用简易程序,实行独任审判,因被告人系未成年人,故不公开开庭审理了本案。北京市某区人民检察院指派代理检察员孙某某出庭支持公诉,被告人景某、北京市东城区助人社会工作事务所工作人员王某、指定辩护人庞某某到庭参加诉讼。

公诉机关指控:2014 年 6 月 14 日 12 时许,被告人景某和程某某(另案处理)到北京市某某区新华南路 63 号仙牌灵芝茶专卖店内,趁刘某某不备,从抽屉内盗窃人民币 9450 元。刘某某发现被盗后,在某某区红旗宾馆前将二人抓住并要回被盗赃款,后景某趁机逃跑;2014 年 6 月 23 日,被告人景某被抓获。被告人景某在开庭审理过程中对公诉机关指控的事实无异议,但认为其构成抢夺罪。其辩护人辩称,景某犯罪时尚未成年,赃物已退还,到案后如实供述自己所犯罪行,请求法院对其从轻处罚并适用缓刑。

法院认为,被告人景某以非法占有为目的,伙同他人秘密窃取公私财物,数额较大,其行为已构成盗窃罪,依法应予惩处。公诉机关指控的罪名成立。被告人景某犯罪时尚未成年,依法应当从轻处罚。被告人景某在案发后如实供述自己所犯罪行,涉案赃款已被追回,依法可对其从轻处罚。关于被告人景某之指定辩护人所提"对其适用缓刑"辩护意见,根据其犯罪的事实、性质、情节等,法院认为对其不宜适用缓刑;关于其辩护人所提其他辩护意见,法院在量刑时酌情予以采纳。结合被告人景某的成长经历、家庭教育和本案事实等情况分析,被告人景某存在错误的价值观和金钱观……以上各原因是导致其实施盗窃犯罪行为的主要原因。综上,法院根据被告人景某犯罪的事实、性质、情节和对于社会的危害程度等,依照《中华人民共和国刑法》相关法律规定之规定,判决如下:被告人景某犯盗窃罪,判处拘役五个月,并处罚金人民币 500 元。

▶【基本问题】 > > >

1. 刑事案件简易程序的适用条件及范围?
2. 适用简易程序的启动与决定主体?
3. 独任制简易程序与合议庭简易程序适用异同?

▶【讨论与分析】＞ ＞ ＞

一、关于简易程序的适用范围。简易程序是相对于普通程序而言的,指基层人民法院对于案件事实清楚、证据充分,被告人承认自己所犯罪行,对指控的犯罪事实没有异议且对适用简易程序没有异议的刑事案件,依法适用较普通第一审程序相对简单的审判程序。刑事诉讼法第 208 条规定:"基层人民法院管辖的案件,符合下列条件的,可以适用简易程序审判:(一)案件事实清楚、证据充分的;(二)被告人承认自己所犯罪行,对指控的犯罪事实没有异议的;(三)被告人对适用简易程序没有异议的。人民检察院在提起公诉的时候,可以建议人民法院适用简易程序。"刑事诉讼法第 209 条规定:"有下列情形之一的,不适用简易程序:(一)被告人是盲、聋、哑人,或者是尚未完全丧失辨认或者控制自己行为能力的精神病人的;(二)有重大社会影响的;(三)共同犯罪案件中部分被告人不认罪或者对适用简易程序有异议的;(四)其他不宜适用简易程序审理的。"上述规定从正反两个方面规定了简易程序的适用范围。要准确理解和把握简易程序的适用范围和条件,必须注意以下几点:

第一,事实清楚、证据充分,但非证据确实、充分。由于适用简易程序的前提是被告人认罪,适用该程序的结果是被告人的有罪判决,但由于证据只有经过庭审质证,才能达到确实充分的标准,故简易程序案件要达到事实清楚、证据充分即可,是否确实,需要庭审程序决定。第二,以"被告人认罪"为前提。(1)被告人不承认公诉机关指控罪名,但认可指控的主要事实,该情形能否适用简易程序? 在上述案例中,被告人景某对指控事实认可,但辩称其行为构成抢夺罪而非盗窃罪,符合被告人认罪条件,但认彼罪而非此罪。笔者认为,简易程序适用的条件和范围规定中"被告人承认自己所犯罪行",罪行可理解为犯罪的行为而非行为的定性评价,对行为的定性评价是司法机关依照法律规定作出,是司法机关适用法律的职能,并非被告人的权利内涵,且刑事诉讼法第 208 条第一款第(二)项后段的规定系对被告人承认内容的解释,即对指控事实认可即可,并不需要认可指控罪名。在上述案例中,虽被告人否认其构成盗窃罪,但其认可指控事实,故依法应当适用简易程序审理。(2)被告人必须自愿认罪。司法实践中,要注意甄别自愿顶罪、自愿揽罪、被迫认罪等情形。(3)被告人认罪必须在庭审阶段以明示方式作出。司法实践中,应当在庭审前询问、庭审中核实,且法官应当释明被告人承认犯罪并同意适用简易程序的法律后果,若未释明或未充分释明可能因被告人在简易程序开庭审理中失权,亦有可能造成庭审中断或障碍而形成庭审事故。笔者审理一起故意伤害案件中,该案被告人在庭前告权和庭审询问中,均表示承认自己犯罪并承认指控事实,但在庭审中对公诉人出示证据不断提出异议,并辩称伤害行为另有他人,最终该案当庭转为普通程序审理。

二、简易程序适用的启动与决定主体。刑诉法司法解释第289条规定,基层人民法院受理公诉案件后,经审查认为案件事实清楚、证据充分的,在将起诉书副本送达被告人时,应当询问被告人对指控的犯罪事实的意见,告知其适用简易程序的法律规定。被告人对指控的犯罪事实没有异议并同意适用简易程序的,可以决定适用简易程序,并在开庭前通知人民检察院和辩护人。对人民检察院建议适用简易程序审理的案件,依照前款的规定处理;不符合简易程序适用条件的,应当通知人民检察院。简易程序的启动主体是基层人民法院,人民法院可以对符合法律规定条件的案件决定适用简易程序。根据刑事诉讼法第208条第2款的规定,人民检察院具有适用简易程序的建议权。提起公诉前,人民检察院经审查认为该案件符合适用简易程序的条件,在提起公诉时,可以建议人民法院对提起公诉的案件适用简易程序。对于最终是否适用简易程序,由人民法院决定。但是,启用简易程序必须经被告人同意是一个必备条件。人民法院决定适用的,应事先征求被告人的同意。在上述案例中,公诉机关建议对该案适用简易程序,法院向被告人景某送达书面权利说明并进行解释,其明确表示认罪并同意适用简易程序审理,故法院决定适用简易程序审理。

三、独任制简易程序与合议庭简易程序适用异同。刑事诉讼法第210条规定:"适用简易程序审理案件,对可能判处三年有期徒刑以下刑罚的,可以组成合议庭进行审判,也可以由审判员一人独任审判;对可能判处的有期徒刑超过三年的,应当组成合议庭进行审判。"此条款是新修改刑事诉讼法与之前规定的不同之处,修改前刑事诉讼法规定简易程序一般由审判员独任审判,修改后的简易程序对可能判处的有期徒刑超过三年的,应当组成合议庭进行审判。这样的立法考量是对节约司法资源和追求案件公正效率的统一。理解上述规定,要注意以下问题:关于对"可能判处三年有期徒刑以下刑罚或超过三年的"的理解。可能判处的刑罚为宣告刑而非法定刑。在上述案例中,被告人景某盗窃涉案金额为9450元,根据北京市关于盗窃罪的入罪标准为2000元,涉案金额6万元以上属数额巨大,涉案金额40万元属数额特别巨大。被告人景某犯罪数额属盗窃数额较大,属可能判处三年有期徒刑以下刑罚的量刑幅度,完全符合简易程序的适用条件。若上述案例中被告人景某盗窃数额为 7 万元,但具有自首、立功等减轻处罚情节的,亦属于可能判处三年有期徒刑以下刑罚的量刑幅度,依然可适用独任审判的简易程序;若无法定减轻处罚情节,但其表示认罪并承认指控事实的,亦可适用合议庭审理的简易程序。

此外,上述案例审理程序同时适用简易程序和未成年人刑事案件诉讼特别程序,该案件审理中涉及合适成年人到庭制度、公开开庭例外制度、社会调查制度等,在此不再赘述。

第十四章

第二审程序

案例一　第二审程序的审判

▶【案情简介】＞ ＞ ＞

原公诉机关:山东省滨州市人民检察院。

上诉人(原审被告人):于某某。原系威海市政务服务中心管理办公室副主任,先后曾任某中级人民法院民四庭庭长、民二庭庭长、副院长。因涉嫌犯民事、行政枉法裁判罪、受贿罪于 2013 年 9 月 6 日被刑事拘留,同年 9 月 22 日被逮捕。

辩护人:王某、何某。

上诉人(原审被告人):刘某某。2005 年至 2010 年系山东胶东律师事务所执业律师,2010 年至今无固定职业。因涉嫌犯受贿罪于 2013 年 9 月 7 日被刑事拘留,同年 9 月 23 日被逮捕,2014 年 1 月 24 日被取保候审,2015 年 4 月 16 日被逮捕。现羁押于山东省滨州市看守所。

辩护人:夏某某。

山东省滨州市中级人民法院审理滨州市人民检察院指控原审被告人于某某、刘某某犯受贿罪一案,于 2015 年 4 月 16 日作出(2014)滨中刑二初字第 3 号刑事判决。宣判后,原审被告人于某某、刘某某不服,提出上诉。法院受理后,依法组成合议庭予以审理。经审阅本案全部卷宗材料,讯问上诉人于某某、刘某某,听取辩护人意见,对一审认定的事实、证据和适用法律进行了全面审查,认为本案不属于依法应当开庭审理的案件,决定不开庭审理。本案审理期间,法院依法决定延长审理期限二个月。

原审判决认定:2006 年 7 月至 2011 年,被告人于某某单独或伙同被告人刘某某(被告人于某某之夫),利用于某某先后担任某中级人民法院民二庭庭长、审判委员会专职委员、副院长的职务便利,为他人在案件诉讼方面提供帮助,或者利用其上述职权和地位形成的便利条件,过问其他审判人员办理的案件,为他人谋取利益或不正当利益,多次非法收受姜某、宫某等人的现金、房屋、金条等财物,折合人民币共计 28.16 万元。其中,刘某某伙同于某某非法收受他人财物共计 14.3 万元。法院判决被告人于某某犯受贿罪,判处有期徒刑十年;被告人刘某某犯受贿罪,判处有期徒刑四年;受贿赃款 28.16 万元依法予以追缴。原审判决宣判后,公诉机关未抗诉。原审被告人于某某、刘某某的辩护人代交上诉状,分别提出上诉。于某某的主要上诉理由为一审程序违法。一审未调取证实其无罪的证据、未通知对本案定罪量刑有重大影响的证人出庭作证属程序违法。于某某检举他人犯罪构成重大立功;一审法院未启动非法证据排除程序违反了法律规定。

二审法院对被告人于某某、刘某某受贿案全部事实、法律适用以及程序问题进行了全面审查。针对被告人于某某所提的上述理由,二审法院审查认为,根据刑事诉讼法及相关司法解释的规定,使用肉刑或者变相肉刑,或者采用其他使被告人在肉体上或者精神上遭受剧烈疼痛或者痛苦的方法,迫使被告人违背意愿作出的供述,属于以刑讯逼供等非法方法取得的证据,应当作为非法证据予以排除。本案没有任何证据或事实证实存在上述刑讯逼供等非法取证的情形,上诉人于某某亦在侦查阶段对其受贿犯罪事实多次予以供认,并形成亲笔供词,且有在案的相关书证、证人证言等证据予以佐证,不符合非法证据排除的条件。二审法院最终驳回上诉,维持原判。

▶【基本问题】＞＞＞

1. 第二审程序的功能属性、任务及其审理原则和范围。

2. 第二审程序的审理方式是否存在问题?

▶【讨论与分析】＞＞＞

1. 二审程序功能、任务及其审理原则和范围

第二审程序又称为上诉审程序,是第二审人民法院根据上诉人的上诉或者是人民检察院的抗诉,就第一审法院作出的尚未生效的判决或裁定中所认定的事实和适用的法律进行审理所适用的程序。由此可见,我国的第二审程序是第一审程序的延伸和继续,因此第二审程序具有权利救济、统一法律适用以及纠错功能。第二审程序的任务是第二审人民法院对第一审人民法院作出的判决

或裁定所认定的事实是否清楚,证据是否确实、充分,适用法律是否正确,诉讼程序是否合法进行全面审查和审理,并依法作出判决或裁定,以维持正确的一审判决和裁定,纠正错误的一审判决和裁定。

刑事诉讼第二审程序的特有原则包括全面审查原则和上诉不加刑原则。刑事诉讼法第222条规定:"第二审人民法院应当就第一审判决认定的事实和适用法律进行全面审查,不受上诉或者抗诉范围的限制。共同犯罪的案件只有部分被告人上诉的,应当对全案进行审查,一并处理。"这就是我国第二审人民法院全面审查的法定原则。第二审人民法院在全面审查的基础上,对案件要作出全面处理,从而使上诉状或抗诉书已指出的和未指出的、涉及已上诉或未上诉的被告人的错误判决和裁定都得到纠正。上述案例系中级人民法院一审审结案件,被告人上诉至省高级人民法院审理的案件,典型的二审审判程序案件,二审法院严格执行了关于二审审判程序的相关规定。

第二程序的审理对象与第一审程序的审理对象不同。我国刑事诉讼法第222条第一款规定:"第二审人民法院应当就第一审判决认定的事实和适用法律进行全面审查,不受上诉或者抗诉范围的限制。"根据这一规定,第二审人民法院对于上诉或抗诉案件,不仅要对上诉或抗诉的内容或理由进行审查,而且对上诉或抗诉没有提出而被第一审人民法院所认定的事实、证据、法律适用以及诉讼程序也要进行审查。在上述案例中,二审法院不仅对二被告人所提出的上诉理由进行审查,而且对全案的事实认定、法律适用以及程序问题进行了审查。这与民事诉讼二审程序截然不同。民事诉讼二审法院审查范围仅针对上诉请求的有关事实和适用法律进行审查,此有限审查原则即对当事人对其民事权利处分权的尊重和保障。

2. 二审审理方式

刑事诉讼法第223条第1款、第2款规定:"第二审人民法院对于下列案件,应当组成合议庭,开庭审理:(一)被告人、自诉人及其法定代理人对第一审认定的事实、证据提出异议,可能影响定罪量刑的上诉案件;(二)被告人被判处死刑的上诉案件;(三)人民检察院抗诉的案件;(四)其他应当开庭审理的案件。第二审人民法院决定不开庭审理的,应当讯问被告人,听取其他当事人、辩护人、诉讼代理人的意见。"该条款表明,我国第二审案件的审判方式有开庭审理和不开庭审理两种审理方式,但决定开庭审理或者不开庭审理应当遵循法定的程序。根据刑事诉讼法的规定,二审审理方式应当坚持开庭审理为主,不开庭审理为辅的原则,但司法实践中,开庭审理方式很少被选择,大多数二审案件都是以不开庭审理方式结案,上述案例亦为不开庭审理。究其原因,不外乎开庭审理标准缺乏可操作性、决定权在法院而缺乏监督制约以及开庭审理的局限性等原因。新修正的刑事诉讼法明确规定了开庭审理的范围,故准确理解 223 条第 1 款第(一)项的规定,要注意以下几点:第一,提出异议的主体是被告人、自诉人及其法定代理人。根据法律规定,辩护人具有独立辩护的法律地位,其可以提出独立的辩护主张。但是如果是被告人的辩护人、自诉人的诉讼代理人提出异议的,是否必须开庭审理?笔者认为,不能因此认为必须开庭审理,因为辩护人、诉讼代理人并不能全权代表被告人、自诉人,其本身不具有上诉权,只有经过授权才可以代为提起上诉。审判实践中,承办法官应当建议辩护人、诉讼代理人与本人沟通并签字确认后方可转化为其本人的上诉意见。另外,法律并未规定附带民事诉讼当事人异议权,故其提出异议与是否开庭审理无关。第二,异议内容只能是第一审认定的事实和证据,可能影响定罪量刑的。在上述案例中,原审被告人于某某提出一审未调取证实其无罪的证据、未通知对本案定罪量刑有重大影响的证人出庭作证属程序违法;一审法院未启动非法证据排除程序违法;于某某检举他人犯罪构成重大立功。虽然三项理由系针对程序性问题,但相关证据关乎事实认定,且被告人于某某所提重大立功情节,一审法院未认定,事实上属于对立功事实反面的肯定,且该情节关于重大量刑事实,二审法院未开庭审理不妥。第三,符合条件的就应当开庭审理,不能作限制解释。只要提出异议的主体提出了可能影响定罪量刑的异议,不论该异议最终是否成立或者最终是否影响定罪量刑(包括异议明显不成立的),均应当开庭审理。[①]上述案例中,虽然最终没能认定原审被告人于某某所提重大立功情节以及非法证据排除相关上诉意见,但二审法院未开庭审理涉嫌程序违法,应予纠正。

案例二　上诉不加刑及其限制

▶**【案情简介】** > > >

　　被告人段某某于 2006 年 1 月 12 日 16 时许,在北京市朝阳区三台山路金达

---

① 张军主编:《新刑事诉讼法法官培训教材》,法律出版社 2012 年版,第 360 页。

物流货运站内,明知邮件内有毒品,持"梁某"的身份证前来取此邮件,被公安人员当场抓获,经查邮寄的运动鞋内藏有"冰毒"甲基苯丙胺1包(净重48.6克)和"摇头丸"(甲基苯丙胺含量31%)983粒(净重94.8克)。一审法院认为,段某某明知是毒品而非法持有,其行为构成非法持有毒品罪。经审查,二审法院认为,被告人段某某供述其吸食毒品,经常向梁某购买毒品,明知帮助梁某提取的货物中夹带有毒品,帮助"提货"后送到梁某指定的地点的行为,应认定为运输毒品的一个组成部分,构成运输毒品犯罪。如果确实不能查明毒品的来源和去处的,才能保守认定构成非法持有毒品罪。所以此案定性不准,应定运输毒品罪,考虑上诉不加刑的原则,认定其属于运输毒品犯罪的从犯,对被告人进行减轻处罚,刑期和一审一样,判处有期徒刑九年,剥夺政治权利一年,并处罚金人民币1万元。此外,被告人段某某于2005年11月曾因犯盗窃罪被判处拘役六个月,缓刑八个月,其实施的本案犯罪行为系在缓刑考验期内,应先撤销缓刑,数罪并罚,原判却遗漏了这一问题,未撤销其缓刑。因受上诉不加刑原则的限制,在二审期间也无法对此问题予以补救。

▶ 【基本问题】 > > >

1. 上诉不加刑的含义及适用。
2. 上诉不加刑的限制及意义。

▶ 【讨论与分析】 > > >

1. 关于上述不加刑的含义及适用

刑事诉讼法第226条规定,"第二审人民法院审理被告人或者他的法定代理人、辩护人、近亲属上诉的案件,不得加重被告人的刑罚。第二审人民法院发回原审人民法院重新审判的案件,除有新的犯罪事实,人民检察院补充起诉的以外,原审人民法院也不得加重被告人的刑罚。"刑诉法解释325条规定,审理被告人或者其法定代理人、辩护人、近亲属提出上诉的案件,不得加重被告人的刑罚,并应当执行下列规定:(一)同案审理的案件,只有部分被告人上诉的,既不得加重上诉人的刑罚,也不得加重其他同案被告人的刑罚;(二)原判事实清楚,证据确实、充分,只是认定的罪名不当的,可以改变罪名,但不得加重刑罚;(三)原判对被告人实行数罪并罚的,不得加重决定执行的刑罚,也不得加重数罪中某罪的刑罚;(四)原判对被告人宣告缓刑的,不得撤销缓刑或者延长缓刑考验期;(五)原判没有宣告禁止令的,不得增加宣告;原判宣告禁止令的,不得增加内容、延长期限;(六)原判对被告人判处死刑缓期执行没有限制减刑的,不得限制减刑;(七)原判事实清楚,证据确实、充分,但判处的刑罚畸轻、应当适用附加刑而没有适用的,不得直接加重刑罚、适用附加刑,也不得以事实不清、证据不足为由发回第一审人民法院重新审判。必须依法改判的,应当在第二审判决、裁定生效后,依照审判监督程序重新审判。

上述刑事诉讼法及其司法解释的规定,即为上诉不加刑原则的规定。有的学者认为,上诉不加刑是指第二审人民法院审判被告人一方上诉的案件不得以任何理由加重被告人刑罚的一项审判制度。① 上诉不加刑原则是从"禁止不利益变更"原则中引申出来的,首先为大陆法系的法国和德国所采用。我国借鉴国外刑事诉讼法的积极经验,并总结国内司法实践的实际情况,在历次刑事诉讼法修改中作了上诉不加刑原则的有关规定,为刑事被告人的自由上诉提供了法律保障。这一原则的建立是为了保障当事人能够毫无顾虑地行使上诉权,保障当事人的诉讼地位不会因为上诉而变得更加恶化,从而使被告人的诉讼权利真正落到实处。

上诉不加刑的"不加刑"包括:同种刑种不得在量上增加;不得改变刑罚的执行方法;不得在主刑上增加附加刑;不得改判较重的刑种;不得加重数罪并罚案件的宣告刑;不得加重共同犯罪案件中未提起上诉和未被提起抗诉的被告人刑罚等。② 结合上述案例,要注意以下几点。

(1)一审判决时应撤销缓刑而未撤销,被告人不服提起上诉后,二审法院能否撤销缓刑,与新罪数罪并罚?笔者认为不能。上述案例中,被告人段某某在缓刑考验期内再犯新罪,依法应当撤销缓刑,与新犯罪数罪并罚,但因一审法院在判决时遗漏了这一问题,未撤销其缓刑。因受上诉不加刑原则的限制,在二审期间也无法对此问题予以补救,亦不得撤销前判缓刑与新罪并罚。该案做法虽有放纵犯罪之嫌,但保证了上诉不加刑制度的坚决贯彻。

(2)一审宣告缓刑的判决,被告人不服提起上诉,第二审人民法院能否撤销缓刑,执行原判刑罚或者延长缓刑的考验期?答案是否定的。如果撤销缓刑执行原判刑罚,对于被告人来说明明可以在监外执行,因为上诉还要接受监禁刑,这无疑是加重了被告人的刑罚,因此对于被告人判处拘役或有期徒刑而宣告缓

---

① 陈光中:《刑事诉讼法》(第四版),北京大学出版社、高等教育出版社 2012 年版,第 348 页。
② 王子瑶:《浅析上诉不加刑原则》,载《法制科技》2015 年第 2 期。

刑的,二审法院不得撤销原判决宣告的缓刑或者延长缓刑的考验期,否则就是违背了上诉不加刑原则的立法精神。

（3）对一审法院未确定的罪名,被告人上诉后,二审法院有权改判但不能增加确定罪名,否则违反上诉不加刑原则。上述案例中,一审法院认为,段某某的行为构成非法持有毒品罪,但经二审审查查明,被告人段某某供述其吸食毒品,经常向梁某购买毒品,明知帮助梁某提取的货物中夹带有毒品,帮助"提货"后送到梁某指定的地点的行为,应认定为运输毒品的一个组成部分,构成运输毒品犯罪。确实不能查明毒品的来源和去处的,才能保守认定构成非法持有毒品罪。故二审法院认为此案定性不准,应定运输毒品罪,考虑上诉不加刑的原则,一审法院未确定运输毒品罪,二审法院改判运输毒品罪,但考虑到运输毒品罪与非法持有毒品罪法定刑悬殊极大,故二审法院认定其属于运输毒品犯罪的从犯,对被告人进行减轻处罚,刑期和一审一样,判处有期徒刑九年,剥夺政治权利一年,并处罚金人民币 1 万元。

2. 上诉不加刑的限制

刑事诉讼法第 226 条及《刑诉法解释》第 325 条第 2 款均规定,人民检察院提出抗诉或者自诉人提出上诉的案件,不受前款规定的限制。上诉不加刑原则的限制有两条,即人民检察院提出抗诉的案件和自诉案件自诉人提出上诉的案件。对于此两类案件不受上诉不加刑原则的限制,一个案件既有检察院的抗诉也有被告人的上诉或者既有自诉人的上诉也有被告人的上诉,都不受上诉不加刑原则的限制。上诉不加刑原则无法促进诉讼效益的最大化,在保证有效地实现实体真实、打击犯罪方面,其作用也是有限的,但是在保障人权领域里它真正扎稳了自己的脚跟。上诉不加刑原则体现了它在打击犯罪方面的价值要略逊色于保障人权的价值。[①]

案例三　对扣押、冻结财物的处理

▶【案情简介】＞＞＞

2010 年 1 月 14 日,被告人陈某持伪造的某公司印章与朱某某签订建设工

[①]　姜辣、唐先华:《对上诉不加刑原则的价值探讨》,载《湖南省社会主义学院学报》2013 年第 2 期。

程施工合同,约定陈某承包朱某某的某养殖大棚建设工程,施工费用100万元,首付前期费用20万元。因陈某既无建设施工企业资质又无施工能力,取得上述前期费用后潜逃。2010年4月1日,被告人陈某持上述20万元为首付按揭购买本区内602号房屋1套,贷款40万元。后被朱某某告发。2010年7月19日,被告人陈某自动投案,并如实供述了上述主要犯罪事实。在该案审理期间,公安机关扣押了被告人陈某与朱某某签订的建设工程施工合同,查封陈某所购买的602号房屋,冻结了被告人陈某个人银行存款2.2万元,扣押其伪造的某公司印章和玉石挂坠一枚、自制劲弩一把。在审理阶段,案外人李某某提出公安机关扣押的玉石挂坠一枚系其所有,被扣押时仅由陈某借用,并出示了玉石挂坠鉴定报告及购买发票。所有查封、扣押、冻结物品均有公安机关移送相关法律手续及扣押、移送物品清单,公诉机关在起诉书附件中均明确为待法院处理物品。

法院认为,被告人陈某以非法占有为目的,在签订、履行合同过程中骗取对方当事人财物,数额特别巨大,已构成合同诈骗罪,应处十年以上有期徒刑,并处罚金。被告人陈某能自动至公安机关投案,并如实供述罪行,是自首,可以减轻处罚。依照《中华人民共和国刑法》第64条的规定,责令被告人陈某退赔犯罪所得,发还被害人。法院判决如下:一、被告人陈某犯合同诈骗罪,判处有期徒刑七年,罚金人民币35000元。二、责令被告人陈某退赔犯罪所得人民币20万元,发还被害人朱某某。

▶【基本问题】＞＞＞

1. 对查封、扣押、冻结的犯罪嫌疑人、被告人的赃证物处理规定有哪些? 该案判决处理有何不妥之处?

2. 对于被告人以按揭方式购买的房屋、车辆等财产的拍卖款,在银行贷款尚未清偿的情况下,能否判决全额发还或赔偿被害人?

3. 对供犯罪使用的财物是否均可以予以没收?

▶【讨论与分析】＞＞＞

一、赃证物处理相关法律规定

对查封、扣押、冻结的赃证物如何处理的问题,是办理刑事案件的一个重要问题。由于1979年刑事诉讼法对这些财物的返还、移送、没收等问题没有具体的规定,实践中做法不统一不规范,有时出现一些扯皮甚至违法处理的情况。如应当及时返还被害人的财产,没有及时返还,使被害人的合法权益得不到及时的保障,由于对应当移送、扣押冻结的财物、赃款赃物认识不一致,有些法院对未移送赃款赃物的案件不予处理,对犯罪分子不能给予及时应有的处罚;一些被扣押、冻结的财物、赃款赃物丢失、损坏或者被非法挪用,损坏了被害人的利益并使一些证据灭失,影响打击犯罪。刑事诉讼法第234条规定,"公安机关、人民检察院和人民法院对查封、扣押、冻结的犯罪嫌疑人、被告人的财物及其孳息,应当妥善保管,以供核查,并制作清单,随案移送。任何单位和个人不得挪用或者自行处理。对被害人的合法财产,应当及时返还。对违禁品或者不宜长期保存的物品,应当依照国家有关规定处理。对作为证据使用的实物应当随案移送,对不宜移送的,应当将其清单、照片或者其他证明文件随案移送。人民法院作出的判决,应当对查封、扣押、冻结的财物及其孳息作出处理。人民法院作出的判决生效以后,有关机关应当根据判决对查封、扣押、冻结的财物及其孳息进行处理。对查封、扣押、冻结的赃款赃物及其孳息,除依法返还被害人的以外,一律上缴国库。司法工作人员贪污、挪用或者私自处理查封、扣押、冻结的财物及其孳息的,依法追究刑事责任;不构成犯罪的,给予处分。"根据刑事诉讼法第234条、刑诉法解释等相关规定,对扣押、冻结涉案财物的处理主要分为三部分。

(一)妥善保管被查封、扣押、冻结的财物。公安机关、人民检察院和人民法院对查封、扣押、冻结的犯罪嫌疑人、被告人的财物及其孳息,应当妥善保管,以供核查,并制作清单,随案移送。查封不动产、车辆、船舶、航空器等财物,应当扣押其权利证书,经拍照或录像后原地封存,或者交有关人员保管,并详细记录其名称、型号、地址、权属等重要信息。扣押物品,应当登记并写明物品名称、型号、规格、数量、质量、重量、成色、纯度、颜色、新旧程度、缺损程度和来源等。扣押货币、有价证券的,应当登记并写明货币、有价证券的名称、数额、面额等,货币应当存入银行专门账户,并登记银行存款凭证的名称及内容。扣押文物、金银珠宝、古玩字画等贵重物品及违禁品,应当拍照,需要鉴定的应当及时鉴定。对扣押的物品需要估价的及时估价。[①]

(二)妥善处理作为证据使用的实物。对作为证据使用的实物,应当随案移

---

① 叶青主编:《案例刑事诉讼法学》,中国法制出版社2013年版,第393页。

送。任何单位和个人不得挪用或者自行处理。对于第一审判决、裁定宣判后，被告人上诉和检察院抗诉的案件，一审法院应当将上述证据随案移送。

（三）对于不能移送的证据，应当根据情况分别处理：大宗的，不便移送的，就地封存；易腐烂和霉变的及时拍照，然后处理，等等。

在上述案例中，公安机关扣押的被告人陈某与朱某某签订的建设工程施工合同，系书证，属于为查明案件事实的书面证物，应妥善保存，并移送审判机关，在审判机关作出判决后，留卷备查。在上述判决中，一审法院未对扣押书证处理不妥。关于公安机关所冻结被告人陈某个人银行存款 2.2 万元，属于被告人陈某个人财物，应当返还被害人，但判决书仅责令被告人陈某退赔犯罪所得人民币 20 万元，发还被害人朱某某，对于如何执行责令退赔款项，是否将冻结款项解冻、划拨法院后发还被害人，并未作出明确处理，给裁判文书的执行带来障碍。根据中国人民银行相关规定，银行存款冻结的最长期限一般为六个月，本案中极有可能因缺乏处理根据，致使冻结款项自动解冻后被取走，造成赃款无法有效追回。关于公安机关扣押的被告人陈某伪造的某公司印章具有双重法律意义：一则为物证，用以证明被告人虚构事实、隐瞒真相的手段，亦可作为伪造公司印章犯罪的直接证据；二则为违禁品，伪造的公司印章非法存在，应当予以销毁。但本案中，一审判决书中对此未作处理，概因对该证物处理缺乏法律依据。关于公安机关扣押的自制劲弩一把，属于违禁品，且无估价鉴定的必要，与本案亦无法律上的关联性，应当由公安机关依据治安管理处罚法等相关法律规定予以没收。

二、对于被告人以按揭方式购买的房屋、车辆等财产的拍卖款，在银行贷款尚未清偿的情况下，能否判决全额发还或赔偿被害人

关于上述案例中，公安机关所查封陈某某所购买的 602 号房屋如何处理的问题，一审法院未作处理。若被告人陈某无其他足够财产返还被害人朱某某，就涉及被查封房屋处理的问题。笔者认为，不宜直接判决将上述车辆或房屋的拍卖款全额发还或赔偿被害人，可采取在确保银行贷款得到清偿的前提下兼顾被害人合法权益的处理原则。对于被告人以犯罪所得钱款支付首付款后，向银行贷款购买的房屋，房屋的拍卖款应当首先用于清偿银行贷款，余款可判决发还被害人。若对于被告人以合法取得的钱款支付首付款后，向银行贷款购买的房屋、车辆，房屋、车辆的拍卖款应当首先用于清偿银行贷款，余款依法进行处理，不宜不区分情况直接判决发还、赔偿被害人、没收或冲抵罚金。实践中，有

的银行提出退回被告人支付的贷款和首付款,有的房屋开发商承诺清偿被告人所欠银行贷款并退回被告人已支付全部钱款,有的被告人家属承诺代为退赔被害人钱款,由其家属继续缴纳银行贷款,以取得被查封、扣押的车辆或房屋。上述情况如果不损害被害人等相关人员利益,可以将车辆或房屋交由银行、销售商、开发商或被告人家属处理。对银行、销售商、开发商或被告人家属交到法院的相关款项,根据被告人已支付钱款的来源,判决发还被害人或依法进行处理。

三、对供犯罪使用的财物是否均可以予以没收

笔者认为,根据刑法第 64 条的规定,只有供犯罪所用的本人财物才能予以没收。对于犯罪嫌疑人借或骗、偷、抢的用于犯罪的车辆、计算机等财物或非违禁品的各类工具,如果所有人明确,应予以发还,所有人不明确的,可返回移送机关处理,不宜直接予以没收。在上述案例中,关于公安机关扣押的玉石挂坠一枚,案外人李某某提出公安机关扣押的玉石挂坠一枚系其所有,被扣押时仅由陈某借用,并出示了玉石挂坠鉴定报告及购买发票,若能够与所扣押的玉石挂坠规格、质量、重量、成色、纯度、颜色、新旧程度、缺损程度等特征相互印证,足以认定该物品所有人为案外人李某某,应当及时发还案外人。此外,并非所有供犯罪使用的本人财物均予以没收。笔者审理的一起故意伤害案件中,被告人驾驶价值 16 万元的马自达 6 轿车冲向被害人,将被害人撞伤并达到轻伤一级,在审理中,被告人赔偿被害人医疗费等全部经济损失 1.5 万元并取得被害人的谅解。虽马自达 6 轿车可视为作案工具,但因车辆价值较高,且该案中的作案工具在性质上与常见的镐把、棒球棍等物性质上本无二致,若依照刑法第 64 条予以没收,容易出现罪刑不均衡的现象,故该案对扣押车辆未予处理,并退回移送机关。

第十五章

死刑复核程序

案例一 死刑核准的权限

▶【案情简介】> > >

　　被告人林某某原系××大学××医学院影像医学与核医学×××级硕士研究生,2013 年 3 月 31 日下午,林某某以取物为借口,从他人处借得钥匙后,进入××大学附属××医院(以下简称"××医院")××号楼×××影像医学实验室(以下简称"×××实验室"),取出其于 2011 年参与医学动物实验后存放于此处的、内装有剩余剧毒化学品二甲基亚硝胺原液的试剂瓶和注射器,并装入一个黄色医疗废弃物袋中带离该室。当日 17 时 50 分许,林某某携带上述物品回到×××实验室,趁无人之机,将试剂瓶和注射器内的二甲基亚硝胺原液投入该室饮水机内,后将试剂瓶等物装入黄色医疗废弃物袋,丢弃于宿舍楼外的垃圾桶内。4 月 1 日 9 时许,黄某在×××实验室从该饮水机接水饮用后,出现呕吐等症状,即于当日中午到××医院就诊。4 月 2 日下午,黄某再次到××医院就诊,经检验发现肝功能受损,遂留院观察。4 月 3 日下午,黄某病情趋重,转至该院重症监护室救治。林某某在此后直至 4 月 11 日,包括在接受公安人员调查询问时,始终未说出实情。4 月 12 日零时许,公安机关确定林某某有作案嫌疑并对其传唤后,林某某才如实供述了其向×××实验室饮水机投放二甲基亚硝胺的事实。4 月 16 日,黄某经抢救无效死亡。经法医鉴定,黄某系因二甲基亚硝胺中毒致急性肝坏死引起急性肝功能衰竭,继发多器官功能衰竭死亡。

　　上海市第二中级人民法院审理上海市人民检察院第二分院指控被告人林某某犯故意杀人罪一案,于 2014 年 2 月 18 日作出刑事判决,认定被告人林某某犯故意杀人罪,判处死刑,剥夺政治权利终身。宣判后,林某某提出上诉。上海市高级人民法院经依法开庭审理,于2015年1月8日作出刑事裁定:驳回上诉,维持原判,并依法报请最高人民法院核准。最高人民法院依法组成合议庭,对该案进行了复核,依法讯问了被告人,听取了辩护律师意见。

2015年11月12日(刑事裁定书落款时间),最高人民法院裁定核准上海市高级人民法院(2014)沪高刑终字第31号维持第一审以故意杀人罪判处被告人林某某死刑,剥夺政治权利终身的刑事裁定。审判人员分别为审判长李某某、审判员席某某、代理审判员王某。

2015年12月11日下午,上海市第二中级人民法院遵照最高人民法院院长签发的执行死刑命令,将罪犯林某某执行死刑。

► 【基本问题】 > > >

以上案例中体现了死刑核准权限的行使主体是谁,这样规定有何意义？行使死刑核准权限的具体审判组织是什么？可能存在哪些方面的问题？

► 【讨论与分析】 > > >

刑事诉讼法第235条规定:"死刑由最高人民法院核准。"人民法院组织法第12条(2006年10月31日修改,2007年1月1日起实施)、刑法第48条第2款对死刑核准的权限也作出了明确的规定。此外,刑事诉讼法第238条还明确规定:"最高人民法院复核死刑案件,高级人民法院复核死刑缓期执行的案件,应当由审判员三人组成合议庭进行。"

死刑案件核准权限的归属,自中华人民共和国成立至今,历时半个多世纪,几经变化,终于自2007年1月1日起,由最高人民法院统一行使死刑案件核准权。最高人民法院统一行使死刑案件核准权,具有深远的历时意义和现实意义。

(1)法律的归位。死刑复核程序的下放,主要依据是1983年人民法院组织法第13条规定:"……杀人、强奸、抢劫、爆炸以及其他严重危害公共安全和社会治安判处死刑的案件的核准权,最高人民法院在必要的时候,得授权省、自治区、直辖市的高级人民法院行使。"但是,《中华人民共和国刑事诉讼法(1996年修正)》第199条规定:"死刑由最高人民法院核准。"第200条第1款规定:"中级人民法院判处死刑的第一审案件,被告人不上诉的,应当由高级人民法院复核后,报请最高人民法院核准。"该条第2款规定:"高级人民法院判处死刑的第一审案件被告人不上诉的,和判处死刑的第二审案件,都应当报请最高人民法院核准。"《中华人民共和国刑法》第 48 条第 2 款规定:"死刑除依法由最高人民法院判决的以外,都应当报请最高人民法院核准。死刑缓期执行的,可以由高级人民法院判决或者核准。"由于刑法、刑事诉讼法是由全国人大制定的基本法,而人民法院组织法是由全国人大常委会制定的一般法,从效力等级上来说,刑法、刑事诉讼法的法律地位显然高于人民法院组织法。因此,收回死刑复核程序是对我国法律的一种遵守,是法律的归位。

(2)维护法制统一。实践中,经常发生各地法院对判处死刑的标准不同,造成一个地方判死刑的案件到另一个地方却不判死刑;或者,对那些经济犯罪和危害国家安全类型的犯罪,由于死刑复核权仍然由最高人民法院行使,会使人产生某些案件地位高于另一些案件的错觉,进而损害到国家法制的统一。收回死刑复核程序,对情节相同的案件作出相同的处理结果,对不同类型的案件适用同一法律程序,体现司法的权威,有利于维护我国社会主义法制的统一。

(3)发挥死刑复核的作用。我国法律设立死刑复核程序的直接目的就是为了防止滥杀、错杀,减少死刑的适用。但是,死刑复核程序下放以后,由于死刑案件归属中级人民法院一审,高级人民法院便成为死刑案件的二审法院;既然高级人民法院对部分案件享有死刑核准权,那么,死刑复核与二审合而为一也就不可避免。因为同一个审判委员会不可能作出两个不同的决定,这样一来,防止错杀的目的就难以达到了。收回死刑复核程序以后,除最高人民法院判决的死刑案件外,其他死刑案件一律由最高人民法院进行复核,可以最大限度地发挥死刑复核程序的作用,控制和减少死刑的适用。

(4)尊重和保障人权。近年来,我国越来越重视人权问题,相继加入国际保护人权公约,并将尊重和保障人权的规定写入宪法。生命权作为第一人权,更值得我们去尊重和保护。但是,死刑复核权的下放,导致各地在死刑适用标准上的不统一,有些地方甚至出现了一些像"佘祥林案"这样的冤假错案,造成了恶劣的社会影响。因此,目前我国虽然仍然不能完全废除死刑,但是收回死刑复核权,可以在全国范围内统一死刑的适用标准,有利于对判决死刑的人的权利进行救济,有利于在制度上保证死刑的公正,体现对生命权的终极关怀和尊重,是我国在人权保护道路上迈出的一大步。

该案是在社会上产生较大影响的重要案件,案件自案发到最终核准并执行死刑,经历了近 3 年的漫长历程,同时也经过了侦查、审查、一审、二审、死刑复核等复杂的程序,仅死刑复核到执行死刑这一阶段耗时就长达近 1 年之久。但是,无论过程多么漫长,程序多么复杂,都不能也不应当动摇由最高人民法院统一行使死刑案件核准权这一基本规定。相反,该案的处理经历较长的时间,也从一个侧面反映了司法机关尤其是最高人民法院在处理案件时的审慎态度,最大限度地过滤案件"隐患",确保案件处理的公平公正,保证准确地查明犯罪事实,正确应用法律,惩罚犯罪分子。同时保障无罪的人不受刑事追究。

当然,最高人民法院尽管是拥有死刑复核权的司法机关,但是对具体案件的复核活动必须由法官或其他裁判者依法组成审判组织负责进行。我国目前采取的方式是由审判员三人组成合议庭进行审理。这一点在本案当中是明确体现的。但是,这种审判组织模式仍然存在一定的问题。

(1)难以充分考量地区差异等因素。由于我国地域广、省份多、地区差异大,并且经济社会发展不平衡,各地民俗文化、生活习惯等差异较大,这种由最高人民法院集中复核死刑案件的做法,虽然在形式上能够实现法律适用的统一等效果,但在实质上不一定能够完全达到这种效果。

(2)审判权威不高。刑事诉讼法第 238 条明确规定复核死刑案件应当由审判员三人组成合议庭进行。这里的"审判员"是否包括"代理审判员"是一个需要思考的问题。虽然我们有理由将"审判员"扩大解释为包括"代理审判员"在内,但是对于核准死刑这样非常特殊并且非常重要案件的审理,我们在对审判组织的组成人员方面似乎不应当与其他案件审判组织的组成人员一视同仁,而应当采取更加严肃和审慎的态度。本案中的合议庭组成人员中有一人为"代理审判员"身份,虽然我们不能仅因此怀疑其能力和水平,但是这种处理方式仍然值得商榷。此外,仅仅依靠三名审判员组成的合议庭,并且考虑到现实中不同程度存在的"承办人制",这样的审判组织是否能够切实具备审理死刑案件的足够权威也是值得思考的问题。

(3)审判权限不明确。刑诉法解释第 178 条第 2 款规定:"拟判处死刑的案件、人民检察院抗诉的案件,合议庭应当提请院长决定提交审判委员会讨论决定。"根据这一规定,死刑核准案件实际上也必须经过最高人民法院审判委员会讨论决定。于是,"审而不判,判而不审"的现象再次出现,究竟哪一类审判组织具体享有死刑核准权限更加科学合理便需认真思考。

案例二　死刑案件的复核程序

▶【案情简介】＞＞＞

被告人刘某,男,汉族,无业,因涉嫌故意杀人罪于2013年6月19日被逮捕。

被告人刘某因患抑郁症又无独立生活来源,对社会不满,并产生以杀人方式报复社会之念。刘某经踩点后,于2013年6月4日晚携带两把水果刀、一把菜刀来到江西省某市××职业学院×校区伺机作案。当日21时20分许,刘某进入该校图文信息中心大楼303-2教室的"读者协会活动室"内,持水果刀和菜刀分别捅刺、砍坐在电脑桌前的该校学生黄某某(被害人,殁年20岁)和汪某(被害人,女,时年20岁)的后背。黄某某站起反抗,刘某又持刀朝黄某某的颈项部、胸腹部等部位捅刺多刀,致黄某某失血性休克死亡。汪某被捅后跑至活动室外的走廊上,刘某接着来到走廊上,又朝汪某的颈部、腹部等部位捅刺数刀,致汪某重伤。随后,接警赶到的公安人员和学校保安将其抓获归案。经司法精神病鉴定,刘某具有完全责任能力。

上述事实,有开庭审理中经质证确认的公安人员在抓获被告人刘某时依法扣押的单刃水果刀、在杀人现场提取的菜刀、单刃水果刀及刘某所穿衣服、鞋子等物证,调取的刘某就诊病历、处方单等书证,目睹刘某持刀捅刺被害人汪某的证人陈某某、罗某某和证人韦某某、邓某某、彭某某、张某某、谢某某等的证言,被害人汪某的陈述,尸体鉴定意见、伤情鉴定意见、证明在提取的水果刀、菜刀和刘某衣服上分别检出被害人黄某某、汪某和刘某血迹的DNA鉴定意见、证明刘某作案时具有完全责任能力的司法精神病鉴定意见,现场勘验、检查笔录等证据证实。被告人刘某亦供认。足以认定。

江西省某市中级人民法院审理了该案,于2013年11月28日作出刑事判决,认定被告人刘某犯故意杀人罪,判处死刑,剥夺政治权利终身。宣判后,刘某提出上诉。江西省高级人民法院经依法开庭审理,经审理后于2014年6月9日作出刑事裁定:驳回上诉,维持原判,并依法报请最高人民法院核准。最高人民法院依法组成合议庭,对本案进行了复核。审查了全部案卷材料,查明了被告人的身份状况、犯罪情节及后果和危害程度、原判诉讼程序的合法性以及法定或酌定的量刑情节等内容,对案件事实的认定作出了基本的判断。依法讯问了被告人,进一步了解了被告人的精神状态等情况,并听取了其对案件的陈述。听取了辩护律师意见。

最高人民法院认为,被告人刘某故意非法剥夺他人生命,其行为已构成故意杀人罪。刘某仅因自己身体、生活等方面的原因,产生报复社会之念,持刀捅刺在校无辜的大学生,致一人死亡、一人重伤。刘某作案手段残忍,后果及罪行极其严重。应依法惩处。第一审判决、第二审裁定认定的事实清楚,证据确实、充分,定罪准确,量刑适当。审判程序合法。依照《中华人民共和国刑事诉讼法》第235条、第239条和《最高人民法院关于适用〈中华人民共和国刑事诉讼法〉的解释》第350条第(一)项的规定,裁定如下:

核准江西省高级人民法院(2014)赣刑三终字第21号维持第一审以故意杀人罪判处被告人刘某死刑,剥夺政治权利终身的刑事裁定。

本裁定自宣告之日起发生法律效力。

► 【基本问题】 > > >

本案中审判机关在复核死刑案件过程中都进行了哪些工作?对复核后的案件采取了那种处理方式?

► 【讨论与分析】 > > >

根据刑事诉讼法第240条和刑诉法解释第348条、第345条第2款、第356条以及四机关意见等的规定,最高人民法院和高级人民法院复核或者核准死刑(死缓)案件,应当经过对案件进行全面审查并在必要时进行调查、讯问被告人、听取辩护律师的意见等环节。本案中,审判机关为查明案件事实主要开展了以下工作。

(1)对案卷进行全面审查。阅卷是重要的复核方式,通过全面审查案卷,可以发现原判认定的事实是否清楚,证据是否确实、充分,定性是否正确,法律手续是否齐备,对被告人判处死刑(死缓)是否正确,以便结合讯问被告人等对案件作出正确的处理。本案中,审判人员通过审查案卷材料,查明了被告人的身份状况、犯罪情节及后果和危害程度、原判诉讼程序的合法性以及法定或酌定的量刑情节等内容,对案件事实的认定作出了基本的判断。

（2）讯问被告人。讯问被告人是死刑复核程序中的重要环节。因为通过审判人员与被告人的直接接触，可以更加直观地了解被告人的精神状态、内心动态以及认罪悔罪表现，还可以更加直观地了解某些案件事实的细节，便于审判人员结合案卷材料对案件事实作出更加客观的判断。本案中，审判人员通过讯问被告人，既直观感受到刘某的精神状况，又进一步感受到了刘某在实施犯罪时手段的残忍程度。

（3）听取辩护律师的意见。听取辩护律师的意见，有利于更全面地了解被告人的犯罪情节、后果以及危害程度，尤其是能够全面了解是否还存在法定、酌定从轻或者减轻处罚情节甚至无罪情节等内容，避免在审理案件过程中"偏听偏信"。

刑诉法解释第350条规定："最高人民法院复核死刑案件，应当按照下列情形分别处理：（一）原判认定事实和适用法律正确、量刑适当、诉讼程序合法的，应当裁定核准；（二）原判认定的某一具体事实或者引用的法律条款等存在瑕疵，但判处被告人死刑并无不当的，可以在纠正后作出核准的判决、裁定；（三）原判事实不清、证据不足的，应当裁定不予核准，并撤销原判，发回重新审判；（四）复核期间出现新的影响定罪量刑的事实、证据的，应当裁定不予核准，并撤销原判，发回重新审判；（五）原判认定事实正确，但依法不应当判处死刑的，应当裁定不予核准，并撤销原判，发回重新审判；（六）原审违反法定诉讼程序，可能影响公正审判的，应当裁定不予核准，并撤销原判，发回重新审判。"本案经复核认为"第一审判决、第二审裁定认定的事实清楚，证据确实、充分，定罪准确，量刑适当，审判程序合法"，因此作出了依法核准死刑的裁定。

第十六章

审判监督程序

案例一 提起审判监督程序的材料来源及其审查处理

▶【案情简介】＞＞＞

2014年1月22日19时许,被告人康某与朋友张某某、王某某、赵某某在马某某、康某某、李某甲租住的房间里聊天。期间,赵某某和康某某一同上床睡觉,后被告人康某又挤在赵某某、康某某的床上睡,赵某某不高兴责备了几句,引起康某的不满。后马某某、李某甲相继到房间,与王某某、张某某及被告人康某一起喝酒。约11时许,被告人康某持弹簧刀隔着被子朝睡在床上的赵某某捅了一刀,致赵某某腹部受伤。随后,康某、马某某、张某某、康某某四人送赵某某至某县中医院院内,在听到医生说赵某某已经死亡后,康某等人随即离开。某县公安局民警于2014年1月23日将被告人康某在其家中抓获。经鉴定:死者赵某某符合锐性物体作用致肠管破裂,大失血死亡。

某市中级人民法院认为,被告人康某无视国法,故意伤害他人身体,致人死亡,其行为已构成故意伤害罪。康某与被害人赵某某因琐事发生摩擦,酒后遂持刀捅伤被害人,致其肠管破裂大失血死亡。后果严重,应依法惩处。鉴于康某到案后如实供述,认罪态度好等情节,以故意伤害罪对康某判处无期徒刑,剥夺政治权利终身。被告人不服,提出上诉。省高级人民法院审理后裁定驳回上诉,维持原判。判决生效后一个月,康某的父亲向高级人民法院提出申诉,并提交了康某在犯罪时"系未满十八周岁的未成年人"的证明,认为康某具有法定从轻减轻处罚情节,而原判决中并未发现和适用该情节。在按照要求补充提供了相关的材料后,高级人民法院依法受理了康某父亲的申诉,并于2个月后以"有新的证据证明原判决、裁定认定的事实确有错误,可能影响定罪量刑"为由依法作出了再审的决定。

▶【基本问题】> > >

1. 本案中罪犯的父亲(近亲属)是否有权提出申诉？提起审判监督程序的材料来源都包括哪些？

2. 本案中相关机关对申诉材料的受理和处理是否正确？

▶【讨论与分析】> > >

1. 本案中，康某的父亲作为其近亲属有权提出申诉。提起审判监督程序的材料来源包括。

（1）当事人及其法定代理人、近亲属和有关的案外人的申诉。刑事诉讼法第 241 条规定："当事人及其法定代理人、近亲属，对已经发生法律效力的判决、裁定，可以向人民法院或者人民检察院提出申诉，但是不能停止判决、裁定的执行。"最高法解释第 371 条第 2 款、第 3 款规定："案外人认为已经发生法律效力的判决、裁定侵害其合法权益，提出申诉的，人民法院应当审查处理。""申诉人可以委托律师代为进行。"由于当事人及其法定代理人、近亲属一般最能了解案件情况，最能够感受法律适用的正确与否，同时也对案件本身更为关心，因此对这类人的申诉应当积极受理并认真对待，确保案件处理的准确性。

（2）各级人民代表大会代表提出的关于纠正错案的议案。人大代表在视察工作和调查访问等工作中，也能够了解到群众对人民法院判决、裁定正确与否的意见，并在人民代表大会会议期间有针对性地提出议案，成为审判监督程序提起的重要材料来源。对此，各级人民法院应认真对待，并按照规定将处理结果报告权力机关。

（3）司法机关自己发现错案。上级人民法院、人民检察院在对下级人民法院的判决、裁定的监督工作中，或者人民法院、人民检察院自己在开展案件评查、检查工作中，也能够发现已经生效的判决、裁定确有错误，这些发现当然也可以成为提起审判监督程序的材料来源。但是在实践中，司法机关能够自己发现并纠正错误的几率微乎其微，这需要广大司法机关及司法人员切实转变观念，树立正确的司法理念。同时也需要上级司法机关对相关考核机制等作相应的调整。

（4）相关单位和组织对生效判决和裁定反映的意见。各级党政领导机关、纪检监察机关以及律师协会、律师事务所以及新闻媒体等单位和组织，在进行社会调查或履行职务过程中也能够发现已生效的判决、裁定可能存在错误,并通过多种形式向司法机关提出意见建议,成为提起审判监督程序的又一重要材料来源。

2. 本案中相关机关对申诉材料的受理和审查处理是正确的,具体如下。

(1)申诉材料的受理。根据最高法解释第 372 条的规定,申诉材料包括:申诉状;原一、二审判决书、裁定书等法律文书;其他相关材料。本案中康某的父亲除提交了相关证明材料外,还按要求补充了其他相关材料,符合受理条件。

(2)申诉案件的管辖。根据刑事诉讼法第 241 条和最高法解释第 373 条的规定,申诉由终审人民法院审查处理。但是,第二审人民法院裁定准许撤回上诉的案件,申诉人对第一审判决提出申诉的,可以由第一审人民法院审查处理。上一级人民法院对未经终审人民法院审查处理的申诉,可以告知申诉人向终审人民法院提出申诉,或者直接交终审人民法院审查处理,并告知申诉人;案件疑难、复杂、重大的,也可以直接审查处理。对未经终审人民法院及其上一级人民法院审查处理,直接向上级人民法院申诉的,上级人民法院可以告知申诉人向下级人民法院提出。本案的终审法院是高级人民法院,因此申诉人向高级人民法院提出申诉,高级人民法院予以受理的做法是正确的。

(3)受理申诉的期限。根据最高人民法院 2002 年 9 月 10 日出台的《关于规范人民法院再审立案的若干意见(试行)》第 10 条规定:"人民法院对刑事案件的申诉人在刑罚执行完毕后两年内提出的申诉,应当受理;超过两年提出申诉,具有下列情形之一的,应当受理:(一)可能对原审被告人宣告无罪的;(二)原审被告人在本条规定的期限内向人民法院提出申诉,人民法院未受理的;(三)属于疑难、复杂、重大案件的。不符合前款规定的,人民法院不予受理。"本案中,康某的父亲在判决生效后一个月就提出了申诉,当然符合受理申诉期限的要求。

(4)审查处理的期限。最高法解释第 375 条规定:"对立案审查的申诉案件,应当在三个月内作出决定,至迟不得超过六个月。经审查,具有下列情形之一,应当根据刑事诉讼法第二百四十二条的规定,决定重新审判:(一)有新的证据证明原判决、裁定认定的事实确有错误,可能影响定罪量刑的;(二)据以定罪量刑的证据不确实、不充分、依法应当排除的;(三)证明案件事实的主要证据之间存在矛盾的;(四)主要事实依据被依法变更或者撤销的;(五)认定罪名错误的;(六)量刑明显不当的;(七)违反法律关于溯及力规定的;(八)违反法律规定的诉讼程序,可能影响公正裁判的;(九)审判人员在审理该案件时有贪污受贿、徇私舞弊、枉法裁判行为的。申诉不具有上述情形的,应当说服申诉人撤回申诉;对仍然坚持申诉的,应当书面通知驳回。"本案中,高级人民法院在受理申诉后2个月就以"有新的证据证明原判决、裁定认定的事实确有错误,可能影响定罪量刑"为由依法作出了再审的决定,其行为符合法定程序。

案例二　提起审判监督程序的条件

▶【案情简介】＞＞＞

2013年11月14日20时许,被告人郑某某与女网友赵某甲及赵某甲的朋友赵某乙一同到某区华兴美食城"金珍酷烤空间"烤吧吃饭。郑某某相继打电话约来朋友刘某某、何某某、麻某甲及其妻子、余某某及其女友一起吃饭。期间,赵某乙的男友任某某电话询问得知赵在"金珍酷烤空间"烤吧吃饭遂开车来到烤吧楼下等候。15日凌晨3时许,郑某某与赵某甲、赵某乙、刘某某、何某某、麻某甲及其妻子等七人吃完饭后,乘车到某区"君豪宾馆"给赵某乙取包裹,赵某乙电话告知一直在烤吧楼下等她的任某某要到"君豪宾馆"取东西,让任某某在附近等。被告人郑某某等人驾驶三辆车到达某区"君豪宾馆"门前,任某某也驾驶一辆黑色轿车跟随到宾馆附近的路边。赵某乙从宾馆下来后,在宾馆门口附近与何某某站在一起说话,任某某下车拿出随身携带的电警棍,上前击打何某某。郑某某、刘某某、麻某甲、何某某一起上前对任某某拳打脚踢。郑某某见任某某持有电警棍,从车上取出在去宾馆的路上向何某某要来的水果刀,在任某某的胸腹部连刺数刀。之后,被告人郑某某、何某某、麻某甲、刘某某分别驾车逃离。任某某经庆阳市人民医院抢救治疗,于2013年11月16日6时10分死亡。经鉴定:任某某系被他人持锐器刺伤右侧胸壁、腹壁及内脏致大出血死亡。

某市人民法院认为,被告人郑某某、刘某某、何某某、麻某甲与人发生矛盾后,共同故意伤害他人。在实施故意伤害的过程中,被告人郑某某返回到自己的车上,拿出水果刀,持刀连续在被害人的要害部位捅刺,致人死亡,其犯罪手段残忍,后果严重,其行为已构成故意杀人罪。公诉机关指控被告人郑某某构成故意伤害罪的罪名不能成立,不予支持。结合其他量刑情节,某市中级人民法院以被告人郑某某犯故意杀人罪,判处无期徒刑,剥夺政治权利终身;被告人何某某犯故意伤害罪,判处有期徒刑九年;被告人麻某甲犯故意伤害罪,判处有期徒刑四年。

宣判后,在法定期间内,被告人未提出上诉,检察机关也未提出抗诉。

判决发生法律效力后,某市中级人民法院院长认为该案中对被告人郑某某的行为认定为故意杀人罪而对其他同案被告人的行为认定为故意伤害罪的定性不正确,属于适用法律确有错误,进而导致了量刑不当。于是该院长按照审判监督程序,将该案提交审判委员会处理。审判委员会经讨论,认为原判决认定事实清楚,适用法律正确,并无明显不当,决定不对该案进行再审。

▶【基本问题】> > >

提起审判监督程序应当具备哪些条件?该案中某市中级人民法院审判委员会决定不对该案进行再审的做法是否正确?

▶【讨论与分析】> > >

审判监督程序又称再审程序,是指人民法院、人民检察院对已经发生法律效力的判决和裁定,发现在认定事实或适用法律上确有错误,依法提起并对案件进行重新审判的程序。根据刑事诉讼法和最高法解释、最高检规则,有权提起审判监督程序的主体是:(1)各级人民法院院长和审判委员会;(2)最高人民法院和上级人民法院;(3)最高人民检察院和上级人民检察院。

提起审判监督程序的条件或称理由,是指在什么情况下对什么样的生效裁判才能作出启动决定并进行重新审判的事由。根据刑事诉讼法第 243 条等的规定,提起审判监督程序应当符合法定的条件。

一是判决或者裁定已经发生法律效力,这是提起审判监督程序的形式要件。

二是原裁判在认定事实上确有错误。原裁判在认定事实上的错误包括事实不清和证据不确实、不充分两个方面。所谓事实不清,是指原裁判所认定的主要犯罪事实不清或罪与非罪不清,或此罪与彼罪不明,或者影响定罪量刑的重大情节不清楚等;所谓证据不确实、不充分,是指认定案件事实的证据不客观真实或者证据与案件事实之间无客观联系,或者证据之间有矛盾且矛盾不能得以合理排除,或者所得的结论显然不能排除其他可能等。这些情节只要具备其中之一,都可以认为是原判决在认定事实上确有错误。

三是原裁判在适用法律上的错误。首先,是指适用实体法即刑法的错误。由于适用法条有误致使定性不准,混淆了罪与非罪的界限,或者将此罪定为彼罪,轻罪定为重罪,重罪定为轻罪,从而造成量刑畸轻畸重,甚至错判无辜。其次,是适用程序法即刑事诉讼法的错误,主要是指原审人民法院严重违反刑事诉讼程序。例如,违反公开审判、回避制度、审判组织不合法及剥夺或限制当事人的法定权利可能影响公正审判等情形。

需要注意的是,对于提起审判监督程序的条件,法律上只做了"确有错误"的原则规定,并未进行具体规定。审判监督程序作为一种特殊程序,一方面它是使国家刑罚权得以正确行使的可靠保障,有利于实现上级司法机关对下级人民法院审判工作的监督,有利于保障当事人的合法权益;而另一方面,对审判监督程序的适用也不能毫无限制,否则就会对原有生效判决的权威性和稳定性产生巨大的冲击。因此,对于"确有错误"的把握必须严格,不能认为在法律适用等方面只要有某些瑕疵或争议就说成是"确有错误"。

该案中,某市中级人民法院院长对生效一审判决提出的异议实际上体现了刑法理论和实践当中对共同犯罪等相关问题的认识分歧。这种认识分歧的前提是行为构成犯罪,但是构成什么样的犯罪以及如何进行处理认识不一。实际上,对被告人郑某某的行为无论是认定为故意伤害罪(致人死亡)还是认定为故意杀人罪,都是具有一定的理论支撑的,但综合全案来看,无论以哪种罪名定性,对被告人的最终量刑都是不会产生太大影响的。该案涉及是否启动审判监督这一特殊程序,一方面如果仅仅是在对案件的定性上存在单纯的认识分歧就认为是"确有错误"似乎有所不妥;另一方面即使启动了审判监督程序,最后的结果更多的也可能只是改变案件的部分定性,而在量刑等方面可能不会有什么变化。因此,对该案启动审判监督程序是没有现实的必要的,某市中级人民法院审判委员会决定不对该案进行再审的做法是正确的。

案例三　再审抗诉

▶【案情简介】＞＞＞

被告人刘某某,男,汉族,农民,因涉嫌犯非法经营罪于 2012 年 8 月 23 日被取保候审。

被告人黎某某,女,汉族,农民,因涉嫌犯非法经营罪于2012年8月14日被取保候审。

某县人民检察院以被告人刘某某、黎某某犯非法经营罪,向同级人民法院提起公诉。

某县人民法院经公开开庭审理查明。

2012年7月26日,被告人刘某某、黎某某从四川省内江市来到四川省某县,在没有取得烟草经营、运输许可资格的情况下,在某县天池镇公园路唐真碧处购买卷烟红梅(软顺)993条、雄狮(硬红)223条、龙凤呈祥(世纪朝)311条,总计1527条。次日,刘某某、黎某某从某县返回,准备将烟带到内江后转运至云南销售,在途经某县回澜收费站时被抓获。当场查获卷烟1527条,共计30.54万支。经鉴定,价值43262元。刘某某、黎某某到案后对上述犯罪事实供认不讳。

某县人民法院一审认为,被告人刘某某、黎某某未经许可,经营法律、行政法规规定的专营、专卖物品,其行为已构成非法经营罪。在共同犯罪中,刘某某起主要作用,系主犯;黎某某起次要作用,系从犯,应当从轻处罚。刘某某、黎某某到案后如实供述自己的犯罪事实,可以从轻处罚。因刘某某、黎某某购买的卷烟尚未出售,违法所得尚未产生,故不宜对刘某某、黎某某并处罚金。依照《中华人民共和国刑法》第225条、第25条第1款、第26条第1款、第4款、第27条、第64条、第67条第3款、第72条第1款、第3款、第73条第2款、第3款、《最高人民法院、最高人民检察院关于办理非法生产、销售烟草专卖品等刑事案件具体应用法律若干问题的解释》第3条第1款第(一)项等的规定,判决:被告人刘某某犯非法经营罪,判处有期徒刑九个月,缓刑一年;被告人黎某某犯非法经营罪,判处有期徒刑六个月,缓刑一年;扣押的红梅(软顺)993条、雄狮(硬红)223条、龙凤呈祥(世纪朝)311条,予以没收。

某县人民检察院认为,根据《中华人民共和国刑法》第225条和《最高人民法院关于适用财产刑若干问题的规定》第1条的规定,对于犯非法经营罪的被告人在判处有期徒刑的同时应当判处罚金,但原判未判处罚金属适用法律错误,刑罚明显不当。向某市中级人民法院提出抗诉。某市中级人民法院经审理后认定的事实与一审认定的事实一致。针对抗诉机关关于原判适用法律错误,刑罚明显不当的抗诉理由,二审法院认为,一审法院依照《中华人民共和国刑法》第225条规定的非法经营罪,"情节严重的,处五年以下有期徒刑或者拘役,并处或者单处违法所得一倍以上五倍以下罚金"之规定,以本案所涉非法经营卷烟尚未出售即违法所得尚未产生为由,认为对原审被告人不宜处罚金,该判决理由并无不当。故抗诉机关关于原判适用法律错误、刑罚明显不当的抗诉理由,不能成立。原判认定事实清楚,审判程序合法,裁定驳回抗诉,维持原判。

某市人民检察院认为,二审裁定适用法律错误,在对原审被告人刘某某,黎某某判处有期徒刑的同时,应综合其犯罪事实和情节,依法判处相应的罚金。理由如下:(1)依照《中华人民共和国刑法》第225条,非法经营罪是典型的贪利型犯罪,应当并处罚金;(2)依照《最高人民法院关于适用财产刑若干问题的规定》第1条,"刑法规定'并处'没收财产或者罚金的犯罪,人民法院在对犯罪分子判处主刑的同时,必须依法判处相应的财产刑";(3)依照《中华人民共和国刑法》第52条、《最高人民法院关于适用财产刑若干问题的规定》第2条,在无实际违法所得的情形下,根据《中华人民共和国刑法》第225条不能计算出罚金数额,人民法院应当根据非法经营数额等犯罪情节,综合考虑犯罪分子缴纳罚金的能力,依法判处罚金,罚金最低数额不能少于1000元。因此,向当地高级人民法院提出抗诉。

▶【基本问题】 > > >

再审抗诉程序如何提出?本案中某市人民检察院的做法是否正确?

▶【讨论与分析】 > > >

刑事诉讼法第243条第3款规定:"最高人民检察院对各级人民法院已经发生法律效力的判决和裁定,上级人民检察院对下级人民法院已经发生法律效力的判决和裁定,如果发现确有错误,有权按照审判监督程序向同级人民法院提出抗诉。"这一规定表明:最高人民检察院既有权对最高人民法院已经发生法律效力的判决和裁定按照审判监督程序直接提出抗诉,也有权对地方各级人民法院已经发生法律效力的判决和裁定按照审判监督程序提出抗诉。省级以下人民检察院只能对其下级人民法院已经发生法律效力的判决和裁定按照审判监督程序提出抗诉,而无权直接向本级人民法院提出抗诉。如果地方各级人民检察院和下级人民检察院发现同级人民法院或上级人民法院的判决、裁定确有错误,只能向其上级人民检察院提出,请求上级人民检察院向同级人民法院提出抗诉,但是否提出抗诉,由接到请求的人民检察院决定。

本案中,在某市中级人民法院依法作出二审裁定后,某市人民检察院认为中级人民法院的判决和裁定确有错误,因而直接向当地高级人民法院提出抗诉,这种做法是错误的。正确的做法应当是,由某市人民检察院向当地省级人民检察院提出《提请抗诉报告书》,请求省级人民检察院向高级人民法院提出抗诉。

在此,需要重点区分审判监督程序的抗诉与第二审程序的抗诉的区别。二者虽然都是人民检察院对审判的法律监督,但是两者在抗诉的对象等方面均有区别。

一是抗诉的对象不同。二审抗诉的对象是地方各级人民法院尚未发生法律效力的一审判决、裁定;而再审抗诉的对象是已经发生法律效力的判决和裁定。

二是抗诉的权限不同。除最高人民检察院外,任何一级人民检察院都有权对同级人民法院的一审判决、裁定提出二审抗诉。而除最高人民检察院有权对同级的最高人民法院发生效力的判决、裁定提出再审抗诉外,其他各级人民检察院只能对其下级人民法院发生法律效力的判决、裁定提出再审抗诉。可见,基层人民检察院只能提出二审抗诉,无权提出再审抗诉;而最高人民检察院只能提出再审抗诉,无权提出二审抗诉。

三是接受抗诉的审判机关不同。接受二审抗诉的是提出抗诉的人民检察院的上一级人民法院;而接受再审抗诉的是提出抗诉的人民检察院的同级人民法院。

四是抗诉期限不同。二审抗诉必须在法定期限内提出,而法律对再审抗诉的提出没有规定期限。

五是抗诉的效力不同。二审抗诉将阻止第一审判决、裁定发生法律效力;再审抗诉并不导致原审判决、裁定在人民法院按照审判监督程序重新审判期间执行的停止。

案例四　依照审判监督程序对案件的重新审判

▶【案情简介】＞＞＞

某市某区人民检察院于 2011 年 6 月 26 日对被告人陈某涉嫌贪污一案向某

市某区人民法院提起公诉。起诉指控称:2006 年 5 月,某市文化局、绿果树集团公司、省人民广播电台(以下简称人民台)共同组成委员会,承办"魅力·巴西"大型演出活动。其中,某市文化局、绿果树集团公司是演出的主办单位,人民台作为第一承办单位,与某市文化局签订协议,负责此次活动的宣传等综合性工作。2006 年 6 月 12 日、14 日,某市文化局根据双方协议要求,分两次将人民币 35 万元活动经费转到人民台的账上,人民台具体经办人陈某于同年 6 月 12 日、6 月 18 日用白条以借款形式分三次从财务上将其中的 25 万元领出。活动结束后,被告人陈某在明知的情况下,书写虚假报销报告,用假发票支付凭证冲抵前述 25 万元借款。除在活动中实际开支人民币 163619 元以外,余款人民币 86381 元被陈某个人侵吞。公诉机关认为被告人陈某的行为触犯我国刑法第 382 条之规定,建议以贪污罪追究被告人陈某的刑事责任。

某市某区人民法院于 2012 年 2 月 5 日作出刑事判决,认定陈某犯贪污罪,判处有期徒刑五年,赃款发还受害单位。宣判后,陈某提出上诉。某市中级人民法院经审理后于 2012 年 4 月 5 日作出刑事裁定:驳回上诉,维持原判。

上述裁判发生法律效力后,陈某不服,向某市中级人民法院提出申诉。申诉的理由是认为其行为不构成犯罪:(1)人民台和陈某之间有约定,陈某以人民台的名义组织此次演出活动,自负盈亏,人民台收取 2 万元的挂靠费,进入人民台的是陈某的钱,不是公款;(2)人民台、某市文化局、绿果树集团的三方协议,并未明确人民台的权利和义务,人民台也未参与利润分成,这足以证实二者的挂靠关系成立;(3)陈某冲抵发票的行为不是贪污的手段,而是作为财务制度的要求,不能据此认定其行为构成贪污罪。

某市中级人民法院经审查后决定按照审判监督程序对该案进行重新审判,并另行组成合议庭依照第二审程序公开开庭审理了该案,某市人民检察院派员出席法庭。某市中级人民法院在重新审理后认为原判决、裁定认定的事实不清、证据不足,于 2013 年 12 月 15 日作出刑事裁定,撤销某市中级人民法院(2012)××刑二终字第 82 号刑事裁定和某市某区人民法院(2011)××刑初字第 460 号刑事判决,将案件发回某市某区人民法院重新审理。

▶【基本问题】> > >

1. 本案在重新审判时采用了何种审判方式,是否符合法律规定及相关精神?

2. 本案在重新审判过程中适用的审判程序是否合法?

3. 本案重新审判后是如何处理的?

▶【讨论与分析】> > >

1. 重新审判的方式

审判方式是指人民法院审理案件的方法和形式。根据法律规定,审判方式包括开庭审理和不开庭审理。按照审判监督程序重新审判案件,是纠正已生效的错误裁判,应当持特别慎重的态度,既要考虑原裁判的既判力,又要使纠正错案得以实现,因此,其审理方式应当以开庭审理为主,以不开庭审理为辅。当然,重新审判案件虽然原则上应当依照第一审或第二审程序开庭进行,但是毕竟不同于原第一、二审程序,一律开庭审理也并不现实。因此,最高法解释第383条规定:"依照审判监督程序重新审判的案件,人民法院应当重点针对申诉、抗诉和决定再审的理由进行审理。必要时,应当对原判决、裁定认定的事实、证据和适用法律进行全面审查。"

根据2001年12月26日《最高人民法院关于刑事再审案件开庭审理程序的具体规定》,对下列案件应当开庭审理:(1)依照第一审程序审理的;(2)依照第二审程序需要对事实或证据进行审理的;(3)人民检察院按照审判监督程序提出抗诉的;(4)可能对原审被告人(原审上诉人)加重刑罚的;(5)有其他应当开庭审理情形的。对下列案件可以不开庭审理:(1)原判决、裁定事实清楚,证据确实、充分,但适用法律错误,量刑畸重的;(2)1979年刑事诉讼法实施以前裁判的;(3)原审被告人(原审上诉人)、原审自诉人已经死亡、或者丧失行为能力的;(4)原审被告人(原审上诉人)在交通十分不便的偏远地区监狱服刑,提押到庭确有困难的,但人民检察院提出抗诉,人民法院征得人民检察院同意的;(5)人民法院按照审判监督程序决定再审,经两次通知,人民检察院不派员出庭的。

本案中,由于案情复杂,并且涉及罪与非罪等重要问题,因此决定再审的中级人民法院采取审慎的态度决定开庭审理,这种做法是值得肯定的。这样做更有利于原审被告人及其辩护人和公诉人充分地提出证据、当场质证并发表意见,也更加有利于合议庭成员充分听取各方的意见和观点,充分了解案情,发现问题,便于作出正确的裁判。

2. 重新审判的审理程序

刑事诉讼法第245条第1款规定:"人民法院按照审判监督程序重新审判

的案件,由原审人民法院审理的,应当另行组成合议庭进行。如果原来是第一审案件,应当依照第一审程序进行审判,所作的判决、裁定,可以上诉、抗诉;如果原来是第二审案件,或者是上级人民法院提审的案件,应当依照第二审程序进行审判,所作的判决、裁定,是终审的判决、裁定。"从这一规定可以看出,对于重新审判案件的程序,是应当按照第一审程序还是第二审程序进行,是根据案件不同情况具体确定的。但基本上是按照案件原审的程序进行。

刑事诉讼法第 245 条第 2 款规定:"人民法院开庭审理的再审案件,同级人民检察院应当派员出席法庭。"这一规定,既是使控、辩、审三方充分参与到诉讼中来,便于法官兼听则明、居中裁判的需要,也是人民检察院依法履行法律监督职责的要求,有利于确保案件质量。

本案中,决定重新审判的某市中级人民法院是本案的原二审法院,因此其在重新审判过程中适用第二审程序开庭审理,并且通知了同级人民检察院派员出席法庭,是完全符合法律规定的。

3. 重新审判后的处理

根据最高法解释第 389 条的规定,再审案件经过重新审理后,应当按照下列情形分别处理。

(1)原判决、裁定认定事实和适用法律正确、量刑适当的,应当裁定驳回申诉或者抗诉,维持原判决、裁定;

(2)原判决、裁定定罪准确、量刑适当,但在认定事实、适用法律等方面有瑕疵的,应当裁定纠正并维持原判决、裁定;

(3)原判决、裁定认定事实没有错误,但适用法律错误,或者量刑不当的,应当撤销原判决、裁定,依法改判;

(4)依照第二审程序审理的案件,原判决、裁定事实不清或者证据不足的,可以在查清事实后改判,也可以裁定撤销原判,发回原审人民法院重新审判。

原判决、裁定事实不清或者证据不足,经审理事实已经查清的,应当根据查清的事实依法裁判;事实仍无法查清,证据不足,不能认定被告人有罪的,应当撤销原判决、裁定,判决宣告被告人无罪。

本案中,某市中级人民法院在对该案进行重新审理后认为,原判决、裁定认定的事实不清、证据不足,裁定撤销原判决和裁定,发回原审人民法院重新审判。这一做法符合法律规定。

第十七章

执 行

案例一 执行的主体和执行的依据

▶【案情简介】> > >

　　2015年6月2日晚上,王某在县城与朋友吃饭,期间因朋友之间不断互相劝酒,王某不到半小时已经半斤白酒下肚,饭后大家相约去KTV唱歌,王某骑自己的小型踏板摩托车前往,在前往KTV途中,王某骑摩托车不小心与骑自行车拖带自己儿子的张某发生轻微碰撞,张某儿子不慎在自行车上跌落。后张某要求王某带儿子到医院检查,以确定是否受伤,王某当场拒绝,只同意赔偿张某100元,后张某报警,交警赶到现场后发现王某所骑摩托车属于机动车,遂对王某进行了血液酒精测试,并将张某和王某带到交警队,张某儿子被送至医院检查。

　　经公安局血液酒精测试,王某血液酒精含量达到201毫升/100毫克,已经远远超过了醉酒驾驶的标准。交警队得到这一结果后,立即对王某以危险驾驶罪进行刑事拘留,6月5日检察院批准了公安机关逮捕请求,6月15日,王某被检察院移送起诉至法院,6月17日,法院判处王某拘役四个月并处罚金3000元。王某认为判决过重,当庭提出上诉,随后提交了书面上诉状。7月2日,某中级人民法院作出裁定,裁定驳回上诉,维持原判。看守所收到裁定后,告知王某亲属根据法律规定,看守所将执行王某剩余3个月刑期。

▶【基本问题】> > >

　　刑罚的执行主体都有哪些?不同刑罚应当由哪些主体执行?刑罚执行的依据是什么?

▶【讨论与分析】＞＞＞

刑罚执行的主体是指人民法院生效的裁判文书(包括判决和裁定)所确定的刑罚由哪些机关去实施。我国刑事诉讼法、监狱法等法律规定的刑罚执行机构主要是监狱,但是人民法院、看守所、司法行政机关和公安机关等也负责执行某些刑罚。具体来说,我国的刑罚种类分为两部分:一部分是主刑,包括:死刑、无期徒刑、有期徒刑、拘役、管制;另一部分是附加刑,包括:罚金、剥夺政治权利、没收财产和针对具有外国国籍人适用的驱逐出境。主刑的执行机关各不相同,根据刑事诉讼法第 250 条的规定,最高人民法院判处和核准的死刑立即执行的判决,应当由最高人民法院院长签发执行死刑的命令。死刑命令交付下级法院后,下级法院对罪犯执行死刑,死刑的执行由作出死刑判决的第一审法院执行,一般是各地的中级人民法院。死刑缓期两年执行、无期徒刑和有期徒刑均由监狱来执行。根据刑法第 43 条的规定,拘役由公安机关就近执行,在实践中,在设立拘役所的地区,拘役由拘役所来执行,在未设立拘役所的地区,一般都在看守所执行。管制同样由公安机关执行。附加刑的执行大多由人民法院执行,具体来说,罚金由法院执行,对于罚金的执行,人民法院可以随时追缴;没收财产和罚金适用一样的规则,也由人民法院来执行;对于剥夺政治权利,一般由公安机关来实施,对于政治权利中的选举权和被选举权则由在选举时成立的选举委员会等对选民资格进行核实;驱逐出境的执行则由边境管理机关负责。

刑罚的执行主体只是规定了哪些机关负责执行哪些刑罚,是一个应然规则的问题,具体到个案中,还需要分析个案区别化执行的依据。执行的依据解决的是刑罚执行主体依据什么来执行刑罚的问题,是连接规则的刑罚与实践的刑罚的桥梁。刑事诉讼的结果以判决或者裁定的方式来表现,刑罚只有具体到作为执行依据的判决或裁定中时,方能执行,但不是所有的判决和裁定均能够作为执行的依据,根据我国刑事诉讼法第 248 条的规定,只有经过法定期限没有上诉或抗诉的判决和裁定、终审的判决和裁定及最高人民法院核准的死刑判决和高级人民法院核准的死刑缓期二年执行的判决这三个类型的判决或裁定才能作为执行依据,这三个类型的判决或裁定共同之处就在于是已经生效的判决,简而言之,也就是只有已经生效的判决和裁定才能作为执行的依据。

本案中,根据我国刑法第 133 条之一的规定,王某行为已经构成危险驾驶罪,公安机关依法对王某进行了刑事拘留、检察机关对王某审查起诉并公诉至法院,人民法院经过审理对王某作出了拘役 4 个月并处罚金的判决,虽然王某对判决不服,提起了上诉,但是二审法院用裁定的形式维持了一审判决。从本案的时间节点来看,公安机关、检察机关、审判机关均在办案期限内实施了相应的诉讼行为,从王某被采取强制措施到二审裁定,王某已经被羁押了一个月,根据我国刑法关于羁押期限折抵刑期的规定,王某被羁押的刑期可以折抵拘役刑期,也就是王某到二审裁定作出时,余刑只剩下三个月,从我们先前列举的法律规定可以得出,余刑三个月以内的,由看守所代为执行。但是需要注意的是,这里的余刑是指判处了有期徒刑的余刑,而非拘役余刑,正是基于这种错误认识,看守所才告知了王某亲属上述情况。从本案王某的刑罚来看,王某被判处的是拘役,根据我国刑法的规定,拘役是由公安机关负责在拘役所来执行,而不是由看守所执行,当然现实司法实践中,许多地方没有单独的拘役所,公安机关也无就近可执行的场所,只能依靠看守所或者就近的监狱来执行判处拘役的罪犯。

案例二　各种判决、裁定的执行

▶【案情简介】＞ ＞ ＞

2015 年 1 月 19 日,李某和朋友在县城的一家干锅啤酒鸭饭店吃饭,吃饭期间,李某饮用了大量的白酒,正当李某与朋友推杯换盏之时,邻桌张某的儿子在与张某朋友刘某的儿子大闹时不小心将茶水洒到李某身上,李某大怒,打了张某儿子一巴掌。见此状况,张某无法忍耐,遂与李某上前理论,李某由于饮酒过度,已经处于醉酒状态,便与张某厮打起来。后双方厮打越发激烈,李某搬起吃饭用的干锅砸向张某,张某顿时昏倒,鲜血直流,众人见状,赶紧拨打了"110"和"120"。"120"到达后将张某送至医院,在医院张某因失血过多,经抢救无效死亡,李某趁着众人慌乱,逃离现场。"110"到达后无法找到李某,发布通缉令,2月 18 日,李某在汽车站被民警抓获并当场被刑事拘留。

2 月 23 日,经县人民检察院批准,李某被逮捕。3 月 14 日,李某因故意杀人罪被公安局移送检察院审查起诉。4 月 10 日,县人民检察院认为李某可能判处无期徒刑以上刑罚,应当移送市人民检察院管辖,遂将案件移送市人民检察院。4月18日,市人民检察院将案件移送市中级人民法院。6月22日,李某因故意杀人罪被市中级人民法院判处死刑立即执行,剥夺政治权利终身。李某提出上诉。7月26日,省高院驳回了李某上诉,驳回裁定生效后,将案件报请最高人民法院核准死刑,最高人民法院9月29日核准了李某的死刑,并签发了执行命令。

10月7日,市中级人民法院收到最高人民法院的死刑执行命令,因法警队员正在休假,所以市中级人民法院打算10天后再执行李某的死刑。10月16日早上,李某提出要在临刑前见一下自己的妻子和孩子,司法警察倪某认为,都死到临头了,见不见吧,怕见了执行时候更麻烦,所以以法律规定不能会见为由拒绝了李某的会见要求。16日晚,李某写下了自己的遗书,遗书中对自己一年前曾为自己单位领导吴某向副县长行贿50万元一事表示懊悔,认为自己做了错事,要求孩子千万不能学自己。司法警察小马将信件收起准备转交家属时,发现了上述情况,遂告知队长倪某,并询问倪是否中止执行,立即上报。倪某得知这一情况后,认为不能随便偷看犯人信件,死刑执行命令是最高人民法院签署的,无法中止,遂对李某执行了死刑。

▶【基本问题】> > >

死刑立即执行的执行程序是什么?执行过程中犯罪人的权利如何保护?

▶【讨论与分析】> > >

死刑是我国刑法中对犯罪分子最为严厉的处罚,是剥夺犯罪人生命的一种刑罚,随着人类社会文明的发展,死刑的逐步取消是不可避免的趋势。但是,从我国经济社会发展的现状及打击犯罪的需要来看,死刑在一定时期内还无法取消。作为保障刑法正确实施的刑事诉讼法,对于死刑执行程序作出了明确规定,在死刑执行过程中充分保障犯罪人的基本人权是其应有之义。

根据我国刑事诉讼法第250条的规定,经最高人民法院判决或核准死刑的犯罪人,最高人民法院院长要对死刑的执行签发执行命令,同时刑事诉讼法第252条对死刑执行的具体程序和方式进行了明确规定,规定了检察机关对死刑执行的监督,即人民法院在交付执行死刑前,应当通知同级人民检察院派员临场监督。人民检察院作为刑事诉讼的法律监督机关,对死刑执行过程进行监督是其法律监督的阶段之一,这也是人民检察院的法律监督原则在执行阶段的体现。该条同时还规定,对于死刑的执行,采取枪决或者注射等方式,从当前我国的执行实践来看,考虑注射方式成本的问题,大多数以枪决的方式来执行死刑,采取除枪决和注射以外的方式执行死刑的,还要报最高人民法院批准。死刑的执行一般在刑场来执行,根据刑事诉讼法的规定,也可以在羁押场所内执行。在死刑执行之前,执行法官负责验明被执行人身份,执行完毕后执行书记员做好执行笔录。我国刑事诉讼法还规定,执行死刑的情况应当公布,但禁止示众,不得游街或侮辱尸体。为了保障被执行犯罪人的基本人权,最高人民法院、最高人民检察院、公安部等于 2007 年 3 月 9 日出台了《关于进一步严格依法办案确保办理死刑案件质量的意见》,规定在送达死刑核准书时,应当告知犯罪人有申请会见近亲属的权利,同时在近亲属申请会见犯罪人时应当予以准许并及时安排会见。虽然我国刑事诉讼法没有明确规定死刑被执行人会见近亲属的权利,但从保障犯罪人基本人权的角度出发,多部门制定并颁布了该意见,该意见的颁布切实保障了死刑被执行人最后的尊严,保障了死刑罪犯的基本人权。

本案中,市中级人民法院在接到最高人民法院的死刑执行命令后应当在 7 日内交付执行,除出现一些法律规定或事实上确无法执行的情况,应当报最高人民法院批准,但本案中中级人民法院因执行法警倒休而推迟刑罚执行,显然不符合法律规定。对于死刑罪犯执行前要求会见家属的,根据最高人民法院、最高人民检察院、公安部、司法部颁布的《关于进一步严格依法办案确保办理死刑案件质量的意见》的规定,执行机关应当予以准许并及时安排,本案中在罪犯李某提出执行前会见家属的要求时,执行机关本应该予以准许并安排,但执行法警以法律没有规定为由,拒绝安排,这种行为不仅违反了四部门的规定,也是一种严重侵害犯罪人人权的行为。同时,本案中一方面,司法警察小马对罪犯的遗书进行审核,符合法律规定,接受监管的罪犯的通信在我国是受到一定限制的,所以法警队长倪某的说法并不正确。另一方面,执行的法警在审核信件、遗嘱时,发现了有其他犯罪线索或者可能构成检举等材料时,也应当按照刑事诉讼法第 251 条的规定,停止执行,将上述情况报告最高人民法院决定,本案中李某在遗嘱中陈述了自己有替他人行贿的情况,该情况可能构成检举和揭发重大犯罪情况,在这种情况下,执行法警本应当按照刑事诉讼法第 251 条的规定停止执行刑罚,但遗憾最终没有予以理会,导致李某丧失了变更执行的机会。

案例三 执行的变更及其他处理

▶【案情简介】＞＞＞

2008 年 11 月 1 日,何某因涉嫌犯集资诈骗罪被区公安分局刑事拘留,6 日,检察机关批准了何某的逮捕申请,2012 年 3 月 2 日,公安机关将案件移送至检察院审查起诉,4 月 8 日,检察院将案件起诉至区法院,2012 年 6 月 1 日,何某被区人民法院判处有期徒刑 8 年。判决生效后,何某被投放至某市监狱执行。

执行期间,何某积极接受改造、遵守监规,多次受到考核表扬,较好地完成了劳动任务。2012 年 9 月 15 日,何某在一次劳动中突然感觉不适,晕倒在劳动场所,监狱民警吴某立即将其送至监狱医务处,医务处认为其系心脏病发作,将何某转至当地三甲医院治疗,经 1 个月治疗,何某基本恢复,10 月 18 日,被送至监狱,继续服刑。何某家属得知上述消息后,认为何某已不适合羁押,遂聘请律师向监狱提出暂予监外执行的申请。监狱收到何某家属的申请后,听取了狱医刘某的意见,刘某认为何某的心脏病确实比较严重,而且其治疗的三甲医院也出具了证明,留在监狱随时可能发生危险,有安全隐患,监狱遂研究向省级监狱管理机关申请,省级监狱管理机关批准后,何某被予以监外执行。

2013 年 2 月,国家加大了对执行的监督检查,何某被重新收监,回到监狱服刑后,何某负责日常的勤杂工作。在一次打扫卫生中,何某发现一名犯人心脏病发作,倒地抽搐,遂根据其近些年学到的突发心脏病急救知识对其救治,因何某的及时救治,心脏病发作犯人脱离生命危险,何某被记功一次。2013 年 11 月,监狱根据何某的表现拟写了减刑材料,向市中级人民法院提出书面减刑意见,建议减刑一年半,市中级人民法院收到监狱的书面减刑意见后,指定审判员朱某一人负责该案,朱某翻阅了监狱拟写的材料,认为何某确实有悔改表现,而且还有立功表现,审判员朱某决定对其予以减刑,遂向监狱和罪犯何某送达了减刑裁定书。

▶【基本问题】＞＞＞

什么是执行的变更? 适用暂予监外执行的条件及程序是什么? 减刑的条件和程序是什么?

▶【讨论与分析】> > >

所谓执行的变更是指在执行过程中,执行机关根据法律规定的情形,经法定程序,对原裁判文书确定的刑罚种类或执行方法予以改变的活动。裁判的确定性是裁判的基本属性之一,执行的变更是对原裁判文书确定的执行方法或刑罚种类的改变,所以为了保护裁判的稳定性,应当严格依照法定程序进行。执行的变更是刑事诉讼法实现刑法动态的罪责刑统一的手段,刑事诉讼的被告人在审判中按照罪责刑统一的原则被人民法院处以刑罚,但是在执行过程中,犯罪人的悔罪表现及接受改造、自我改造程度会影响犯罪人动态的罪责,刑罚在此时有必要对罪责予以调整,对刑罚内容予以调整。由于犯罪人的悔罪程度及现实表现、改造程度等主观性判断极强,同时从维护裁判稳定的角度去考量,就需要完善的诉讼程序对执行的变更予以保障。

暂予监外执行属于对刑罚执行方法的变更,本来应当在监狱、拘役所、看守所等执行机关关押执行的罪犯,因出现某些法定不宜在执行机关执行的情形时,暂时将其放在监狱外由社区矫正机构来进行社区矫正。根据我国刑事诉讼法第 254 条的规定,对判处有期徒刑或者拘役的罪犯,符合以下三种情形之一的,可以暂予监外执行:(一)有严重的疾病需要保外就医的;(二)怀孕或者正在哺乳自己婴儿的妇女;(三)生活不能自理,适用暂予监外执行不致危害社会的。该条第二款还规定,被判处无期徒刑的罪犯,属于第二种情形的也可以暂予监外执行。同时该条还对禁止适用暂予监外执行的情形作出了规定,也就是第三款规定的对适用保外就医有可能有社会危险性的罪犯或者自伤自残的罪犯。对于死刑缓期二年执行的罪犯,因暂予监外执行无法达到考察执行情况、改造的目的,所以该条文直接将死刑缓期两年执行的罪犯排除在外。针对确有严重疾病需要保外就医的,应当由省级人民政府指定的医院对罪犯进行诊断并根据诊断情况出具证明文件。暂予监外执行在罪犯交付执行前应当由人民法院决定是否适用而在交付后则由执行监狱或者看守所提出书面意见,由省级以上监狱管理机关或执行看守所的上一级公安机关批准。

暂予监外执行这种执行变更措施,从设立本身来讲,是为了对一些确实不符合羁押条件的老弱病残罪犯,在执行刑罚前或者过程中予以变通,既保障了罪犯的基本生存权利,又达到了改造罪犯的目的。但不可忽视的现状是,近些年来,暂予监外执行被滥用,一些不符合暂予监外执行条件的罪犯,通过各种手段,伪造或者串通医疗机构出具虚假证明文件,骗取或者与执行机关工作人员勾结,监狱管理机关或者公安机关、人民法院错误地适用暂予监外执行,导致出现了诸多执行中的司法腐败问题。对此,我国加大了对执行阶段执行变更情况的监督检查力度,力图遏制、减少此类情况的发生。本案中,何某虽然确因心脏病发作而入院治疗,而且为其治疗的"三甲"医院也出具了证明,不过该"三甲"医院并不代表是省级人民政府指定的医院,其虽然对何某病情比较了解,但出具的证明不符合我国刑事诉讼法要求的省级人民政府指定医院这一条件,监狱狱医的意见也是同样的道理。省级监狱管理机关在作出批准暂予监外执行的决定时,也没有审核相应证据材料,存在审核失职的问题。

减刑是不同于假释的另一种刑罚执行变更措施,是指被判处管制、拘役、有期徒刑或者无期徒刑的罪犯在执行期间认真遵守监规,接受教育改造,确有悔改或立功表现的,可以依法减轻其刑罚的一种制度。减刑的依法适用,有利于鼓励犯罪人改过自新,重新回归社会,但如果减刑被不当适用,则不但会危害监管秩序,还有损社会正义。我国刑事诉讼法第262条第2款规定:"被判处管制、拘役、有期徒刑或者无期徒刑的罪犯,在执行期间确有悔改或者立功表现,应当依法予以减刑、假释的时候,由执行机关提出建议书,报请人民法院审核裁定,并将建议书副本抄送人民检察院。人民检察院可以向人民法院提出书面意见。"这一规定,明确了适用减刑、假释的条件,也明确了提出建议、审核和监督的机关及案件的管辖等,但是刑事诉讼法对于减刑的规定比较笼统,可操作性不强。最高人民法院、最高人民检察院根据适用刑事诉讼法具体需要,制定了相应的司法解释,其中最高人民法院关于刑事诉讼法适用的司法解释对于减刑的管辖、审理期限及流程作了相应的规定,最高人民检察院执行的刑事诉讼规则对于检察机关对减刑的法律监督作了相应的规定,可惜的是,上述司法解释的规定主要侧重于对于减刑的实体审查,而对于减刑的审理程序,却考虑不够,这导致了减刑程序不规范,减刑程序不公开、不透明,滋生了司法腐败问题。针对此问题,最高人民法院单独制定了《最高人民法院关于减刑、假释案件审理程序的规定》,对减刑的程序问题作出了细致的规定,该司法解释根据犯罪人所犯罪行种类、性质规定了不同的减刑程序,延续了《最高人民法院关于适用〈中华人民共和国刑事诉讼法〉的解释》的精神,但是对于某些特殊的犯罪案件,要求必须开庭审理,而且要求不仅要对罪犯的减刑进行公示,还要对最终的裁判文书向社会公布。

本案中,何某被判处的是集资诈骗罪,属于我国刑法中破坏金融管理秩序的犯罪,何某在监狱服刑期间,积极改造、有悔罪表现,同时还在改造期间有立功表现,监狱根据何某的上述表现向有管辖权的中级人民法院提出建议书,并无不当,而中级人民法院收到监狱的减刑材料后,应当按照《最高人民法院关于减刑、假释案件审理程序的规定》对监狱提报的材料予以公示,同时对于减刑案件,应当由合议庭进行审理,而不应当独任审判,本案一方面中级人民法院指派审判员朱某一人独任审判,本身从审判程序上就违反了上述司法解释规定;另一方面根据何某的犯罪性质,应当予以开庭审理,而审判员朱某通过书面审理方式,也违反了上述司法解释的规定。本案中,法院对于何某减刑的处理,一定程度上反映了我国长期忽视刑罚执行中的司法公开和透明的问题,也正是由于这种司法不公开和透明,导致了减刑、假释等刑罚执行变更过程中的权钱交易。司法腐败,"阳光是最好的防腐剂",《最高人民法院关于减刑、假释案件审理程序的规定》从实质上就是要遏制这种不公开和不透明,使刑法执行的最后一个阶段有充分的程序保障,达到实施刑法的目的。

案例四　人民检察院对执行的监督

▶【案情简介】> > >

李某于 2015 年 1 月 18 日因犯贪污罪被某市中级人民法院判处死刑立即执行,3 月 9 日,最高人民法院核准了李某的死刑,死刑执行命令于 3 月 11 日送达市中级人民法院,市中级人民法院准备 16 日对李某执行死刑,在执行前李某害怕,向临场监督执行的检察院工作人员检举该市土地局一局长曾经有受贿行为。检察院工作人员得知这一信息后,立即向法院执行工作人员建议停止执行,法院执行工作人员认为死刑执行命令已经签发,不能随便不执行,当场予以拒绝,经过检察院监督执行检察官多次耐心解释,法院工作人员才答应向上级法院请示,最终李某因检举重大犯罪行为,有重大立功表现,被依法改判为死刑缓期两年执行。

被减刑为死刑缓期两年执行后,李某积极接受教育改造,没有故意犯罪行为,又在两年后被改判为无期徒刑。在李某的无期徒刑执行期间,李某患上肺结核,极具传染性,监狱将李某送至当地一家传染病专科医院进行治疗,治疗期间李某心情抑郁,身体状况不佳,治疗一段时间后,基本康复,医院建议可以出院修养治疗。监狱考虑李某曾经患有传染病,经李某家属申请,向省级监狱管理机关建议暂予监外执行。省级监狱管理机关审核了省级政府指定医院的书面材料,批准了李某的暂予监外执行申请,但是监狱和省级监狱管理机关未将书面文件抄送检察机关,驻所检察员发现上述情况后立即向院领导汇报,检察院认为,虽然李某曾经患有传染性疾病,但现在已不具有传染性,不具备暂予监外执行条件,所以要求监狱重新收监,监狱收到检察院出具的书面建议后,将李某重新收监。

李某被重新收监后,积极接受改造,在狱中劳动过程中,发明了两项生产服装的新技术,获得了国家专利,监狱根据李某的改造情形提请法院对李某予以减刑,法院收到监狱的减刑建议书后,组织了合议庭对李某的减刑予以审理,法院依法开庭审理了本案,最终裁定准予减刑,将李某无期徒刑减为20年有期徒刑,检察院在该裁定生效后才得知李某被减刑,考虑李某减刑合理,并未提出意见。

▶【基本问题】>>>

执行阶段检察机关监督的具体表现形式有哪些?

▶【讨论与分析】>>>

检察机关对刑事诉讼的法律监督贯穿于刑事诉讼的整个过程,执行阶段作为刑事诉讼的最后一个阶段,检察机关对其予以监督,是检察监督原则的应有之义。检察机关在执行阶段的监督,主要体现在检察机关对死刑执行、暂予监外执行、减刑、假释及刑罚执行活动的监督。检察机关对于死刑立即执行的监督,体现在人民法院在死刑罪犯交付执行时,应当通知检察机关,检察机关要派员临场监督,对于执行过程予以记录,同时针对侵犯被执行罪犯人身权、财产权或者被执行罪犯近亲属等合法权利的违法情形提出纠正意见;对于暂予监外执行的监督,体现在监狱、看守所等提出暂予监外执行意见提出机关,应当将其书面意见抄送检察机关,检察机关可以向决定或批准机关提出书面意见,对于最终决定或批准暂予监外执行的文书,也应当抄送检察机关,检察机关逐案审查,对于不符合暂予监外执行的,提出书面意见,同时在暂予监外执行期间,发现不符合适用暂予监外执行的情形时,要求执行机关重新收监;检察机关对于减刑、假释的监督,基本与暂予监外执行一致,提请减刑、假释的执行机关要将建议书抄送检察机关,由检察机关逐案审查,检察机关根据审查情况,既可以向人民法院提出意见,也可以向执行机关提出书面纠正意见。不同于暂予监外执行,检察机关在人民法院按照法律规定依法开庭审理的减刑、假释案件中,应当依法派员出庭,发表意见,最后检察机关在收到人民法院的减刑、假释裁定后,应当对裁定的合法性、合理性进行审核,如果认为不当,经检察长批准可以向人民法院提出书面纠正意见,对于检察机关的纠正意见,人民法院应当依法重新组成合议庭进行审理。除了上述死刑立即执行、暂予监外执行、减刑、假释的执行监督,检察机关对于各个执行机关在执行刑罚过程中的刑罚执行活动是否合法进行法律监督,执行活动包含了人民法院的罚金刑执行、缓刑宣告、无罪宣告等,看守所、拘役所、未成年人管教所等机关收押罪犯活动是否合法,社区矫正机构的矫正活动、措施是否落实等。检察机关在发现上述执行活动过程中的违法活动时,可以提出纠正意见,对于严重违法行为,发出纠正通知书;对于涉嫌刑事犯罪的,依法追究刑事责任。

本案中,人民法院在执行死刑过程中,应当依法通知检察机关派员临场监督。临场监督的检察员发现罪犯存在可能不必被执行的情形时,有权叫停死刑的执行,虽然死刑执行命令已经签发,但是应当对检察机关的意见进行层报,审核后决定是否继续执行,法院执行工作人员认为死刑执行命令已经签发而不能停止的说法是错误的。对于暂予监外执行,监狱等执行机关在向省级监狱管理机关或上级公安机关提请决定或批准时就应当将书面意见抄送检察机关,本案监狱在提请李某暂予监外执行时未将意见抄送检察机关,属于程序违法,检察机关对其违法行为予以纠正,履行了检察机关的法律监督权,对李某的重新收监符合法律规定。对于李某的减刑,属于《最高人民法院关于减刑、假释案件审理程序的规定》中应当依法开庭审理的情形,在本案审理过程中,人民法院未通知检察机关派员参加庭审,检察机关是在事后才得知李某的减刑情况,人民法院在此过程中也违反了法定程序,虽然检察机关对于李某最终的减刑结果不持异议,但是应当依法对于人民法院的审理违法行为提出相应的纠正意见,检察机关未提出,也不符合刑事诉讼法及相关司法解释的规定。

CHAPTER 18

第十八章

未成年人刑事诉讼程序

一、办理未成年人刑事案件的原则

案例一

▶【案情简介】> > >

15岁的强某是一名中学生,平时较为乖巧,性格内向。自迷上网络游戏后,学习成绩一落千丈。父母对其没少打骂,但收效甚微。一天深夜,强某像平时一样在电脑前玩游戏。其母亲因怀疑强某偷拿了自己的首饰,对强某边骂边打。强某一怒之下,竟拿出一把弹簧刀朝母亲身上连捅数刀,致母亲当场死亡。案发后,强某找了同学好友喝酒,又去网吧玩游戏,直到次日才自行到派出所投案自首。人民法院依法未公开审理了这起案件,经过严格的调查取证,很快人民法院做了一审判决,认定强某犯故意杀人罪,判处有期徒刑10年。

▶【基本问题】> > >

在本案中,体现了未成年人刑事诉讼的哪些原则?法院的判决是否合理?

▶【讨论与分析】> > >

在本案中,人民法院并未公开审理,体现了刑事诉讼对未成年人案件不公开审理的原则,并且还体现了教育为主,惩罚为辅的原则。

一、教育为主、惩罚为辅的原则

教育为主、惩罚为辅的原则在整个未成年人案件诉讼中起着重要的指导作用,是处理未成年人刑事案件的主导思想,未成年人刑事案件的其他诉讼原则基本上都围绕此原则展开。我国刑事诉讼法第 266 条规定,"对犯罪的未成年人实行教育、感化、挽救的方针,坚持教育为主、惩罚为辅的原则"。我国未成年人保护法第 38 条和预防未成年人犯罪法第 44 条也都规定,对违法犯罪的未成年人追究刑事责任,实行教育、感化、挽救的方针,坚持教育为主、惩罚为辅的原则。这一原则要求,在未成年人刑事诉讼的各个阶段,司法机关都必须坚持教育为主、惩罚为辅,对未成年人不失时机的进行教育、挽救。司法人员应当照顾未成年人的身心特点,尊重其人格尊严,保障其合法权益。教育他们认清自己所犯的错误和罪行及其严重性、危害性,唤醒他们的悔罪意识和忏悔心理,教育他们认罪伏法,接受改造,重新做人。

二、不公开审理原则

根据我国刑事诉讼法第 274 条的规定:"审判的时候被告人不满十八周岁的案件,不公开审理。但是,经未成年被告人及其法定代理人同意,未成年被告人所在学校和未成年人保护组织可以派代表到场。"未成年人保护法和预防未成年人犯罪法也规定,对未成年人犯罪案件,新闻报道、影视节目、公开出版物不得披露该未成年人的姓名、住所、照片及可能推断出该未成年人的资料。未成年人案件不公开审理,有利于保护未成年被告人的名誉、自尊心和人格尊严,防止公开诉讼给他们造成不必要的心灵创伤和过大的精神压力,有助于他们接受教育和挽救,重新做人。

本案中,强某是未成年人,法院依法未公开审理,并且法院综合案件事实、情节及强某的悔罪表现,同时结合强某作案时未成年,案发后主动投案自首,取得亲属谅解,亲属要求轻判等量刑情节,从"教育为主,惩罚为辅"的原则出发,认定强某犯故意杀人罪,判处有期徒刑十年。

案例二

▶【案情简介】 > > >

年仅 16 周岁的少女小余(化名)是某校学生,与一同龄男孩谈恋爱偷食禁果后怀孕。看着自己的肚子逐渐变大,小余很害怕,也不敢告诉别人。此后,小余仍坚持参加学校体育活动。面对家人同学的质疑,小余总称自己只是变胖了。直到一天晚上肚子痛,小余竟在厕所里生下了孩子。情急之下,小余用手捂住小孩的嘴巴鼻子,直到小孩再也发不出声音,随后将小孩冲进下水道。案发后,小余被以故意杀人罪诉至法院。法院了解到小余平时一贯表现良好,且性格开朗,为人热情,尊重师长,因生理知识和法律知识淡薄,触犯法律。当地社区矫正部门也同意对其适用社区矫正。法院综合考虑了案件的事实及情节、小余犯罪的主观动机及悔罪表现,最终以故意杀人罪判处其有期徒刑三年,缓刑五年,并适用社区矫正。

▶【基本问题】＞＞＞

本案中,体现了未成年人诉讼哪些办案原则和制度? 法院判罚是否过轻?

▶【讨论与分析】＞＞＞

本案体现了刑事诉讼未成年人办案的细致性原则和社会调查制度。

刑事诉讼法第 268 条规定,公安机关、人民检察院、人民法院办理未成年人刑事案件,根据情况可以对未成年犯罪嫌疑人、被告人的成长经历、犯罪原因、监护教育等情况进行调查。

未成年犯适用社会调查制度具有重大现实意义。未成年人的身心发育尚未成熟,他们并不具备完全的辨别是非能力和自我控制能力,容易受不良环境的影响走上违法犯罪的道路。因此,在办理未成年案件时,应全面调查其个人品格、家庭情况、学校情况、社会交往等方面,寻找诱发其犯罪的原因,用最佳的处理手段让其回归社会。未成年犯具有不同于成年犯的特殊性:首先,未成年人容易受到不良群体、不良环境的影响,作出某些不合乎法律规范或社会规范的行为,但其本身的主观恶性不大;其次,对于那些故意实施某种违法行为的未成年犯,如果社会对这种行为只是惩罚而未加以教育、挽救,可能会造成未成年犯的再次犯罪,不利于其重返社会。不同的犯罪人,由于其主观恶性不同,其人身危险性也不相同,这直接影响到对其适用何种量度的刑罚才足以实现个别预防的效能。法治发达国家的司法经验表明,将对犯罪人个体情况的调查作为法官裁量刑罚的参考,为有区别地采取灵活的刑罚措施,实现刑罚目的奠定了基础。因此,这一制度不仅符合法治发展的轻刑化和非监禁化的趋势,而且在一定程度上能够从更大范围、更长远角度解决未成年人犯罪上升的态势。

在本案中,人民法院充分考虑到小余平时一贯表现良好,且性格开朗,为人热情,尊重师长,这一点体现了诉讼的细致性原则,并且本着教育为主、惩罚为辅的原则,判处小余有期徒刑三年,缓刑五年,并适用社区矫正。

案例三

▶【案情简介】> > >

高某,男,15 岁,初中毕业后不久便闲在家,平日里性格较为内向。2012 年6 月 8 日,他对母亲说想外出旅游,便离开老家沈阳去了大连。几天后,他又来到上海玩,并投宿在某区某旅馆。18 日晚,高某在旅馆内观看电视《古惑仔》,觉得热血沸腾,十分刺激,便也想拿刀捅人。之后,他拿着水果刀来到附近马路的人行道上。此时,在某大学就读、利用暑期打工的小玲(化名)经过此地。高某便学着电影里的模样,持刀奔向被害人,向其胸部、腹部等部位连续刺戳十余刀后弃刀逃逸,小玲因失血性休克死亡,之后高某向公安机关自首。

法院在审理中通知其法定代理人到场,并没有采用激烈、严厉的诉讼方式。法院认为,高某行为已构成故意杀人罪,依法应当承担刑事责任。高某犯罪时未满 18 周岁,有自首情节,认罪态度较好,系初犯,其法定代理人已作出了部分经济赔偿,故依法酌情从轻处罚。

▶【基本问题】> > >

本案中,体现刑事诉讼对未成年人的哪些办案原则?

▶【讨论与分析】> > >

体现了及时和缓原则。

法院在审理中通知其法定代理人到场,并没有采用激烈、严厉的诉讼方式,体现了及时和缓原则。

及时原则是指在诉讼进行的每个阶段,司法机关和司法人员都应当及时对案件作出处理,不拖拉、不延误。诉讼及时本来是任何诉讼都应当遵循的原则,但鉴于未成年人刑事案件的特殊性,强调未成年人诉讼程序的及时性显得尤为必要。诉讼及时原则要求刑事诉讼的进行不能过快或太慢。诉讼进行得过快，控辩双方就难以充分地收集材料和证据，难以充分地提出主张和举证，案件事实的查明和法律的正确适用就会受到影响；诉讼进行得太慢，容易造成诉讼延误，不仅可能造成证据灭失、毁损等，更会使当事人的权利受到损害，同时也会造成司法资源的浪费。而且，由于未成年人犯罪案件大部分属于初犯、偶犯或者冲动型犯罪，未成年人生理、心理上都还不尽成熟，诉讼时间过长特别是羁押时间过长将会给其未来带来长期的影响。因此，对于未成年人的刑事案件更应当及时进行审理。

和缓原则要求对未成年人犯罪的案件，一定要注意结合未成年犯罪嫌疑人、被告人的身心特点，尽量不采用激烈、严厉的诉讼方式。比如，尽量不用或者少用强制措施，在传唤、讯问以及审判的时候，应当尽可能通知其法定代理人到场，必要的时候，可以邀请其老师参加等。在讯问时，应注意以教育式、启发式进行耐心细致的开导，语气尽量温和。在审判时，应当采用少年法庭的形式，注意给法庭创设温情、和缓的气氛。在实践中，有些地方法院采用"圆桌法庭"的形式审理未成年人刑事案件，收到了较好的效果。

案例四

▶【案情简介】＞ ＞ ＞

2013 年 6 月 12 日 10 时许，海拉尔某中学高一学生高某和被告人李某因开玩笑产生矛盾。6 月 16 日 11 时许，李某纠集被告人刘某、杜某、佟某、贾某、江某、华某、苏某、韩某（治安处罚）、柴某（治安处罚）将高某和同一宿舍的被害人董某等人围堵在学生宿舍楼下，对高某进行殴打，李某用桌子腿将拉架的董某头部打伤。经鉴定，董某所受损伤评定为重伤。

案发后，被告人李某到公安机关投案自首。公安机关依法对几名未成年犯罪嫌疑人进行了羁押，并且与成年人分开羁押。

法院审理认为，被告人李某纠集刘某等人对高某、董某进行殴打，并在殴打过程中致被害人董某重伤，其行为已构成故意伤害罪，其余七名被告人积极参与斗殴的行为已构成聚众斗殴罪。八名被告人在聚众斗殴中系共同犯罪，其中李某系犯罪的组织者、召集者,在犯罪过程中起主要作用,系主犯,其余 7 名被告人所起的作用相对较小。8 名被告人犯罪时均系不满 18 周岁的未成年人,应从轻或者减轻处罚。被告人李某犯罪以后自动投案,并如实供述所犯罪行,系自首,可以对其从轻或者减轻处罚,其余 7 名被告人案发后也能够如实供述自己的犯罪事实,可以对其从轻处罚。8 名被告人案发后积极赔偿被害人经济损失,并取得了被害人的谅解,具有悔罪表现。

法院本着对未成年人犯罪"教育为主、惩罚为辅"的刑事政策,考虑到 8 名被告人具有一定的可塑性,其家属又表示具备监管条件,应给其一次重返社会、家庭及校园的机会,故海拉尔人民法院依法判决被告人李某犯故意伤害罪,判处有期徒刑一年六个月,缓刑二年;被告人刘某等 7 人犯聚众斗殴罪,判处管制一年六个月。

► 【基本问题】 > > >

本案中,体现刑事诉讼对未成年人的哪些办案原则?

► 【讨论与分析】 > > >

在本案中,一方面体现了教育为主、惩罚为辅的原则。另一方面也遵循了分案处理原则。

刑事诉讼法第 269 条规定,"对被拘留、逮捕和执行刑罚的未成年人与成年人应当分别关押、分别管理、分别教育。"

在本案中,案发后公安机关依法对几名未成年犯罪嫌疑人进行了羁押,并且与成年人分开羁押。充分体现了分案处理原则,符合刑事诉讼法第 269 条的规定。

分案处理原则是指对未成年人犯罪案件的处理在时间上、地点上都与成年人犯罪案件的处理分开来进行。理由就在于未成年人正处于心理和生理的成长阶段,各个方面都还不成熟,其与成年人一起关押、管理、并案审理,未成年人就容易受到成年被告人的不良影响,也极有可能受到犯罪思想的进一步"污染"和"腐蚀",将不利于对未成年人的教育改造。因此,对未成年人的犯罪案件进行审理时,应将其与成年人分别羁押、分别管理、分别审理,给未成年人创造一个"干净"的环境,使其免受其他不良影响。

为了防止成年犯罪人对未成年犯罪同伙施加不良影响,创造对未成年人进行教育改造的最佳条件,当今世界许多国家都规定有未成年犯罪嫌疑人的分案处理原则。如俄罗斯刑事诉讼法典中规定,如果未成年人曾与成年人共同参加犯罪,对未成年人的案件应当在侦查阶段尽可能分案处理。

对于所有的未成年人犯罪案件都应当与成年人犯罪案件分案处理。此外,还应当将未成年初犯、偶犯与屡教不改的未成年惯犯、累犯和恶习较深的未成年犯罪嫌疑人以及共同犯罪或者集团犯罪中的未成年首犯、主犯分案处理。在条件允许的情况下,还可以将不同类型犯罪的未成年犯罪嫌疑人分案处理。就分案处理的内容而言,应当包括:分别立案;指派不同的侦查人员办理,在设立专门机构的情况下,将未成年人犯罪案件归由未成年人犯罪侦查机构专门办理,不同类型的案件分派不同的专业侦查部门办理;在对未成年犯罪嫌疑人适用拘留、逮捕等强制措施时,分别关押、分别管理、分别教育;对未成年犯罪嫌疑人与成年犯罪嫌疑人分别提请逮捕和移送审查起诉,等等。

二、未成年人刑事案件诉讼程序

案例一

▶【案情简介】＞＞＞

王某某,男,1995 年 1 月 17 日出生(作案时 17 岁),河北省人,汉族,小学文化。2012 年 12 月 23 日因涉嫌盗窃罪被刑事拘留,同年 1 月 23 日被取保候审,2013 年 3 月 19 日被朝阳区人民检察院作相对不起诉处理。2012 年 12 月 23 日 6 时许,王某某在首都机场北线民航快递库区出港库房,用刀划开一件印有"××邮政物流"字样的箱子,从中窃取 3 部索尼牌×××手机,并将手机包装盒放入纸箱。王某某将其中 2 部手机藏匿在家中,另 1 部自行使用。经鉴定,3 部手机价值共计人民币 3870 元。

2013 年 1 月 1 日,侦查阶段,王某某及其父表示自己委托律师辩护。同年 1 月 18 日案件进入审查逮捕阶段,王某某及其父向检察机关表示原先没有委托辩护,但是正准备委托辩护。同年 1 月 19 日,检察机关再次询问王父,其称不同意指定辩护的理由是害怕花钱或被骗,影响公正审查。

2013年1月21日,朝阳区人民检察院通知朝阳区法律援助中心指派律师为王某某辩护。同年3月4日,案件进入审查起诉阶段,其间法律援助律师履行了法律援助相关义务,为王某某辩护。

▶【基本问题】＞＞＞

未成年犯罪嫌疑人及其法定代理人拒绝指定辩护、表示自己委托辩护而不付诸行动时,检察机关是否应当为其指定辩护? 在批捕环节,检察机关是否应当为没有委托辩护人的未成年犯罪嫌疑人指定辩护?

▶【讨论与分析】＞＞＞

有人认为,在王某某及其法定代理人拒绝指派或表示自行委托辩护时,检察机关为其指定辩护是侵犯其委托辩护权;检察机关只应在审查起诉阶段指定辩护,审查逮捕阶段不应为其指定辩护。

也有人认为,在王某某及法定代理人拒绝指派或表示自行委托辩护时,理由不正当或未委托的,检察机关应为王某某指定辩护;在审查逮捕阶段,检察机关也应为王某某指定辩护。

本文认为,在王某某及其法定代理人拒绝指派或表示自行委托辩护人理由不当或未委托的,以及审查逮捕阶段,检察机关应为王某某指定辩护,理由如下。

1. 王某某及其法定代理人拒绝指定辩护的理由不正当,表示自行委托辩护人的意思不真实。

本案中,王父不同意检察机关提供指定辩护法律援助的理由是"害怕花钱或被骗,影响公正审查";而且,王某某及其父虽然3次表示自己委托辩护人,但却一直没有委托辩护人。由此可见,其质疑检察机关不能"公正审查"的理由缺乏合理性,准备自行委托辩护人的意思并不真实。这种虚假的意思表示,不应具有阻却检察机关指定辩护行为行使的效力,在这种情况下,检察机关为王某某指定辩护人的做法是合适的,不仅没有侵犯其委托辩护权,相反有效保障了王某某辩护权的依法充分行使。

2. 特殊的保护对象,决定了检察机关在审查逮捕时应为王某某指定辩护。对于未成年人之外应当指定辩护的嫌疑人、被告人,二次拒绝法律援助律师辩护后,司法机关就不需要另行指定。而对于未成年人,根据《最高人民法院关于审理未成年人刑事案件的若干规定》第 26 条规定,未成年被告人或其法定代理人第二次拒绝法援律师辩护的,一般不予准许。上述规定表明,未成年人在我国刑事司法中处于比较特殊的地位,受到法律的特殊保护。因此,相较其他"应当辩护"对象,立法和司法解释更倾向于在"应当辩护"基础上,更进一步地强调对未成年人进行"没有除外情形"的"应当辩护",保障其辩护权的行使。这一辩护类型也就是学界所说的"强制辩护"制度,在该制度下,当被指控人存在自行辩护的障碍时,法律规定不管被指控人同意与否,都必须有辩护人为之辩护。

虽然我国刑事诉讼法没有明确表示"强制辩护",但根据我国相关立法和司法解释的规定,对未成年犯罪嫌疑人、被告人的辩护即强制辩护,未成年人案件中的拒绝辩护次数受到限制,没有辩护人参与的未成年人刑事诉讼程序不符合未成年人特殊保护的法律要求。

3. 未成年人辩护权保障的全程性,决定了审查逮捕环节检察机关也应为王某某指定辩护。

刑事诉讼法第 269 条规定,"人民检察院审查批准逮捕和人民法院决定逮捕,应当讯问未成年犯罪嫌疑人、被告人,听取辩护律师的意见"。而审查逮捕属于侦查阶段,法律既然规定了应当听取,便意味着侦查阶段未成年犯罪嫌疑人即应当拥有辩护人,帮助其行使辩护权。同时,刑事诉讼法第 267 条关于公、检、法机关都应当为没有辩护人的未成年人指定辩护的规定,更是对未成年人程序全程辩护权的进一步强调。

此外,将未成年人指定辩护前置到侦查阶段,也是国际法律文件的要求和诉讼制度发展的必然趋势。《关于律师作用的基本原则》第 6 条规定,任何没有律师的人在司法需要情况下均有权获得按犯罪性质指派一名有经验和能力的律师以便得到有效的法律援助。日本司法改革后将国选辩护人的法律援助提前到侦查阶段,保护嫌疑人的合法权益。因此,未成年人案件侦查阶段辩护律师介入,既是立法的规定,也是刑事诉讼辩护制度发展的必然要求。

对本案犯罪嫌疑人王某某来说,检察机关如果在审查逮捕阶段没有对王某某指定辩护,没有提供相关法律援助,那么,在 2012 年 12 月 23 日至 2013 年 3 月 4 日的整个侦查阶段内,其辩护权将得不到有效的保障,未成年人法律援助制度的具体落实也将大打折扣。因此,检察机关收案后,在审查逮捕阶段和审查起诉阶段,都应告知未成年犯罪嫌疑人委托辩护和申请法律援助的权利,为没有委托辩护人的嫌疑人指定辩护。

案例二

▶【案情简介】 > > >

被附条件不起诉人荆××。户籍××省××。被附条件不起诉人荆××因涉嫌寻衅滋事罪,于2013年5月14日被××市公安局××分局刑事拘留,同年5月17日,由××市公安局××分局延长刑事拘留至30日,2013年6月20日法院以无逮捕必要不批准逮捕,同日由××市公安局××分局决定并执行取保候审。2013年8月13日决定继续取保候审。

法定代理人××。

辩护人×××,××律师事务所律师。

本案由××市公安局××分局侦查终结,以被附条件不起诉人荆××涉嫌寻衅滋事罪,于2013年7月31日向检察院移送审查起诉。

经检察院依法查明:

2013年5月12日晚,李××(另案处理)在××市××新区××路××号××烧烤店内,因琐事与店内员工张××发生争执。为泄愤,李××于2013年5月13日下午纠集被附条件不起诉人荆××和姚××、邓××、李××(均另案处理)等人,持匕首、伸缩棍至××烧烤店,对店内员工进行殴打,致被害人初××牙根折断,经鉴定已构成轻伤;致被害人梁××左顶部头皮挫裂伤,经鉴定已构成轻微伤;致被害人张××右顶枕部头皮血肿,经鉴定已构成轻微伤。

2013年5月13日16时30分许,××市公安局××分局接110报警后至××市××新区昌里路××号出警,将被附条件不起诉人荆××等人抓获。被附条件不起诉人荆××到案后如实供述了上述犯罪事实。被附条件不起诉人荆××在取保候审期间对自己的行为予以反省。

上述事实,有证人冯××、初××、朱××、顾××、沈××、汤××的证言和辨认笔录;被害人初××、梁××、张××、李××、赵××、孙××的陈述及辨认笔录;同案关系人李××、姚××、邓××、李××的供述和辨认笔录;被附条件不起诉人荆××的供述;××市公安局××分局验伤通知书、××市浦南法医学研究所司法鉴定所损伤程度鉴定意见书;收条和谅解书;××市公安局

××分局出具的案发经过;被附条件不起诉人的户籍信息等证据证实。

检察院认为,被附条件不起诉人荆××实施了《中华人民共和国刑法》第293 条第 1 项规定的行为,可能判处一年有期徒刑以下刑罚,符合起诉条件,但有悔罪表现,依据《中华人民共和国刑事诉讼法》第 271 条第 1 款的规定,决定对荆××附条件不起诉。考验期为七个月,从本决定作出之日起计算。

被附条件不起诉人荆××应当遵守《中华人民共和国刑事诉讼法》第 272 条第 3 款的规定。在考验期内有《中华人民共和国刑事诉讼法》第 273 条第 1 款规定情形之一的,检察院将撤销附条件不起诉的决定,提起公诉。在考验期内没有上述情形,考验期满的,检察院将作出不起诉的决定。

▶【基本问题】> > >

在这个案件中,检察院的决定体现了哪些未成年人刑事诉讼特别程序?

▶【讨论与分析】> > >

检察院的决定主要体现了未成年人的附条件不起诉制度。

附条件不起诉,是指检察机关在审查起诉阶段,根据案件性质和情节、未成年犯罪嫌疑人的年龄、一贯表现及其犯罪后的悔过态度等,认为暂不提起公诉有利于矫正未成年犯罪嫌疑人,使其早日回归社会,同时也有利于被害人在物质方面得到补偿,使其被侵害的权益得到修复,暂时不对未成年犯罪嫌疑人提起公诉,而是设立一段考验期、一定条件,责令其在该期限内履行设定条件内的义务,如果未成年犯罪嫌疑人在该期限内履行了相应的义务并没有发生法定撤销的情形,期满后就不再对其提起公诉,否则就将对其提起公诉的制度。

未成年人附条件不起诉有助于未成年犯罪嫌疑人的人格矫正,促使其尽快、顺利地回归社会,有助于维护家庭和睦与社会稳定,同时也符合诉讼经济、程序分流的目的,有利于预防和减少未成年人犯罪。

2012 年修正后的刑事诉讼法增加了未成年人附条件不起诉制度。

刑事诉讼法第 271 条规定:对于未成年人涉嫌刑法分则第四章、第五章、第六章规定的犯罪,可能判处一年有期徒刑以下刑罚,符合起诉条件,但有悔罪表现的,人民检察院可以作出附条件不起诉的决定。人民检察院在作出附条件不起诉的决定以前,应当听取公安机关、被害人的意见。对附条件不起诉的决定,公安机关要求复议、提请复核或者被害人申诉的,适用本法第175条、第176条的规定。未成年犯罪嫌疑人及其法定代理人对人民检察院决定附条件不起诉有异议的,人民检察院应当作出起诉的决定。

刑事诉讼法第272条规定:在附条件不起诉的考验期内,由人民检察院对被附条件不起诉的未成年犯罪嫌疑人进行监督考察。未成年犯罪嫌疑人的监护人,应当对未成年犯罪嫌疑人加强管教,配合人民检察院做好监督考察工作。

附条件不起诉的考验期为六个月以上一年以下,从人民检察院作出附条件不起诉的决定之日起计算。被附条件不起诉的未成年犯罪嫌疑人,应当遵守下列规定:(一)遵守法律法规,服从监督;(二)按照考察机关的规定报告自己的活动情况;(三)离开所居住的市、县或者迁居,应当报经考察机关批准;(四)按照考察机关的要求接受矫治和教育。

刑事诉讼法第273条规定:被附条件不起诉的未成年犯罪嫌疑人,在考验期内有下列情形之一的,人民检察院应当撤销附条件不起诉的决定,提起公诉:(一)实施新的犯罪或者发现决定附条件不起诉以前还有其他犯罪需要追诉的;(二)违反治安管理规定或者考察机关有关附条件不起诉的监督管理规定,情节严重的。

被附条件不起诉的未成年犯罪嫌疑人,在考验期内没有上述情形,考验期满的,人民检察院应当作出不起诉的决定。

对未成年人适用附条件不起诉,应符合以下条件。

(一)适用主体

从刑事诉讼法第271条的规定来看,在我国,附条件不起诉制度适用对象仅仅是未成年人,并不包括其他任何成年人,哪怕是一些诸如孕妇、老人、初犯和偶犯的犯罪行为轻微的成年人,都不能成为附条件不起诉制度的适用主体。

附条件不起诉制度对于我国来说,是一种全新的制度,在整个制度设计中,最具关键性的制度设计是检察裁量权的问题。在附条件不起诉制度的框架内,检察裁量权得到扩张,扩张裁量权在没有充分的监督之下,很容易嬗变为权力的滥用,继而破坏法律的公正性和权威性。就目前的情况来看,我国在检察裁量权的监督之上尚有不足之处,新刑事诉讼法的规定具有科学性和审慎性。

（二）适用罪行

在我国新刑事诉讼法中，附条件不起诉制度的适用主体虽然是未成年犯罪嫌疑人，但不是所有的未成年犯罪嫌疑人皆能适用本制度，只有那些犯罪行为轻微的未成年犯罪嫌疑人才能最终成为本罪的适用主体。

具体来说，未成年人涉嫌轻微刑事犯罪需要从两个层面来进行理解：其一，从罪名的层面来看。涉嫌的罪名应当是刑法分则第四章、第五章、第六章中的全部罪名。第四章规定的是侵犯公民人身权利、民主权利方面的犯罪；第五章规定的是侵犯财产方面的犯罪；第六章规定的是妨害社会管理秩序方面的犯罪。其二，从可能判处的刑罚的层面来看。应当是"可能判处一年有期徒刑以下刑罚"。这里的一年以下有期徒刑以下的刑罚的范围，还应当包括拘役和管制两种具体的刑罚。

从刑事诉讼法的规定来看，在附条件不起诉制度适用罪行方面，罪行的要求是非常高的，不仅限制在刑法分则第四章、第五章和第六章中的犯罪，还限制在可能判处一年以下有期徒刑、拘役和管制的刑罚，缺少其中的任何一个要件，都不能适用附条件不起诉制度。正是由于存在如此之严格的限制，所以有些学者针对这样的立法规定提出了质疑，认为我国附条件不起诉制度适用罪行应当扩大到三年以下有期徒刑、拘役和管制，不论是何种类的犯罪。对此，笔者始终坚持认为我国在附条件不起诉制度问题上应当保持谨慎态度，不可贸然扩大适用范围，避免带来潜在的法律风险和道德风险。大法官霍姆斯曾经说过，法律的生命在于经验。我国在附条件不起诉制度问题上尚无充分的经验，所以，立法者采取谨慎的态度是理性的，更是负责任的表现。

未成年人犯罪诉讼特别程序所确立的未成年人犯罪附条件不起诉制度具有巨大的历史进步意义，它贯彻了对未成年人的教育、感化、挽救方针，是建设未成年人保护机制的又一举措，是落实宽严相济刑事政策的现实需要。

附条件不起诉制度是起诉便宜主义的一种表现形式。起诉便宜主义是与起诉法定主义相对应的范畴，又称起诉合理主义、起诉裁量主义，是指检察官对于存有足够的犯罪嫌疑，并具备起诉条件的案件，可以斟酌决定是否起诉的原则。罪刑法定原则主导下的刑事诉讼制度以起诉法定主义作为刑罚适用标准，通过检察官的积极起诉行为将有罪必罚贯穿于整个诉讼过程中，但其施行效果不尽如人意，未能有效遏制、减少未成年人犯罪，与教育、感化和挽救未成年人的政策初衷背道而驰。我国刑事诉讼法规定的不起诉制度赋予了检察机关一定的裁量权,修改后的刑事诉讼法所确立的附条件不起诉制度丰富了我国检察机关不起诉裁量权的格局,也是我国积极拓展不起诉适用范围的有益探索。

案例三

▶【案情简介】＞＞＞

赵某,女,16 岁,就读于贵阳市某中专学校。2013 年 4 月的一天,赵某独自一人在学校寝室睡觉,醒来后发现下铺张某的中国工商银行卡放在桌上,趁无人之机将银行卡盗走,并随后在学校的银行 ATM 机上取出卡内的现金人民币1300 元,达到了当地的盗窃罪数额标准,被公安机关抓获并将案件提交××区人民检察院审查起诉。

在接手这起未成年人案件后,承办案件的未成年人公诉科检察官经过大量走访调查,发现赵某的家庭条件其实并不差,但因为父母忙、疏于教育等原因,造成赵某的法律意识薄弱,在实施盗窃行为时,赵某的动机仅仅是为了买件漂亮的衣服,当明白自己的行为已构成犯罪时,赵某后悔不已。

检察官在对赵某进行了综合评估后认为,赵某虽构成盗窃罪,但主观恶性较小,数额不大,也未造成严重危害后果。本着"教育、感化、挽救"的办案原则,××区人民检察院根据相关法律规定和刑事政策,决定对赵某作出附条件不起诉处理,考验期限为 6 个月。考验期间,检察院针对其具体情况,联合社区、学校、家长签订了帮教责任书,对其学习情况和日常生活进行跟踪考察,共同进行帮教和监管。考验期结束后,鉴于赵某在考察期内均能遵守法律法规,接受帮教和监管,表现不错。2014 年 4 月 8 日,××区检察院对其作出正式的不起诉决定。

▶【基本问题】＞＞＞

本案例中,人民检察院为何对赵某设置了 6 个月的考验期,是否正确? 如果赵某被起诉判刑,能否对其犯罪记录封存?

▶【讨论与分析】＞＞＞

检察院设置的考验期是正确的。根据我国刑事诉讼法第 272 条规定,在附条件不起诉的考验期内,由人民检察院对被附条件不起诉的未成年犯罪嫌疑人进行监督考察。未成年犯罪嫌疑人的监护人,应当对未成年犯罪嫌疑人加强管教,配合人民检察院做好监督考察工作。附条件不起诉的考验期为六个月以上一年以下,从人民检察院作出附条件不起诉的决定之日起计算。被附条件不起诉的未成年犯罪嫌疑人,应当遵守下列规定:(一)遵守法律法规,服从监督;(二)按照考察机关的规定报告自己的活动情况;(三)离开所居住的市、县或者迁居,应当报经考察机关批准;(四)按照考察机关的要求接受矫治和教育。

根据我国刑事诉讼法 275 条的规定,犯罪的时候不满 18 周岁,被判处 5 年有期徒刑以下刑罚的,应当对相关犯罪记录予以封存。犯罪记录被封存的,不得向任何单位和个人提供,但司法机关为办案需要或者有关单位根据国家规定进行查询的除外。依法进行查询的单位,应当对被封存的犯罪记录的情况予以保密。

犯罪记录封存制度具有重大的理论价值和现实意义。

1. 符合宽严相济刑事政策的需要。未成年人身心未臻成熟,具有不同于成年人的群体特性,制定刑事司法政策和设计具体的诉讼制度、程序和规则应当以未成年人利益最大化和有利于其未来发展为基点。附条件不起诉制度期限考察呼应了我国宽严相济的刑事政策,较好地体现了宽严相济中"宽"的一面。通过对符合条件的未成年犯罪嫌疑人不起诉设定一个期限,可以给予他们真诚悔罪、改过自新的机会,使他们在宽容的氛围中得以改过自新,重回社会怀抱。

2. 符合保护未成年人的需要。未成年人犯罪原因各异,办案人员要对症下药,根据未成年人自身的危险性、情节、悔罪表现等各种不同情况有针对性地采取刑罚方式才能达到教育和挽救的目的。一旦给罪行较轻,又不符合不起诉的未成年犯罪嫌疑人贴上犯罪标签,对其以后的学习、工作和生活都将产生负面影响,很可能导致他们重新走上犯罪的道路,与保护未成年人的初衷背道而驰。

3. 符合未成年人回归社会的需要。一方面,为了有利于促进未成年人的健康成长,维护社会稳定,减少犯罪对未成年人本身、未成年人的家庭及社会造成的负面影响,选择档案封存制度是正当而又合理的。另一方面,档案封存制度有利于确定回归效果,恢复被破坏的法律秩序。

案例四

▶【案情简介】﹥﹥﹥

　　被告人姚某(男,1993 年 9 月 4 日出生),在年满 18 周岁之前,曾因犯贩卖毒品罪被判处过五年有期徒刑以下刑罚。2013 年 1 月 16 日 22 时许,姚某在重庆市垫江县桂溪镇名流网吧附近一巷子内以 200 元的价格贩卖毒品0.19 克给吸毒人员欧某飞,二人交易完毕后被民警当场抓获。民警当场从被告人姚某处搜缴毒资人民币 200 元,从吸毒人员欧某飞处查获 0.19 克疑似毒品。经重庆市公安局毒品检测中心鉴定,查获的疑似毒品中含有甲基苯丙胺。

　　重庆市垫江县人民检察院以贩卖毒品罪向重庆市垫江县人民法院提起公诉,认为被告人姚某的行为构成贩卖毒品罪;被告人姚某曾因犯贩卖毒品罪被判处刑罚后又犯贩卖毒品罪,系毒品再犯,应当从重处罚;被告人姚某到案后如实供述自己的罪行,可从轻处罚。

　　重庆市垫江县人民法院经审理以被告人姚某犯贩卖毒品罪,判处有期徒刑六个月,并处罚金人民币 1000 元。

　　判决生效后,重庆市人民检察院第三分院以姚某曾因犯贩卖毒品罪被判过刑,又犯贩卖毒品罪,应被认定为毒品再犯,从重处罚,原审判决法律适用错误,量刑不当为由提出抗诉。

　　重庆市第三中级人民法院经过审理,以被告人姚某第一次贩卖毒品时不满18 周岁,被判处刑罚为五年以下有期徒刑,该犯罪记录应当依照刑事诉讼法第275 条第 1 款规定予以封存,且被封存的犯罪记录不得因司法机关办案需要而予以公开为由,裁定驳回抗诉,维持原审法院判决。

▶【基本问题】﹥﹥﹥

　　未成年时实施毒品犯罪行为被科以刑罚,该犯罪记录依照刑事诉讼法规定应被封存。该犯罪记录被封存后,相应的犯罪行为能否被再次作为毒品犯罪再犯认定的依据?

► **【讨论与分析】** > > >

本案争议焦点在于：毒品犯罪记录被封存后是否意味着对应的毒品犯罪行为在刑事法上应作否定性评价，如果犯罪人再次犯毒品类犯罪，则由于犯罪前科在刑事法上被否定，后一犯罪仍然属于初犯。

第一，刑事诉讼法第 275 条确立了未成年人轻罪犯罪记录封存制度。根据该制度，犯罪记录被封存后应处于一种绝对保密状态，即便司法机关为办案需要或者有关单位根据国家规定可以进行查询，查询单位也应将查询所获知的犯罪记录情况予以保密，不得对此加以利用。由此可见，犯罪记录封存不仅具有程序法上的意义，更具有实体法上的意义。具体而言，被封存的犯罪记录应绝对保密这一前提决定了该犯罪记录所反映的犯罪行为应免于被重复利用和评价，否则绝对保密便无从谈起，未成年人轻罪犯罪记录封存制度将被架空，制度设立的目的也难以实现。因此，在实体法上，被封存的犯罪记录所反映的犯罪行为不能作为累犯或再犯的认定依据，不然就是对被封存犯罪记录的重复利用和评价，就是对保密义务的置若罔闻，就与犯罪记录封存制度背道而驰。

第二，我国刑法及刑事诉讼法对未成年人犯罪历来坚持教育、感化、挽救的方针及教育为主、惩罚为辅的原则。刑法修正案（九）及 2012 年刑事诉讼法都明显的体现出了前述方针和原则。刑事诉讼法第 275 条第 1 款规定对犯罪时不满 18 周岁，被判处五年有期徒刑以下刑罚的，应当对相关犯罪记录予以封存。该条款更是直接体现了对未成年犯罪人倾斜保护原则，使未成年犯罪人免受犯罪记录的终身伴随，免于在个人学习、入伍、就业等方面遭受不利影响，使其能顺利回归社会，改过自新，重新做人。因此，从价值衡量上看，对未成年期间所实施较轻犯罪行为进行犯罪记录封存，不予重复利用和评价，将更有利于未成年人之成长与发展，也更能体现我国处理未成年人犯罪的立法精神。

第三，我国刑法历来贯彻从旧兼从轻原则。具体到本案，从被告人姚某的角度看，适用 2013 年 1 月 1 日起施行的刑事诉讼法第 275 条的规定，不再考虑其第一次的贩卖毒品行为，仅就 2013 年 1 月 16 日的贩卖毒品行为进行单独评价和认定，处罚结果明显比适用刑法第 356 条之规定所得出的处罚结果轻。因此，基于从旧兼从轻原则，也不应将姚某认定为毒品犯罪再犯。

第四，不将被告人认定为毒品犯罪再犯，符合国际司法实践。《联合国少年司法最低限度标准规则》第 8 条规定："应在各个阶段尊重少年犯享有隐私的权利,以避免由于不适当的宣传或加以点名而对其造成伤害;原则上不应公布可能会导致使人认出某一少年犯的资料。"第 21 条规定:"对少年罪犯的档案应严格保密,不得让第三方利用。应仅限于与处理手头上的案件直接有关的人员或其他经正式授权的人员才可以接触这些档案。少年罪犯的档案不得在其后的成人诉讼案中加以引用。"从前述两条的规定可以看出,就档案保密制度而言,其功能已经相当于前科消灭制度。我国早已加入《联合国少年司法最低限度标准规则》,有义务履行该条约的相关规定,因此不将被告人姚勇认定为毒品犯罪再犯亦符合国际司法实践。

综上所述,未成年期间实施的毒品犯罪行为因犯罪记录被封存,不应被重复利用和评价,不得作为毒品犯罪再犯认定的依据。

第十九章

当事人和解的公诉案件诉讼程序

案例一　公诉案件当事人和解的适用范围

▶【案情简介】＞＞＞

　　钱某、赵某、孙某是同一家公司的职员，平时三人一贯遵纪守法，关系一直很好。有一天，钱某回到租房时，发现自己的妻子与另一个男人手拉手坐在床上，顿时火冒三丈，立即打电话叫来了好朋友赵某、孙某，三人对该男子一顿殴打。打完之后，钱某要求该男子的家人过来处理此事。该男子的父亲到了租房后，看到情形不敢报警，在双方讨价还价之下，该男子的父亲"自愿赔偿"被告人钱某15000元。后该男子选择了报警，公安机关接到报警后以钱某三人涉嫌敲诈勒索罪立案侦查，在钱某等人的工作单位将三被告人抓获，三被告人归案后均如实供述了自己的犯罪事实。

　　在案件审理过程中，三被告人对自己的冲动行为深感后悔，希望赔偿被害人的损失，向被害人赔礼道歉，得到从宽处理。

　　承办该案的检察官认为该案符合公诉案件当事人和解的条件，而且被害人也有和解的意愿。在法庭审理中，三被告人及被害人在审判长的主持下达成了和解协议。后法庭根据本案的犯罪情节及双方达成的和解协议，对三被告人分别处以十个月至一年不等的刑期。三被告人均当庭表示不上诉，被害人也对法院组织双方和解表示感谢。

▶【基本问题】＞＞＞

　　该案是否可以适用当事人和解的公诉案件诉讼程序？

▶【讨论与分析】＞＞＞

　　根据司法改革的要求，公安司法机关顺应时代的发展和执法办案的需要，贯彻宽严相济的刑事政策,积极探索当事人达成刑事和解案件办理工作,取得了良好的社会效果。2010 年发布的《最高人民法院关于贯彻宽严相济刑事政策的若干意见》第 23 条规定,被告人案发后对被害人积极进行赔偿,并认罪、悔罪的,依法可以作为酌定量刑情节予以考虑。2011 年发布的《最高人民检察院关于办理当事人达成和解的轻微刑事案件的若干意见》对刑事和解的指导思想和基本原则、适用范围和条件、和解的内容、对当事人和解的审查,以及对当事人达成和解案件的处理等问题进行了系统的规定。这些改革成果被 2012 年刑事诉讼法修改时所吸收。

根据刑事诉讼法第 277 条的规定,当事人和解的公诉案件诉讼程序范围如下。

第一,对于因民间纠纷引起的,涉嫌刑法分则第四章(侵犯公民人身权利、民主权利罪)、第五章(侵犯财产罪)规定的犯罪案件,可能判处 3 年有期徒刑以下刑罚的。这里包含三个条件:一是因民间纠纷引起的。民间纠纷一般指公民之间有关人身、财产权益和其他日常生活中发生的纠纷。二是涉嫌刑法分则第四章(侵犯公民人身权利、民主权利罪)、第五章(侵犯财产罪)规定的犯罪案件。三是可能判处 3 年有期徒刑以下刑罚的。主流刑法理论认为,3 年有期徒刑以下刑罚属于轻罪。将当事人和解程序的适用限于轻罪是为了最大限度发挥其积极作用,尽可能减少其负面影响。以上条件必须同时具备才可适用。

第二,除渎职犯罪以外的可能判处 7 年有期徒刑以下刑罚的过失犯罪案件。这里包括三个条件。一是过失犯罪,我国刑法规定,过失犯罪,法律有规定的才负刑事责任。二是可能判处 7 年有期徒刑以下刑罚的过失犯罪,7 年刑期是多数过失犯罪的最高刑罚。三是渎职犯罪除外。渎职犯罪是指国家机关工作人员利用职务上的便利或者徇私舞弊、滥用职权、玩忽职守,妨害国家机关的正常活动,损害公众对国家机关工作人员职务活动客观公正性的信赖,致使国家与人民利益遭受重大损失的行为,因此渎职罪不适用刑事和解程序。

第三,犯罪嫌疑人、被告人在 5 年以内故意犯罪的案件不得适用当事人和解程序。这是参考了刑法第 65 条关于累犯相关内容所作的规定,累犯是一种再犯罪的事实,对累犯从严惩处,是当今世界各国重要的刑罚裁量制度之一。主要是考虑到此类人的社会危害性和主观恶性较大,前罪是故意犯罪,后罪不论是故意犯罪还是过失犯罪都不能适用这个诉讼程序。

该案钱某三人属于涉嫌刑法分则第五章中规定的犯罪案件,且可能判处三年以下刑罚,在案件审理过程中,三被告人对自己的冲动行为深感后悔,希望赔偿被害人的损失,向被害人赔礼道歉,而且被害人也有和解的意愿,属于公诉案件当事人和解诉讼程序的适用范围。当事人和解的公诉案件诉讼程序是通过被告人与被害人自愿协商达成和解进而解决刑事纠纷的一种新型司法模式,目的在于恢复被加害人破坏的社会关系、弥补被害人所受到的损害以及恢复加害人与被加害人之间的和睦关系,并使加害人改过自新、回归社会。该程序以被害人的利益保护为核心理念,以其对被害人、加害人以及公共利益的全面保护为基本内涵,实现以较小的司法资源耗费,获得较理想的实体性目标。2012 年修正后的刑事诉讼法在总结实践经验的基础上,在特别程序部分专门规定了当事人和解的公诉案件诉讼程序,明确了和解的范围、对象、条件以及方式等基本问题,是立法理念和法律制度的重大突破,有助于有效化解社会矛盾,促进社会和谐。

案例二 公诉案件当事人和解的诉讼程序

▶【案情简介】 > > >

刘某与张某均为某村村民,邻里关系,平时的关系良好,并无恩怨。2015 年7 月4 日中午时分,刘某回家为其外孙做饭,发现与邻居张某共用楼道内放置了两块玻璃,为防止玻璃破裂后划伤其外孙身体,而将张某放于楼道内的玻璃丢掉而引起张某不满,进而张某长时间敲打刘某家的大门,导致刘某情绪激动,开门过猛致张某倒地受伤。张某报警后,县公安局对刘某故意伤害一案立案侦查,后经鉴定张某为轻伤一级,县公安局立即对刘某采取了刑事拘留的强制措施,十日后,刘某积极对张某进行了赔偿,并为自己的鲁莽行为而赔礼道歉,取得了张某的充分谅解,在公安机关案件承办人员主持下双方达成了和解。公安机关对刘某变更强制措施转为取保候审。此案侦查终结后,县公安局移送县检察院审查起诉,并向县检察院提出了对刘某从宽处罚的建议,县检察院审查发现张某犯罪情节显著轻微,不需要判处刑罚,符合当事人和解的诉讼程序,县检察院决定张某故意伤害一案不起诉。

► **【基本问题】** > > >

本案中公安机关和县检察院的做法是否正确？

► **【讨论与分析】** > > >

刑事诉讼法第 278 条规定,双方当事人和解的,公安机关、人民检察院、人民法院应当听取当事人和其他有关人员的意见,对和解的自愿性、合法性进行审查,并主持制作和解协议书。第 279 条规定,对于达成和解协议的案件,公安机关可以向人民检察院提出从宽处理的建议。人民检察院可以向人民法院提出从宽处罚的建议;对于犯罪情节轻微,不需要判处刑罚的,可以作出不起诉的决定。人民法院可以依法对被告人从宽处罚。

司法实践中,当事人和解的公诉案件诉讼程序包含以下步骤:(1)当事人双方达成和解。公安机关、人民检察院、人民法院可以向犯罪嫌疑人、被告人或者被害人告知对方和解意向、和解的相关规定以及双方当事人的权利、义务,由当事人自行协商,公安机关、人民检察院、人民法院也可以在各自的诉讼阶段作为中立的第三方组织和主持双方当事人协商达成和解。(2)当事人达成和解后,可以书面形式交公安机关、人民检察院、人民法院审查,也可以口头形式向公安机关、人民检察院、人民法院陈述。(3)公安机关、人民检察院、人民法院听取当事人的意见,着重审查和解协议是否违背当事人意愿的情形,还应当听取被害人的法定代理人、被告人的辩护律师等其他有关人员的意见。(4)对和解内容的合法性进行审查,审查和解协议的内容是否违反法律的强制性规定,是否损害国家、社会利益和他人的合法权益。(5)经审查,确认和解协议内容合法有效,由公安机关、人民检察院或者人民法院主持制作和解协议书,由双方签字,作为履行和解协议和依法从宽处罚的依据。[①]

需要特别注意的是,当事人和解的公诉案件诉讼程序中的和解事项不应涉及刑事责任的处理。当事人和解的是民事权利方面的事项。犯罪嫌疑人、被告人刑事责任的追究和裁量由公安机关、人民检察院、人民法院依法决定。

本案中,公安机关和县检察院做法正确。刘某故意伤害案属于侦查阶段当事人和解的诉讼程序。本案中,刘某积极对张某进行了赔偿,并为自己的鲁莽

---

① 陈国庆主编:《中华人民共和国刑事诉讼法最新释义》,中国人民公安大学出版社 2012 年版,第 325 页。

行为而赔礼道歉,取得了张某的充分谅解,在公安机关案件承办人员主持下双方达成了和解。公安局在向县检察院移送审查起诉的同时,向县检察院提出了对刘某从宽处罚的建议,县检察院依据刑事诉讼法第278条的规定作出了不起诉的决定,贯彻了宽严相济的刑事政策,有利于促进社会的和谐稳定,也有助于提高诉讼效率和有效解决纠纷。

第二十章

犯罪嫌疑人、被告人逃匿、死亡案件违法所得的没收程序

案例一 违法所得案件的没收程序适用条件

▶【案情简介】＞＞＞

犯罪嫌疑人陈某,生前住江苏某市某小区2幢301室,1997年12月,任某市房产管理局局长,2008年2月任某市房产管理局调研员,2010年3月退休,2013年12月28日陈某因涉嫌受贿被检察机关立案侦查,在取保候审期间死亡。

犯罪嫌疑人陈某在担任某市房产管理局局长期间,利用职务便利,在职务任命、出让改制企业、借贷资金、协调借用开发资质、竞拍土地等方面为某房屋建设工程有限公司、某房建置业有限公司及其法定代表人沈某谋取利益,于2001年至2013年期间收受沈某所送人民币611.5万元。

该市人民检察院对犯罪嫌疑人陈某立案侦查后,其妻徐某主动向检察院退还赃款人民币727.398819万元,依法扣押并保管于该检察院。

在犯罪嫌疑人陈某死亡后,检察院向中级人民法院提出没收犯罪嫌疑人陈某受贿违法所得的申请,中级法院依法受理并发出公告6个月。公告期间,犯罪嫌疑人的近亲属徐某、陈某某向法院申请参加诉讼。人民法院于2014年11月25日组成合议庭公开开庭审理了此案,人民检察院派员出庭履行职务,利害关系人徐某、陈某某及其诉讼代理人出庭参加诉讼,现已审理终结。

▶【基本问题】＞＞＞

哪些案件可以适用违法所得案件没收程序?需要具备哪些条件?

▶【讨论与分析】＞＞＞

《中华人民共和国刑事诉讼法》第 280 条规定："对于贪污贿赂犯罪、恐怖活动犯罪等重大犯罪案件,犯罪嫌疑人、被告人逃匿,在通缉一年后不能到案,或者犯罪嫌疑人、被告人死亡,依照刑法规定应当追缴其违法所得及其他涉案财产的,人民检察院可以向人民法院提出没收违法所得的申请。"

《最高人民法院关于适用〈中华人民共和国刑事诉讼法〉的解释》第 507 条规定:依照刑法规定应当追缴违法所得及其他涉案财产,且符合下列情形之一的,人民检察院可以向人民法院提出没收违法所得的申请:(一)犯罪嫌疑人、被告人实施了贪污贿赂犯罪、恐怖活动犯罪等重大犯罪后逃匿,在通缉一年后不能到案的;(二)犯罪嫌疑人、被告人死亡的。

《人民检察院刑事诉讼规则(试行)》第十三章中规定:"有下列情形之一,依照刑法规定应当追缴其违法所得及其他涉案财产的,经县级以上公安机关负责人批准,公安机关应当写出没收违法所得意见书,连同相关证据材料一并移送同级人民检察院:(一)恐怖活动犯罪等重大犯罪案件,犯罪嫌疑人逃匿,在通缉一年后不能到案的;(二)犯罪嫌疑人死亡的。"

犯罪嫌疑人、被告人逃匿、死亡案件违法所得的没收程序是特别程序,是在犯罪嫌疑人、被告人不能出庭的情况下对其违法所得实施的没收程序,所以为了确保违法所得没收的正确性,避免侵犯其他人的合法权益,在立法上规定了严格的适用条件。

根据以上法律及司法解释的规定,违法所得案件没收程序的适用需要具备以下条件。

一、只能适用于贪污贿赂犯罪、恐怖活动犯罪等重大犯罪案件

并不是所有的案件都可以适用违法所得的没收程序,根据刑事诉讼法第 280 条第一款的规定,只有贪污贿赂犯罪、恐怖活动犯罪等重大犯罪案件才能适用该程序。

1. 从案件类型上看,本程序适用于贪污贿赂犯罪、恐怖活动犯罪等犯罪案件。这里所说的"贪污犯罪"应从广义上理解,即不仅包括贪污罪,还包括挪用公款罪、私分国有资产罪、私分罚没财物罪、巨额财产来源不明罪、隐瞒境外存款罪等罪名。"贿赂犯罪"包括受贿罪、行贿罪、介绍贿赂罪等。"恐怖活动犯罪"包括组织领导、参加恐怖组织罪,资助恐怖活动罪,劫持航空器罪,劫持船

只、汽车罪、暴力危及飞行安全罪等。① 除这两类犯罪案件之外,是否还包括别的犯罪案件呢? 这里的关键是怎样理解"等"的含义。"等"在现代汉语中有两种用法,一是表示列举未尽,如北京、天津等地;二是表示列举后煞尾,如长江、黄河、黑龙江、珠江等四大河流。② 鉴于刑法中的"等"都是指列举未尽,所以应当还有其他案件可以适用违法所得没收程序,而不是仅仅限于这两类案件。对于其他案件的范围我们认为根据刑事诉讼法的精神和原则不宜确定得过宽。这主要是因为,按照刑事诉讼法的参与原则的要求,受刑事裁判直接影响的人应当有充分的机会、富有意义地参与刑事裁判的制作过程,但在本程序中,作为案件当事人的犯罪嫌疑人、被告人并没有参加到刑事诉讼中去,所以在其缺席的情况下,更要注重对其合法权益的保护,所以其他案件的范围要适中,否则就会违背立法的本意。

我们认为,其他可以适用违法所得没收程序的犯罪案件应当与贪污贿赂犯罪、恐怖活动犯罪在性质或危害程序上相同或相似,即犯罪性质极为严重,一般属于国际公约规定的犯罪,比如毒品犯罪、拐卖妇女儿童犯罪、黑社会性质的组织犯罪等也属于违法所得没收程序的适用范围,③至于还包括其他哪些案件,可由司法机关在实践中灵活掌握,根据案件的具体情况,认为确有必要适用该程序的,也可以适用。

2. 从案件的危害程度上看,应是重大犯罪案件。关于重大犯罪案件的界定,可以根据《最高人民法院关于适用〈中华人民共和国刑事诉讼法〉的解释》第 508 条规定来认定。该条规定:"具有下列情形之一的,应当认定为刑事诉讼法第 280 条第一款规定的'重大犯罪案件':(一)犯罪嫌疑人、被告人可能被判处无期徒刑以上刑罚的;(二)案件在本省、自治区、直辖市或者在全国范围内有较大影响的;(三)其他重大犯罪案件。"

根据刑法罪刑相适应的原则,罪行严重的犯罪行为,其刑罚也应该严重。我国刑法中规定的最严重的刑罚是死刑,其次便是无期徒刑,所以如果犯罪嫌疑人、被告人可能被判处无期徒刑以上刑罚的,说明其罪行已经达到了非常严重的程度,毫无疑问就应属于重大犯罪案件。

对于有些犯罪案件,虽然其法定刑并没有达到无期徒刑,但其波及范围大,

---

① 陈光中主编:《刑事诉讼法》(第五版),北京大学出版社、高等教育出版社 2013 年版,第 451 页。

② 中国社会科学院语言研究所词典编辑室编:《现代汉语词典》(第六版),商务印书馆 2012 年版,第 275 页。

③ 黄祥青:《最高人民法院司法观点集成(刑事卷)》(第二版),人民法院出版社 2014 年版,第 2076 页。

影响极其恶劣,如果不没收其违法所得会产生严重的后果,这样就不利于对这类犯罪行为的打击。所以,只要在本省、自治区、直辖市有较大影响的案件,也属于重大犯罪案件。比如巨额财产来源不明罪、资助恐怖活动罪等,其法定最高刑就是有期徒刑,如果有可能适用最高档的法定刑,并且影响范围较大,也可以认定为重大犯罪案件。

至于司法解释规定的第三种情况"其他重大犯罪案件",其实是一个弹性的条款,具有兜底的性质。因为立法者不可能穷尽实际生活中的所有案件类型,所以在实践中如果出现了以上两种情形以外的案件,但又确有必要适用违法所得没收程序的,也可以算作是重大犯罪案件。

3. 从违法所得数额上看,必须是数额巨大。本程序并不是对犯罪嫌疑人、被告人的定罪程序,而是在犯罪嫌疑人、被告人缺席的情况下,对其违法所得实施的没收程序。程序设计的目的一方面是为了和刑法及国际公约衔接,为依法追缴、没收违法所得,特别是为从境外追缴违法所得扫清了障碍,使其和家人无法获得任何经济利益,从而实现司法正义。另一方面也是为了切断其继续犯罪的经济来源,迫使其早日归案。同时对潜在的犯罪人也有一定的震慑作用。所以,如果违法所得数额较小的话,其危害程度及造成的后果也较小,也就没有启动违法所得没收程序的必要了。但究竟多大的数额算数额巨大,并没有一个明确的标准,而且也不宜一刀切地设定一个标准。可以由司法机关综合考虑公正、功利等因素后根据案件具体情节酌情确定。

二、被追诉人死亡或不能到案

根据《中华人民共和国刑事诉讼法》第280条的规定,违法所得的没收程序并非适用于所有的重大贪污贿赂犯罪、恐怖活动犯罪案件,仅适用于犯罪嫌疑人、被告人逃匿,在通缉1年后不能到案或犯罪嫌疑人、被告人死亡的重大贪污贿赂犯罪、恐怖活动犯罪案件。

1. 犯罪嫌疑人、被告人逃匿,通缉1年后不能到案。此种情况是指具有一定的事实证明犯罪嫌疑人、被告人的行为构成犯罪,在公安机关、人民检察院或人民法院采取强制措施之前或办理案件期间逃匿,经通缉1年后仍未到案。这里的"通缉"是指发布通缉令进行通缉,不应包括网上追逃、协查通报等追捕方式。根据《中华人民共和国刑事诉讼法》第153条规定,通缉的条件是"应当逮捕的犯罪嫌疑人在逃","应当逮捕"说明已经有证据证明其有犯罪事实,并且可能判处徒刑以上刑罚,其罪行比较严重。这种情形下除了通缉外,还要达到时间 1 年的条件,即"在通缉 1 年后不能到案"。这里"1 年"的起止时间应从发布通缉令进行通缉的第二日起算,至人民检察院向人民法院提出没收违法所得的申请之日止。从立法本意上看,公安司法机关要尽量采取有关措施保证犯罪嫌疑人、被告人到案,然后通过正常的普通程序进行刑事诉讼。只有在长时间通缉后仍然不能将其缉拿归案的,才能适用违法所得的没收程序。这里对通缉时间的规定既不能过长,也不能过短,如果时间过长的话,将会使犯罪嫌疑人、被告人长期逍遥法外,而不能保护被害人或国家、集体的权益。如果时间过短的话,不能保证将犯罪嫌疑人、被告人抓获归案,这在某种程度上会侵犯犯罪嫌疑人、被告人的程序权。

2. 犯罪嫌疑人、被告人死亡。如果在刑事诉讼过程中犯罪嫌疑人、被告人死亡(以取得死亡证明为准),就没有必要也没有可能再追究其刑事责任,但不能追究其刑事责任并不意味着刑事诉讼的完全终止,相关的涉案财物仍应进行相应的处理,因此仍有必要专门针对涉案财物适用没收程序。

三、有追缴财产的必要

这里所说的追缴的财产是指刑法所规定的应当追缴违法所得及其涉案财产,而非没收财产刑。追缴的违法所得及其涉案财产必须是与犯罪事实有关且属于刑法明确规定的应当予以没收的非法财产或者其他违法所得。[①] 所以这里的有追缴财产的必要是指要同时符合下面条件。

1. 依照刑法规定应当追缴其违法所得及其他涉案财产。违法所得及其他涉案财产是指犯罪嫌疑人实施犯罪行为所取得的财物及其孳息,以及被告人非法持有的违禁品、供犯罪所用的本人财物。追缴财产是对犯罪嫌疑人、被告人实体权利的处理,所以,在适用违法所得没收程序时必须符合刑法的规定。只有依照刑法应当追缴时,才可以启动违法所得的没收程序,否则就涉嫌滥用权力。

2. 违法所得及其他涉案财产数额巨大。对于有些案件,即使涉及非法所得或相关财物,如果这些财物金额并不大,从诉讼公益的角度考虑,也可以不启动没收程序。具体怎样才算数额巨大,可以由检察机关根据具体的案件来斟酌决定。

---

① 王敏远:《中国刑事诉讼法教程》(第二版),中国政法大学出版社 2012 年版,第 444 页。

四、必须由检察机关提出申请

根据《中华人民共和国刑事诉讼法》第 280 条规定,对于违法所得案件需要追缴其涉案财产的,人民检察院可以向人民法院提出没收违法所得的申请。公安机关在办理案件过程中如果认为应当追缴其违法所得及其他涉案财产的,应当写出没收违法所得意见书,移送人民检察院。

对犯罪嫌疑人、被告人的违法所得实施没收必须由法院作出裁定,但司法权具有被动性,根据控审分离及不告不理的原则,法院不能主动启动违法所得的没收程序,需要由检察机关向人民法院提出没收违法所得的申请。违法所得的没收程序虽然是特别程序,但为了最大限度地保证当事人的合法财产权不被非法侵犯,保证程序的公平公正,该程序同样要经过侦查、起诉和审理等阶段。根据《人民检察院刑事诉讼规则(试行)》第 526 条的规定,人民检察院向人民法院提出没收违法所得的申请,应当制作没收违法所得申请书。没收违法所得申请书的主要内容包括:犯罪嫌疑人、被告人的基本情况,包括姓名、性别、出生年月日、出生地、户籍地、身份证号码、民族、文化程度、职业、工作单位及职务、住址等;案由及案件来源;犯罪嫌疑人、被告人的犯罪事实;犯罪嫌疑人、被告人逃匿、被通缉或者死亡的情况;犯罪嫌疑人、被告人的违法所得及其他涉案财产的种类、数量、所在地及查封、扣押、冻结的情况;犯罪嫌疑人、被告人近亲属和其他利害关系人的姓名、住址、联系方式及其要求等情况;提出没收违法所得申请的理由和法律依据。

案例二　违法所得案件的审理

▶【案情简介】＞＞＞

2012 年,被告人王某在法院对其涉嫌犯贩毒罪一案审理过程中死亡,王某及其丈夫张某账户内 150.6 万元存款及孳息是否属于犯罪所得的认定就搁置起来。直到 2014 年底,眉山市人民检察院依据新修正的刑事诉讼法向市中级人民法院提起申请,要求对该部分财产进行没收。市中级人民法院受理后,立即对该部分财产进行登报公告,要求相关利害关系人参加诉讼。截至公告期满,被告人王某的丈夫、子女、公婆等 8 人提出申请。2015 年 3 月 20 日,眉山市中级人民法院对四川首例没收违法所得案件进行审理。庭审中,中级人民法院围绕被告人王某是否实施了贩卖毒品行为,是否已经死亡及申请没收的涉案财产应当追缴进行调查。本案涉案财物是侦查阶段扣押的被告人王某及其丈夫张某银行账户内银行存款170多万元及轿车一辆。在法庭辩论阶段,双方针对现扣押的所有财产是否属被告人王某犯罪所得发表意见。

中级人民法院经过审理后认为,查封、扣押冻结的王某的所有财产中,其中150.6万元存款认定为违法所得证据确实、充分,应予以没收。张某账户内20余万元存款及轿车一辆等合法财产予以解除冻结、解除查封。

▶【基本问题】> > >

法院审理违法所得案件为什么要进行公告?哪些人可以申请参加违法所得案件的审理程序?

▶【讨论与分析】> > >

一、违法所得案件的审判管辖

根据刑事诉讼法第281条第1款的规定,没收违法所得的申请,由犯罪地或者犯罪嫌疑人、被告人居住地的中级人民法院组成合议庭进行审理。

从地域管辖上来看,没收案件应当由犯罪地或者犯罪嫌疑人、被告人居住地的法院管辖,这与一般刑事案件的地域管辖基本一致。

这里的"犯罪地"包括犯罪行为发生地和犯罪结果发生地。针对或者利用计算机网络实施的犯罪,犯罪地包括犯罪行为发生地的网站服务器所在地,网络接入地,网站建立者、管理者所在地,被侵害的计算机信息系统及其管理者所在地,被告人、被害人使用的计算机信息系统所在地,以及被害人财产遭受损失地。就违法所得案件来说,犯罪地就包括犯罪行为发生地和被告人实际取得财产的结果发生地。犯罪地一般是犯罪证据集中存在的地方,由犯罪地法院管辖便于侦查机关和检察机关及时、全面收集和审核证据,有利于及时查明案情。同时由犯罪地法院管辖也便于当事人及其近亲属、利害关系人参加诉讼,保证审判工作的顺利进行。

根据刑诉法解释的规定,被告人的户籍地为其居住地。经常居住地与户籍地不一致的,经常居住地为其居住地。经常居住地为被告人被追诉前已连续居住一年以上的地方,但住院就医的除外。之所以同时规定由犯罪嫌疑人、被告人居住地法院管辖,主要是因为有些案件的犯罪地不明确,发生在两个区域交界处,两地法院因管辖出现争议。有的案件则在犯罪嫌疑人、被告人居住地影响较大,在当地进行审判能起到更好的社会效果。犯罪地法院与居住地法院属于并列的选择关系,没有优先次序。

从级别管辖上来看,违法所得案件由中级人民法院管辖。由于本程序所涉及的犯罪行为都是罪行比较严重的重大犯罪案件,违法所得或其他涉案财产的数额巨大,社会影响也比较广泛,所以此类案件由中级人民法院审理还是比较合理的。考虑到犯罪嫌疑人、被告人不能到案,所以此类案件的审判组织必须是合议庭,而不能实行独任审判,以确保案件的公平与公正。

二、违法所得案件的公告程序

根据刑事诉讼法及刑诉法解释的规定,人民法院受理没收违法所得的申请后,应当在 15 日内发出公告,公告期间为 6 个月,在公告期满后对没收违法所得的申请进行审理。公告应当写明以下内容:案由;犯罪嫌疑人、被告人通缉在逃或者死亡等基本情况;申请没收财产的种类、数量、所在地;犯罪嫌疑人、被告人的近亲属和其他利害关系人申请参加诉讼的期限、方式;应当公告的其他情况。公告应当在全国公开发行的报纸或者人民法院的官方网站刊登,并在人民法院公告栏张贴、发布;必要时,可以在犯罪地、犯罪嫌疑人、被告人居住地、申请没收的不动产所在地张贴、发布。

发出公告,有利于犯罪嫌疑人、被告人的近亲属和其他利害关系人知悉财产的基本情况,以及参加诉讼的权利义务,同时兼具督促犯罪嫌疑人、被告人及时归案、参加诉讼的程序意义。人民法院已经掌握犯罪嫌疑人、被告人的近亲属和其他利害关系人的联系方式的,应当采取电话、传真、邮件等方式直接告知其公告内容,并记录在案。已经直接告知的,仍需正常发布公告,以保护其他未知的利害关系人的权益。

三、利害关系人申请参加诉讼

根据刑事诉讼法第 281 条的规定,犯罪嫌疑人、被告人的近亲属和其他利害关系人有权申请参加诉讼,也可以委托诉讼代理人参加诉讼。根据立法精神,这里的"利害关系人"包括两类:一类是犯罪嫌疑人、被告人的近亲属;另一类是其他利害关系人。犯罪嫌疑人、被告人的近亲属对其财产状况比较了解,由他们参加诉讼可以更好地维护当事人的合法权益,有时候其近亲属也可能和犯罪嫌疑人、被告人存在一定的财产关系,所以由其近亲属参加诉讼是比较合理的。"其他利害关系人"主要是指对申请没收的财产主张所有权的人,也包括对该财产主张其他权益的人,正是因为他们认为自己对没收的财产享有一定权益,所以没收程序很有可能侵犯到其合法权益,故其他利害关系人也有权参加诉讼。

利害关系人不仅可以自己亲自参加诉讼,也可以委托诉讼代理人参加诉讼,这对于那些法律知识有限或受限于其他条件不能参加诉讼的利害关系人具有积极的意义,可以更好地维护其合法权益。

犯罪嫌疑人、被告人的近亲属和其他利害关系人申请参加诉讼的,应当在公告期间提出。犯罪嫌疑人、被告人的近亲属应当提供其与犯罪嫌疑人、被告人关系的证明材料,其他利害关系人应当提供申请没收的财产系其所有的证据材料。犯罪嫌疑人、被告人的近亲属和其他利害关系人在公告期满后申请参加诉讼的,能够合理说明原因,并提供证明申请没收的财产系其所有的证据材料的,人民法院应当准许。

四、审理方式

我国刑事诉讼法第 281 条第 1 款规定:"没收违法所得的申请,由犯罪地或者犯罪嫌疑人、被告人居住地的中级人民法院组成合议庭进行审理。"第 3 款规定:"人民法院在公告期满后对没收违法所得的申请进行审理。利害关系人参加诉讼的,人民法院应当开庭审理。"《最高人民法院关于适用〈中华人民共和国刑事诉讼法〉的解释》第 514 条规定:"公告期满后,人民法院应当组成合议庭对申请没收违法所得的案件进行审理。利害关系人申请参加诉讼的,人民法院应当开庭审理。没有利害关系人申请参加诉讼的,可以不开庭审理。"

根据以上规定,没收违法所得案件的审判组织应当为合议庭。因为此类案件在级别管辖上应由中级人民法院管辖,所以在审判组织上只能是合议庭,以保证案件结果的公平与公正。

人民法院对没收违法所得案件的审理可以采取以下两种方式:一种是开庭审理,另一种是不开庭审理。开庭审理就是人民法院在确定的日期按照法定的程序和形式,在法庭上对涉案财物时行审理。如果有犯罪嫌疑人、被告人近亲属或者其他利害关系人申请参加诉讼的,必须要开庭审理。这种审理方式的优点是在合议庭的主持下,有检察机关、利害关系人及其他诉讼参与人的参加,利害关系人在法庭上可以举证、质证、辩论,提出有利于自己的证据材料和意见,以充分地维护自己的合法权益。不开庭审理即在没有对方当事人的参加下由法院对诉讼材料进行审核后仅听取一方当事人的意见的情况下直接作出裁判。在没有利害关系人参加的情况下参加诉讼的主体只有法院和检察机关,无法进行质证和辩论,合议庭主要是在审查检察机关提供的证据材料的基础上作出裁定,因此没有必要开庭审理。采取不开庭的方式审理的,法院也可以根据案件具体情况传唤评价及相关人员核实案件情况。

根据《最高人民法院关于适用〈中华人民共和国刑事诉讼法〉的解释》第515条的规定,开庭审理申请没收违法所得的案件,按照下列程序进行:(1)审判长宣布法庭调查开始后,先由检察员宣读申请书,后由利害关系人、诉讼代理人发表意见;(2)法庭应当依次就犯罪嫌疑人、被告人是否实施了依法贿赂犯罪、恐怖活动犯罪等重大犯罪并已经通缉一年不能到案,或者是否已经死亡,以及申请没收的财产是否依法应当追缴实行调查;调查时先由检察员出示有关证据,后由利害关系人发表意见、出示有关证据,并时行质证;(3)法庭辩论阶段,先由检察员发言,后由利害关系人及其诉讼代理人发言,并时行辩论。

利害关系人接到通知后无正当理由拒不到庭,或者未经法庭许可中途退庭的,可以转为不开庭审理,但还有其他利害关系人参加诉讼的除外。

五、案件的处理

我国刑事诉讼法第282条第1款规定:"人民法院经审理,对经查证属于违法所得及其他涉案财产,除依法返还被害人的以外,应当裁定予以没收;对不属于应当追缴的财产的,应当裁定驳回申请,解除查封、扣押、冻结措施。"

《最高人民法院关于适用〈中华人民共和国刑事诉讼法〉的解释》第516条规定:"对申请没收违法所得的案件,人民法院审理后,应当按照下列情形分别处理:(一)案件事实清楚,证据确实、充分,申请没收的财产确属违法所得及其他涉案财产,除依法返还被害人的以外,应当裁定没收;(二)不符合本解释第507条规定条件的,应当裁定驳回申请。"

据此,对于涉案的违法所得及其他涉案财产,人民法院经过审理后,有以下三种处理方式。

1. 返还被害人。必须有充分证据证明该财产属于违法所得并为被害人所有,该证据必须经过查证属实,这种情况下,法院应裁定将该财产返还被害人。

2. 裁定没收。如果有充分的证据证明涉案财产属于违法所得,而且也不属于其他人合法所有的,法院应当裁定予以没收。

3. 裁定驳回申请。对于以下两种情况,人民法院应当裁定驳回申请,解除查封、扣押和冻结措施。第一种情况是不能认定涉案财产属于违法所得,这种情况既包括有证据证明该财产属于犯罪嫌疑人、被告人的合法财产,也包括认定属于违法所得的证据不确实、不充分。在认定属于违法所得的证据不确实、不充分的情况下要作出有利于犯罪嫌疑人、被告人的推定,以充分保护其权益。第二种情况是案件经过审理不符合违法所得没收程序的适用条件,即案件不属于贪污贿赂犯罪、恐怖活动犯罪等重大犯罪或逃匿后通缉时间不满 1 年,这种情况下也要驳回申请。

如果在案件的审理过程中,逃匿的犯罪嫌疑人、被告人自动投案或被抓获归案,则没收违法所得的案件就要终止审理,相关的诉讼程序恢复进行,继续侦查、审查起诉或审判。

审理申请没收违法所得案件的期限,参照公诉案件第一审普通程序和第二审程序的审理期限执行。

六、上诉、抗诉

根据我国刑事诉讼法第 282 条第 2 款的规定,对于人民法院依照没收违法所得程序作出的裁定,犯罪嫌疑人、被告人的近亲属和其他利害关系人或者人民检察院可以提出上诉、抗诉。《最高人民法院关于适用〈中华人民共和国刑事诉讼法〉的解释》第 517 条规定:"对没收违法所得或者驳回申请的裁定,犯罪嫌疑人、被告人的近亲属和其他利害关系人或者人民检察院可以在五日内提出上诉、抗诉。"

没收程序的裁决结果涉及公民的财产权,所以如果犯罪嫌疑人、被告人的近亲属或其他利害关系人不服裁决结果认为裁决结果有错误,赋予其上诉权是非常有必要的。这里需要特别提出的是在没收程序中如果被害人认为裁决结果侵犯了其合法权益也可以提出上诉。比如被害人认为涉案财产属于其合法财产,但是却被人民法院裁定予以没收,在这种情况下被害人就成了利害关系人,因此也享有上诉权。这与普通刑事公诉案件是不同的,在普通公诉案件中被害人只享有请求抗诉的权利,而不享有上诉权。这主要是因为在普通公诉案件中,犯罪行为不仅侵害了被害人的个人利益,同时也侵害了国家和社会的公共利益,所以把抗诉权赋予了检察机关,为了防止被害人滥用诉权,只赋予其请求抗诉权。但在没收违法所得程序中只处理涉案财产问题,并不涉及对被告人的定罪量刑问题,所以,如果被害人认为法院裁定没收的涉案财产全部或部分属于自己所有,就应赋予其上诉权,以保护其合法权益。

根据规定,犯罪嫌疑人、被告人的近亲属和其他利害关系人不服第一审没收违法所得或者驳回申请裁定的,可以在 5 日以内提出上诉。检察机关认为同级人民法院作出的第一审裁定确有错误,应在 5 日内向上一级人民法院提出抗诉。

根据《最高人民法院关于适用〈中华人民共和国刑事诉讼法〉的解释》第518 条的规定,对不服第一审没收违法所得或者驳回申请裁定的上诉、抗诉案件,第二审人民法院经审理,应当按照下列情形分别作出裁定:(一)原裁定正确的,应当驳回上诉或抗诉,维持原裁定;(二)原裁定确有错误的,可以在查清事实后改变原裁定;也可以撤销原裁定,发回重新审判;(三)原审违反法定诉讼程序,可能影响公正审判的,应当撤销原裁定,发回重新审判。

没收违法所得裁定生效后,犯罪嫌疑人、被告人到案并对没收裁定提出异议,人民检察院向原作出裁定的人民法院提起公诉的,可以由同一审判组织审理,并按照下列情形分别处理:(一)原裁定正确的,予以维持,不再对涉案财产作出判决;(二)原裁定确有错误的,应当撤销原裁定,并在判决中对有关涉案财产一并作出处理。

人民法院第一次的没收裁定确有错误的,除上述情形以外,应当按照审判监督程序予以纠正。已经没收的财产,应当及时返还;财产已经上缴国库的,由原没收机关从财政机关申请退库,予以返还;原物已经出卖、拍卖的,应当退还价款;造成犯罪嫌疑人、被告人以及利害关系人财产损失的,应当依法赔偿。

第二十一章

依法不负刑事责任的精神病人的强制医疗程序

案例一　强制医疗的适用对象

▶【案情简介】> > >

2015 年 7 月 26 日 21 时许,叶某甲携带菜刀到屏山县金江中学旁邮亭处何某甲经营的露天茶摊,对正在喝茶的郑某进行追砍,造成郑某全身多处受伤。经鉴定,郑某右肩背部、右腰部、右胸部、右上腹部、右肘部所受损伤为轻伤一级。经四川正泰精神医学司法鉴定所鉴定:(1)被鉴定人叶某甲患精神分裂症,案发时及目前均处于疾病发病期;(2)被鉴定人叶某甲对本次作案无刑事责任能力。

屏山县人民检察院以屏检诉医申(2015)2 号申请书申请对被申请人叶某甲强制医疗,于 2015 年 9 月 21 日向屏山县人民法院提起申请。法院依法组成合议庭,公开开庭审理了本案。屏山县人民检察院检察员张宏亮、叶某甲的法定代理人叶某乙、诉讼代理人刘汉洲到庭参加诉讼。

对于申请书中事实,到场的法定代理人在开庭审理过程中无异议,且有书证受理报警登记表、受案登记表、立案决定书、撤销案件决定书、户籍信息、到案经过、辨认笔录、情况说明、申请、住院病历,指认照片,证人周某某、郭某某、黄某、文某某、何某乙、何某甲、叶某乙、叶某丙、叶某丁、郝某某、陈某某、邓某某、游某某、黄某某证言,被害人郑某陈述,被申请人叶某甲陈述,屏山县公安局物证鉴定室川公(宜屏)鉴(临法)字(2015)51 号临床法医学检验鉴定书、四川正泰精神医学司法鉴定所川正泰司鉴所(2015)精鉴字第 201 号鉴定意见书等证据证实,足以认定。

法院认为,被申请人叶某甲在患有精神分裂症情况下,持菜刀对郑某进行追砍,造成郑某右肩背部、右腰部、右胸部、右上腹部、右肘部所受损伤为轻伤一级,严重危害公民人身安全的行为,虽经法定程序鉴定依法不负刑事责任的精神病人,但有继续危害社会的可能,应对其强制医疗。依照《中华人民共和国刑事诉讼法》第 284 条、第 285 第 1 款的规定,决定对被申请人叶某甲实行强制医疗。

▶【基本问题】＞＞＞

强制医疗需要符合哪些条件？怎样判定有继续危害社会的可能？

▶【讨论与分析】＞＞＞

我国刑法第 18 条第 1 款规定:"精神病人在不能辨认或者不能控制自己行为的时候造成危害结果,经法定程序鉴定确认的,不负刑事责任,但是应当责令他的家属或者监护人严加看管和医疗;在必要的时候,由政府强制医疗。"

人民警察法第 14 条规定:"公安机关的人民警察对严重危害公共安全或者他人人身安全的精神病人,可以采取保护性约束措施。需要送往指定的单位、场所加以监护的,应当报请县级以上人民政府公安机关批准,并及时通知其监护人。"

刑事诉讼法第 284 条规定:"实施暴力行为,危害公共安全或者严重危害公民人身安全,经法定程序鉴定依法不负刑事责任的精神病人,有继续危害社会的可能的,可以予以强制医疗。"

《最高人民法院关于适用〈中华人民共和国刑事诉讼法〉的解释》第 524 条规定:"实施暴力行为,危害公共安全或者严重危害公民人身安全,社会危害性已经达到犯罪程度,但经法定程序鉴定依法不负刑事责任的精神病人,有继续危害社会的可能的,可以予以强制医疗。"

强制医疗程序是 2012 年修订刑事诉讼法时新增加的一种程序,其主要目的一方面是为了保护公民权利不受非法侵害并使精神病人能够得到妥善的处置,另一方面也是为了与刑法的相关规定相呼应,刑法虽然规定了对精神病人政府可以强制医疗,但却没有规定具体的条件和程序,为了保障这一制度能够得到落实,有必要在刑事诉讼法中对强制医疗的程序予以规范。

根据以上的相关规定,我国采取强制医疗的对象应当具备以下条件。

一、行为条件

精神病人虽然不能辨认或控制自己的行为,但并不能对所有的精神病人都要采取强制医疗措施,只有在行为人实施暴力行为,危害公共安全或者严重危害公民人身安全的情形下才可以对其进行强制医疗。首先,必须实施了暴力行为。由于精神病的种类非常多,其临床表现也各不相同,有些精神病人只是与常人在言谈举止方面有较大差异,但并没有暴力倾向,没有实施暴力行为,也就没有社会危害性。在这种情况下是否进行医疗必须要尊重其监护人的意志,而不能由政府强制进行医疗,否则就有侵犯人权之嫌。但有些精神病人有较严重的暴力倾向,并已经实施了相应的暴力行为,在这种情况下,该精神病人的行为已经侵犯到了他人的合法权益,严重扰乱了社会秩序,所以对其就有进行强制医疗的必要。其次,该暴力行为已经危害到公共安全或公民的人身安全,并且其社会危害性已达到犯罪程度。这是对暴力行为严重程度的要求,如果精神病人只是实施了暴力行为但尚不够严重,只是实施了轻微的违法行为,那也没有必要进行强制医疗。正是因为其暴力行为造成了严重的危害后果,严重扰乱了社会秩序,客观上已经构成了犯罪,具有严重的社会危害性,所以才有必要启动强制医疗程序,这是在社会秩序与精神病人权利之间的一种权衡,为了保护社会上大多数人的利益,有必要对某个精神病人的权利进行一定的限制与约束。在本案中,叶某甲携带菜刀到屏山县金江中学旁邮亭处何某甲经营的露天茶摊,对正在喝茶的郑某进行追砍,造成郑某全身多处受伤,其行为已经严重侵犯了郑某的人身权利,客观上已经达到犯罪的程度,如果不进行强制医疗的话,会造成更为严重的后果。

二、医学条件

强制医疗程序只能对经过鉴定确定为精神病人的行为人才能适用,如果行为人实施了暴力行为,客观上达到了犯罪的程度,但并非依法不负刑事责任的精神病人,这种情况就只能按照刑事诉讼普通程序的规定追究刑事责任。所以,确定犯罪嫌疑人、被告人是否适用强制医疗程序的关键是查明其在实施暴力行为时是否患有精神病或者严重精神障碍而丧失辨别能力和控制能力,查明的手段则是通过司法精神病学鉴定。

司法精神病学鉴定必须要由有鉴定资格的机构按照法定的程序进行鉴定,如果经过鉴定确定犯罪嫌疑人、被告人是精神病人而且不负刑事责任,应当及时终止普通诉讼程序,并根据具体情况决定是否启动强制医疗程序。这里确定被鉴定人是否应负刑事责任的关键是看其在实施危害行为时是否由于严重的精神活动障碍致使不能辨认或控制自己的行为,如果被鉴定人在实施危害行为时虽具有精神疾病史,但实施危害行为时并无精神异常,或者处于精神疾病间歇期,精神症状完全消失,则具有刑事责任能力。

三、社会危险性条件

社会危险性是指由于精神病人已实施的行为性质及其精神、生理状态等,使法律保护的社会关系处于危险状态①。如果行为人实施了暴力行为,经鉴定也属于不负刑事责任的精神病人,但诉讼时恢复正常,或者没有继续危害社会的可能性即没有社会危险性的话,也没有必要启动强制医疗程序。

如何确定行为人的社会危险性呢?人民法院在审理强制医疗案件中,应当对被申请人是否具有继续危害社会的可能性进行评估,从而作出是否对其强制医疗的决定。一般来说,法官并非精神疾病的专家,所以在评估时一般从以下几个方面进行审查,来判断被申请人是否具有继续危害社会的可能。

1. 被申请人所患精神疾病的类型。精神病患者一般分为三种类型:冲动攻击型、极度妄想型和社会能力衰退型。其中冲动攻击型精神病患者对社会危害最大,这类精神病人一般多疑、猜忌,容易冲动实施报复性的纵火、杀人、伤害等攻击性的行为,并且其在肇事时多处于无自知力和病态的心理状态,情绪容易激动,行为狂暴,造成的破坏比一般刑事犯罪严重得多。所以对于此类精神病人,如果没有得到有效治疗,再次危害社会的可能性就比较大。

2. 被申请人实施暴力行为的起因、过程。现实生活中,精神病人的暴力行为往往是由外界刺激引发的,如果得到有效监管其再次危害社会的可能性就较低。如果精神病人实施暴力行为时,主要针对物体进行侵害,则其他危害社会的程度就较小,如果主要针对人进行侵害,其危害社会的程度就较大。

3. 被申请人有无接受治疗的条件。对于监护条件较好的精神病人,如果具备治疗条件,得到正规精神病医疗机构的治疗,并随着病情的变化由医疗机构采取不同的防护措施,并得到监护人的有效监管,其再次危害社会的可能性自然就较小。在这种情况下,被申请人如果已经在进行医疗,就没有必要再进行强制医疗,以免造成社会资源不必要的浪费。②

---

① 陈光中主编:《刑事诉讼法》(第五版),北京大学出版社、高等教育出版社2013年版,第463页。
② 参见张军:《〈中华人民共和国刑事诉讼法〉适用解答》,人民法院出版社2012年版,第446—447页。

案例二　强制医疗程序

▶【案情简介】> > >

2015年6月1日18时许，郭某某持铁锹来到乾安县乾安镇明珠广场，将被害人张某某停放在此的长安微型轿车的副驾驶一侧的玻璃砸碎，损失价值人民币400元；将被害人齐某某停放在此的一辆大众宝来轿车的挡风玻璃砸碎，损失价值人民币1300元；将被害人祝某某停放在此的一辆东风日产尼桑轿车的前机器盖、保险杠砸坏，损失价值人民币900元；将被害人刘某某停放在此的一辆豪爵踏板摩托车的后视镜、表盘砸碎，损失价值人民币400元。

2015年6月4日16时许，郭某某持木棍来到乾安县移动公司附近，将被害人高某停放在手机店门前的一辆丰田佳美轿车的左侧后视镜、前侧风挡玻璃砸碎，损失价值人民币750元；将被害人徐某某停放在手机店门前的一辆丰田凯美瑞轿车的左侧后视镜砸碎，损失价值人民币1000元。

乾安县人民检察院以乾检强医申字（2015）第3号申请书提出被申请人郭某某处于精神分裂症发病期，于2015年7月9日向乾安县人民法院提出强制医疗申请。法院依法组成合议庭，公开开庭审理了本案。乾安县人民检察院指派代理检察员罗大伟出庭支持申请，被申请人法定代理人郭某甲及指定代理人张立华到庭参加诉讼。

申请人向法庭提供了相关证据，认为被申请人郭某某系不负刑事责任的精神病人，应当予以强制医疗。被申请人法定代理人郭某甲对乾安县人民检察院申请对郭某某强制医疗的事实无异议，同意对郭某某强制医疗。指定代理人张某某同意对郭某某强制医疗。

经吉林省神经精神病医院鉴定：被申请人郭某某患有精神分裂症，且目前处于发病期，受疾病影响，丧失了对自己行为的辨认和控制能力，无刑事责任能力。

上述事实，并有被害人许某某、高某、张某某、齐某某、祝某某、刘某某陈述，证人郭某甲、郭某乙、吕某某、赵某某、董某某证实，吉林省神经精神病医院司法鉴定意见书，辨认笔录，扣押笔录，扣押清单，价格鉴定结论书，乾安县公安局宇宙派出所情况说明及办案说明，户籍信息，现场照片等证据证实，足以认定。

法院认为,被申请人郭某某任意毁坏财物行为,危害公共安全,经法定程序鉴定属依法不负刑事责任的精神病人,有继续危害社会的可能,符合强制医疗条件,应予强制医疗。申请机关申请成立,予以支持。指定代理人同意对郭某某强制医疗代理意见,予以采纳。依照《中华人民共和国刑事诉讼法》第284条之规定,决定对被申请人郭某某强制医疗。

▶【基本问题】> > >

哪些机关可以启动强制医疗程序?二审法院在审理过程中发现被告人符合强制医疗条件的怎样处理?

▶【讨论与分析】> > >

作为刑事诉讼程序的一种,强制医疗程序必须符合刑事诉讼程序的特征,即要有当事人双方的参加并由中立的第三方作出决定,但毕竟强制医疗程序只是对当事人进行强制约束和治疗,并不涉及其刑事责任,所以强制医疗程序既具有刑事诉讼程序的一般特征,同时又有一定的特殊性。

一、强制医疗程序的启动

我国刑事诉讼法第285条规定:"根据本章规定对精神病人强制医疗的,由人民法院决定。公安机关发现精神病人符合强制医疗条件的,应当写出强制医疗意见书,移送人民检察院。对于公安机关移送的或者在审查起诉过程中发现的精神病人符合强制医疗条件的,人民检察院应当向人民法院提出强制医疗的申请。人民法院在审理案件的过程中发现被告人符合强制医疗条件的,可以作出强制医疗的决定。"

《人民检察院刑事诉讼规则(试行)》第539条规定:"对于实施暴力行为,危害公共安全或者严重危害公民人身安全,已经达到犯罪程度,经法定程序鉴定依法不负刑事责任的精神病人,有继续危害社会可能的,人民检察院应当向人民法院提出强制医疗的申请。"

根据以上规定,强制医疗的启动有以下几种情况。

1. 公安机关发现精神病人符合强制医疗条件的,应移送人民检察院决定。在我国,绝大多数刑事案件都由公安机关负责侦查,所以一般的暴力性犯罪也是由公安机关管辖。公安机关往往会在侦查过程中发现犯罪嫌疑人有可能是精神病人并且符合强制医疗的条件,这种情况下,公安机关不能直接向人民法院提出对犯罪嫌疑人强制医疗的申请,而应当在 7 日内写出强制医疗意见书,经县级以上公安机关负责人批准,连同证据材料和鉴定意见一并移送人民检察院。人民检察院应当在接到公安机关移送的强制医疗意见书后 30 日内作出是否提出强制医疗申请的决定。之所以这样规定,主要是因为强制医疗不仅关系到对行为人自由的限制和剥夺,还涉及行为人的行为是否达到犯罪程度以及行为人有无刑事责任的认定问题,所以应按照刑事诉讼的程序进行。[①]

对于公安机关移送的强制医疗案件,经审查认为不符合刑事诉讼法第 284 条规定条件的,应当作出不提出强制医疗申请的决定,并向公安机关书面说明理由;认为需要补充证据的,应当书面要求公安机关补充证据,必要时也可以自行调查。人民检察院发现公安机关应当启动强制医疗程序而不启动的,可以要求公安机关在 7 日内书面说明不启动的理由。经审查,认为公安机关不启动理由不能成立的,应当通知公安机关启动强制医疗程序。人民检察院认为公安机关移送的强制医疗申请意见书符合强制医疗条件的,应当在作出不起诉决定后向人民法院提出强制医疗的申请。

2. 人民检察院在审查起诉中发现的精神病人符合强制医疗条件的,也应在作出不起诉决定后向人民法院提出强制医疗申请。强制医疗的申请由被申请人实施暴力行为所在地的县级人民检察院提出,由被申请人实施暴力行为所在地的基层人民法院管辖。但如果由被申请人居住地的人民检察院提出更为适宜的,可以由被申请人居住地的县级人民检察院提出,由被申请人居住地的基层人民法院管辖。

3. 法院在审理案件的过程中发现被告人符合强制医疗条件的,也可以直接启动强制医疗程序。在检察机关提起公诉的案件中,法院经过审理后认为被告人虽然实施了暴力行为危害到了公共安全或人身安全,但经过鉴定,被告人是不负刑事责任的精神病人,则法院应作出被告人不负刑事责任的判决。但如果法院认为该被告人还有继续危害社会的可能的,那么法院可以直接决定对被告人采取强制医疗的措施。在这种情况下,应当充分保障被告人的权利,听取被告人、法定代理人及其监护人意见,允许他们对强制医疗进行申辩。这主要是因为强制医疗不仅仅是对精神病人的治疗程序,还涉及对被告人人身自由的剥夺,所以必须保障当事人的充分参与。

① 陈光中主编:《刑事诉讼法》(第五版),北京大学出版社、高等教育出版社 2013 年版,第 464 页。

二、强制医疗案件的审理

我国刑事诉讼法规定,对依法不负刑事责任的精神病人进行强制医疗的,由人民法院决定。如上所述,对精神病人的强制医疗不仅涉及人身自由问题,而且还涉及行为人是否应负刑事责任的问题,对这些问题只能由人民法院按照法定程序作出决定,其他任何机关都没有这个权力。当然,法院在作出决定的过程中,必须充分保障当事人的参与权,以保证决定的公平公正。

1. 审判组织

人民法院受理强制医疗的申请后,应当组成合议庭进行审理。之所以采用合议庭的形式,是因为强制医疗案件需要查明的案情比较复杂,除了要查明行为人是否实施了严重的暴力行为,还要查明行为是在实施暴力行为时是否患有精神病、是否属于无刑事责任能力的情形、是否具有社会危险性等等,这些情况的判断往往难度比较大,由法官一人独任审判显然是不合适的,所以法律规定"应当"组成合议庭进行审理。

在审理强制医疗案件时是否可以让有精神病学专门知识的人担任陪审员呢?对此相关法律及司法解释并没有作出明确的规定。强制医疗案件的审理涉及医学方面特别是精神病学方面的专门知识,而这是法官所不具备的,如果让有精神病学专门知识的人民陪审员参与案件的审理,确实有利于确保案件的公正审理,提高审判的质量。但按照相关规定,参加合议庭审判的人民陪审员应当在人民陪审员名单中随机抽取确定,若指定由有精神病学专门知识的人担任陪审员,就会违反规定确定人民陪审员。所以实践中可以缩小人民陪审员抽取的范围,在几个都有精神病学专门知识的人民陪审员中抽取参加合议庭的陪审员,这样有利于对案件的审判。

2. 通知程序

人民法院审理强制医疗案件,应当通知被申请人或者被告人的法定代理人到场。因为如果一旦被申请人或被告人被确定为不负刑事责任的精神病人的话,那么他就不具有诉讼行为能力,自己不能有效行使诉讼权利,所以在这种情况下,必须有其法定代理人参加诉讼,以维护被申请人或被告人的合法权益,这既是法定代理人的权利也是其义务。法定代理人一旦参加诉讼,其在诉讼中便具有独立的诉讼地位,不受被代理人意志的约束。

3. 法律援助

在强制医疗案件中,被申请人或者被告人没有委托诉讼代理人的,人民法院应当通知法律援助机构指派律师为其提供法律帮助。一方面,强制医疗案件中的被申请人往往是无行为能力的人或行为能力受限,不能充分地行使自己的诉讼权利;另一方面,案件涉及法律和精神病学两方面的专业知识,被申请人或被告人及其法定代理人可能不具备这两方面的专业知识,不能充分地进行辩护,所以在其没有委托诉讼代理人的情况下,为其提供法律援助还是非常有必要的。世界上许多国家都规定了"强制代理"制度。

4. 审理方式

对于强制医疗案件我国《刑事诉讼法》并未规定采取什么审理方式,但《最高人民法院关于适用〈中华人民共和国刑事诉讼法〉的解释》第 529 条规定:"审理强制医疗案件,应当组成合议庭,开庭审理。但是,被申请人、被告人的法定代理人请求不开庭审理,并经人民法院审查同意的除外。审理人民检察院申请强制医疗的案件,应当会见被申请人。"因为强制医疗案件涉及对被申请人或被告人的人身自由的剥夺、刑事责任的判定以及客观犯罪事实的认定,所以为了更好地维护当事人的合法权益,应当以开庭审理为一般原则,不开庭审理作为例外。

强制医疗案件是否要公开审理呢?刑事诉讼法以公开审理为原则,不公开审理为例外,不公开审理的情形中就包括有关个人隐私的案件。另外,我国《精神卫生法》第 4 条第 3 款也规定:"有关单位和个人应当对精神障碍患者的姓名、肖像、住址、工作单位、病历资料以及其他可能推断出其身份的信息予以保密;但是,依法履行职责需要公开的除外。"从相关法律规定我们可以看出,精神病情应该作为公民个人的隐私予以保护,人民法院在审理强制医疗案件时,对于确实涉及公民个人隐私的,可以依法决定不公开审理。

5. 审理程序

根据最高人民法院司法解释的规定,人民法院开庭审理申请强制医疗的案件,按照下列程序进行:(1)审判长宣布法庭调查开始后,先由检察员宣读申请书,后由被申请人的法定代理人、诉讼代理人发表意见;(2)法庭依次就被申请人是否实施了危害公共安全或者严重危害公民人身安全的暴力行为、是否属于依法不负刑事责任的精神病人、是否有继续危害社会的可能进行调查;调查时,先由检察员出示有关证据,后由被申请人的法定代理人、诉讼代理人发表意见、出示有关证据,并进行质证;(3)法庭辩论阶段,先由检察员发言,后由被申请人的法定代理人、诉讼代理人发言,并进行辩论。被申请人要求出庭,人民法院经审查其身体和精神状态,认为可以出庭的,应当准许。出庭的被申请人,在法庭调查、辩论阶段,可以发表意见。检察员宣读申请书后,被申请人的法定代理人、诉讼代理人无异议的,法庭调查可以简化。

6. 案件的处理

对强制医疗的案件,人民法院审理后,应当按照下列情形分别处理。

(1)符合刑事诉讼法第284条规定的强制医疗条件的,应当作出对被申请人强制医疗的决定。

(2)被申请人属于依法不负刑事责任的精神病人,但不符合强制医疗条件的,应当作出驳回强制医疗申请的决定;被申请人已经造成危害结果的,应当同时责令其家属或者监护人严加看管和医疗。

(3)被申请人具有完全或者部分刑事责任能力,依法应当追究刑事责任的,应当作出驳回强制医疗申请的决定,并退回人民检察院依法处理。

第一审人民法院在审理案件过程中发现被告人可能符合强制医疗条件的,应当依照法定程序对被告人进行法医精神病鉴定。经鉴定,被告人属于依法不负刑事责任的精神病人的,应当适用强制医疗程序,对案件进行审理。

对于开庭审理的案件,应当先由合议庭组成人员宣读对被告人的法医精神病鉴定意见,说明被告人可能符合强制医疗的条件,后依次由公诉人和被告人的法定代理人、诉讼代理人发表意见。经审判长许可,公诉人和被告人的法定代理人、诉讼代理人可以进行辩论。

人民法院审理后,应当按照下列情形分别处理。

(1)被告人符合强制医疗条件的,应当判决宣告被告人不负刑事责任,同时作出对被告人强制医疗的决定。

(2)被告人属于依法不负刑事责任的精神病人,但不符合强制医疗条件的,应当判决宣告被告人无罪或者不负刑事责任;被告人已经造成危害结果的,应当同时责令其家属或者监护人严加看管和医疗。

(3)被告人具有完全或者部分刑事责任能力,依法应当追究刑事责任的,应当依照普通程序继续审理。

如果人民法院在二审程序中发现需要对被告人进行强制医疗的应该办?按照刑诉法解释的规定,人民法院在审理第二审刑事案件过程中,发现被告人可能符合强制医疗条件的,可以依照强制医疗程序对案件作出处理,也可以裁定发回原审人民法院重新审判。

如果二审法院是高级人民法院的话,直接依照强制医疗程序作出决定,当事人不服向上一级人民法院申请复议,案件就到了最高人民法院,会增加最高人民法院的办案压力,不利于案件得到及时处理。所以在这种情况下,高级人民法院可以裁定发回原审人民法院重新审理,也可以仅判决被告人不负刑事责任,而不作出强制医疗的决定。如果人民检察院发现被告人符合强制医疗条件的,可以另行向基层人民法院提出强制医疗的申请。

人民法院经审理,对于被申请人或者被告人符合强制医疗条件的,应当在1个月内作出强制医疗的决定。

案例三 强制医疗的复议与检察监督

▶【案情简介】> > >

2013 年 8 月 10 日 11 时许,居住在唐山市的魏某某在楼道内收听广播时,被申请人曹某某持破冰用的钢锥扎中魏某某腹部,致其因腹主动脉破裂大失血死亡。检察机关认为曹某某实施故意伤害他人致人死亡的行为,严重危害公民人身安全,经法定程序鉴定为依法不负刑事责任的精神病人,有继续危害社会的可能,应当对曹某某予以强制医疗。

唐山市路南区人民检察院以唐南检刑强医字(2014)1 号强制医疗申请书于 2014 年 4 月 17 日向路南区人民法院提出申请对被申请人曹某某予以强制医疗。路南区人民法院于 2014 年 5 月 19 日作出(2014)南刑强医字第 1 号强制医疗决定。宣判后,申请复议人罗某某不服,向唐山市中级人民法院提出申请复议。唐山市中级人民法院于 2014 年 7 月 14 日作出(2014)唐刑终字第 338 号强制医疗复议决定书,撤销路南区人民法院(2014)南刑强医字第 1 号强制医疗决定,发回路南区人民法院重新审理。路南区人民法院依法另行组成合议庭,公开开庭审理了此案。唐山市路南区人民检察院指派检察员任某出庭履行职务,被申请人曹某某的法定代理人曹某甲、诉讼代理人李某、张某到场参加诉讼,经征求被申请人曹某某的主治医生意见,曹某某的身体和精神状态不适于参加诉讼。现已审理终结。

法定代理人曹某甲对申请机关提出的对被申请人曹某某予以强制医疗没

有异议。

诉讼代理人李某、张某提出,对申请机关提出的对被申请人曹某某予以强制医疗没有异议,同时应根据被申请人曹某某的健康状况及法律的规定,适时解除对被申请人曹某某的强制医疗。

法院经审理查明:2013年8月10日11时许,在唐山市某楼道内,被申请人曹某某持破冰用的钢锥扎在收听广播的魏某某腹部,致其大失血死亡。经唐山市精神疾病司法鉴定中心鉴定被申请人曹某某为精神分裂症,案发时无刑事责任能力。

上述事实,有经唐山市路南区人民检察院提供并经法庭质证、认证的系列证据证实,法院予以确认。

法院认为,被申请人曹某某实施故意伤害他人的行为,致一人死亡,严重危害公民人身安全已达到犯罪程度,但经法定程序鉴定为依法不负刑事责任能力的精神病人,且有继续危害社会的可能,符合强制医疗的条件,应当对被申请人曹某某予以强制医疗。法院依法作出对被申请人曹某某予以强制医疗的决定。

如不服该决定,自收到决定书之日起五日内,向唐山市中级人民法院申请复议。书面申请复议的,应当提交申请复议书正本一份,副本二份。复议期间不停止执行强制医疗的决定。

▶【基本问题】＞＞＞

强制医疗的决定确有错误应怎样救济?

▶【讨论与分析】＞＞＞

一、复议程序

强制医疗程序不仅涉及行为人的人身自由,还涉及对其刑事责任及犯罪行为的认定,所以除了要赋予当事人及其利害关系人充分的程序参与权外,还要赋予他们程序上的救济权,如果他们对人民法院强制医疗的决定不服,可以申请复议。

《最高人民法院关于适用〈中华人民共和国刑事诉讼法〉的解释》第536条规定:"被决定强制医疗的人、被害人及其法定代理人、近亲属对强制医疗决定不服的,可以自收到决定书之日起5日内向上一级人民法院申请复议。复议期间不停止执行强制医疗的决定。"

被决定强制医疗的人如果认为自己不应该被强制医疗,人民法院强制医疗的决定有错误,则其本人或者其法定代理人或近亲属就可以向上一级人民法院申请复议。同理,由于受被申请人暴力行为的侵害,被害人及其法定代理人、近亲属认为强制医疗决定错误,应当追究被申请人的刑事责任的,也有权申请上一级人民法院复议。

对不服强制医疗决定的复议申请,上一级人民法院应当组成合议庭审理,并在一个月内,按照下列情形分别作出复议决定:(1)被决定强制医疗的人符合强制医疗条件的,应当驳回复议申请,维持原决定;(2)被决定强制医疗的人不符合强制医疗条件的,应当撤销原决定;(3)原审违反法定诉讼程序,可能影响公正审判的,应当撤销原决定,发回原审人民法院重新审判。

如果第一审人民法院在审理案件的过程中发现被告人符合强制医疗的条件,在作出刑事判决的同时决定对被告人实行强制医疗,人民检察院提出抗诉,同时被决定强制医疗的人、被害人及其法定代理人、近亲属申请复议的,上一级人民法院应当依照第二审程序一并处理。

二、检察监督

我国刑事诉讼法第 289 条规定:"人民检察院对强制医疗的决定和执行实行监督。"人民检察院是我国的法律监督机关,对所有的诉讼程序包括强制医疗程序有权进行监督。

1. 对公安机关的监督

人民检察院发现公安机关应当启动强制医疗程序而不启动的,可以要求公安机关在 7 日内书面说明不启动的理由。经审查,认为公安机关不启动理由不能成立的,应当通知公安机关启动强制医疗程序。人民检察院发现公安机关对涉案精神病人进行鉴定的程序违反法律或者采取临时保护性约束措施不当的,应当提出纠正意见。公安机关应当采取临时保护性约束措施而尚未采取的,人民检察院应当建议公安机关采取临时保护性约束措施。人民检察院发现公安机关对涉案精神病人采取临时保护性约束措施时有体罚、虐待等违法情形的,应当提出纠正意见。

2. 对人民法院的监督

人民法院对强制医疗案件开庭审理的,人民检察院应当派员出席法庭。人民检察院发现人民法院或者审判人员审理强制医疗案件违反法律规定的诉讼程序,应当向人民法院提出纠正意见。人民检察院认为人民法院作出的强制医疗决定或者驳回强制医疗申请的决定不当的,应当在收到决定书副本后 20 日以内向人民法院提出书面纠正意见。人民法院在审理案件过程中发现被告人符合强制医疗条件,作出被告人不负刑事责任的判决后,拟作出强制医疗决定的,人民检察院应当在庭审中发表意见。

3. 对强制医疗执行的监督

人民检察院对强制医疗执行活动是否合法实行监督。强制医疗执行监督由人民检察院监所检察部门负责。

人民检察院对强制医疗的交付执行活动实行监督。发现交付执行机关未及时交付执行等违法情形的,应当依法提出纠正意见。人民检察院在强制医疗执行监督中发现被强制医疗的人不符合强制医疗条件或者需要依法追究刑事责任,人民法院作出的强制医疗决定可能错误的,应当在五日以内报经检察长批准,将有关材料转交作出强制医疗决定的人民法院的同级人民检察院。收到材料的人民检察院公诉部门应当在二十日以内进行审查,并将审查情况和处理意见反馈负责强制医疗执行监督的人民检察院。

人民检察院发现强制医疗机构有下列情形之一的,应当依法提出纠正意见。

(一)对被决定强制医疗的人应当收治而拒绝收治的;

(二)收治的法律文书及其他手续不完备的;

(三)没有依照法律、行政法规等规定对被决定强制医疗的人实施必要的医疗的;

(四)殴打、体罚、虐待或者变相体罚、虐待被强制医疗的人,违反规定对被强制医疗的人使用械具、约束措施,以及其他侵犯被强制医疗的人合法权利的;

(五)没有依照规定定期对被强制医疗的人进行诊断评估的;

(六)对于被强制医疗的人不需要继续强制医疗的,没有及时提出解除意见报请决定强制医疗的人民法院批准的;

(七)对被强制医疗的人及其近亲属、法定代理人提出的解除强制医疗的申请没有及时进行审查处理,或者没有及时转送决定强制医疗的人民法院的;

(八)人民法院作出解除强制医疗决定后,不立即办理解除手续的;

(九)其他违法情形。

人民检察院应当受理被强制医疗的人及其近亲属、法定代理人的控告、举报和申诉,并及时审查处理。对控告人、举报人、申诉人要求回复处理结果的,人民检察院监所检察部门应当在十五日以内将调查处理情况书面反馈控告人、举报人、申诉人。

人民检察院监所检察部门审查不服强制医疗决定的申诉，认为原决定正确、申诉理由不成立的，可以直接将审查结果答复申诉人；认为原决定可能错误，需要复查的，应当移送作出强制医疗决定的人民法院的同级人民检察院公诉部门办理。

人民检察院监所检察部门收到被强制医疗的人及其近亲属、法定代理人解除强制医疗决定的申请后，应当及时转交强制医疗机构审查，并监督强制医疗机构是否及时审查、审查处理活动是否合法。

人民检察院对于人民法院批准解除强制医疗的决定实行监督，发现人民法院解除强制医疗的决定不当的，应当依法向人民法院提出纠正意见。

后　记

　　作为"高等学校法律实务系列教材"之一,《刑事诉讼法案例教程》遵循"从案情中寻找法律"的教学方法,以案释理,依法析案,结合刑事诉讼理论知识对案例进行了深入剖析。研读本教程,有利于拓展法学专业学生的视野,提高其解决实际问题的能力,为将来从事司法实践工作打下坚实基础。本教程既可以作为法学专业学生开展刑事诉讼实务教学的辅导教材,也可以作为司法实务人员开展实践工作的指南针。

　　本教材由马丽丽、傅君佳担任主编,耿平、任殿利、李鹏飞担任副主编。本书撰写人员的具体分工如下(按章节先后为序):

　　傅君佳(河北省保定市人民检察院检察长):第一章;

　　耿　平(河北金融学院法律系副教授):第二章;

　　周书霞(中央司法警官学院副教授):第三章;

　　赵秀丽(河北金融学院法律系):第四章、第九章、第十五章;

　　王　皓(河北来仪律师事务所律师):第五章、第十七章;

　　马丽丽(河北大学政法学院副教授):第六章;

　　李　玲(河北省井陉县人民检察院):第七章;

　　于卫鹏(河北大学政法学院法学硕士):第八章、第十八章;

　　李鹏飞(河北省唐山市人民检察院):第十章、第十九章;

　　任殿利(天津市河北区人民检察院):第十一章、第十二章;

　　于俊平(北京市通州区人民法院):第十三章、第十四章;

　　李　塞(贵州省水城县南开乡纪委):第十六章;

　　姚合平(河北农业大学人文社科学院):第二十章、第二十一章。

本书的写作与出版得到了中国民主法制出版社、河北大学政法学院领导的大力支持和帮助，在此表示诚挚的谢意。由于水平有限，不妥之处，敬请读者批评指正。

编　者

2016 年 3 月